Flexsim
现代物流系统仿真应用

马向国　刘同娟　蒋荣芬　苏辉辉 ◎ 著

中国发展出版社
CHINA DEVELOPMENT PRESS

图书在版编目（CIP）数据

Flexsim 现代物流系统仿真应用/马向国等著．—北京：中国发展出版社，2016.5（2022.12 重印）

ISBN 978－7－5177－0498－0

Ⅰ.①F… Ⅱ.①马… Ⅲ.①物流—系统仿真—应用软件 Ⅳ.①F253.9

中国版本图书馆 CIP 数据核字（2016）第 092242 号

书　　名：Flexsim 现代物流系统仿真应用
著作责任者：马向国　刘同娟　蒋荣芬　苏辉辉
责任编辑：杜　君
出版发行：中国发展出版社
联系地址：北京经济技术开发区荣华中路 22 号亦城财富中心 1 号楼 8 层（100176）
标准书号：ISBN 978－7－5177－0498－0
经　销　者：各地新华书店
印　刷　者：北京金木堂数码科技有限公司
开　　本：787mm×1092mm　1/16
印　　张：19.75
字　　数：380 千字
版　　次：2016 年 7 月第 1 版
印　　次：2022 年 12 月第 3 次印刷
定　　价：45.00 元

联系电话：（010）68990642　82097226
购书热线：（010）68990682　68990686
网络订购：http：//zgfzcbs.tmall.com
网购电话：（010）68990639　88333349
本社网址：http：//www.develpress.com
电子邮件：121410231@qq.com

前　言

系统仿真方法可以用于解决生产制造、物流、服务等行业中的诸多问题。随着现代可视化建模技术的发展和普及，仿真软件设计的智能性和友好化程度得到极大的提升，仿真技术的应用领域更加广泛，对使用者的技术要求逐渐降低。

现代物流的发展急需一批可以将仿真理论与仿真应用相结合的人才，以满足不同物流系统领域的需求。本书将系统仿真的基本理论与现代仿真软件 Flexsim 的应用相结合，通过 12 个仿真案例的建模与优化，来完成对仿真软件不同功能的讲解。

本书按照三条脉络铺垫展开。第一部分介绍了系统仿真和典型物流系统的理论知识，并结合三个案例对手工仿真与计算机仿真进行比较。第 1 章介绍了系统仿真的基础知识。第 2 章介绍了物流系统的相关理论及三个典型手工仿真案例。第 3 章介绍了 Flexsim 软件在物流系统仿真中的应用，并讲解了两个手工仿真与计算机仿真的对比案例。第二部分通过三个实验案例对 Flexsim 的基本建模知识进行逐一讲解。第 4 章介绍了三个简单实验案例仿真与优化。第三部分通过对六个典型物流系统的仿真建模，在进一步巩固 Flexsim 建模知识的同时，完成对物流系统各环节仿真知识的学习。第 5 章介绍了混合流水线系统的理论知识和典型案例的建模、仿真与优化。第 6 章介绍了仓储系统的理论知识和典型案例的建模、仿真与优化。第 7 章介绍了分拣系统的理论知识和典型案例的建模、仿真与优化。第 8 章介绍了配货系统的理论知识和典型案例的建模、仿真与优化。第 9 章介绍了自动化立体仓库的理论知识和典型案例的建模、仿真与优化。第 10 章介绍了现代物流配送中心的理论知识和典型案例的建模、仿真与优化。之后，为满足读者对进一步提升仿真技能的需求，本书引入现代铁路物流园区建模与仿真案例，向读者展示了Flexsim中级建模的相关知识，希望起到学习、引导的作用。第11章介绍了现代铁路物流园区的理论知识和沈阳东站西货场的建模、仿真与展示。

本书由马向国、刘同娟、蒋荣芬、苏辉辉编著，张旭凤、姜旭教授审阅了书稿并提出了许多宝贵的修改意见。本书在编写过程中还得到了陕西科技大学机电学院刘昌祺教授以及北京物资学院物流学院领导、同事的热情支持，在此一并表示感谢。同时感谢物流工程专业研究生马晓霞、杨岚清、詹晓辉、葛莉莉在本书编写过程中给予的协助。

本书的出版还得到了中国发展出版社的大力支持，在此特别感谢责任编辑为本书所做的多方面耐心、细致的工作。

由于时间仓促，加之作者水平和精力有限，许多内容未能完善和进一步深入，错漏之处在所难免，恳请读者批评指正。欢迎通过电子邮箱 mxg105@163.com 与作者进行更多的交流和探讨。本书采用的Flexsim软件版本是Flexsim 6.0版，适用于Flexsim 4.0以上各版本的参考与学习。购买本书可获赠教学课件、Flexsim 7.0 DEMO版软件以及本书中的所有案例模型。

目 录

第 1 章

系统仿真基础

第 1 节　系统、模型、仿真概述

一、系统概述

半个多世纪以来，系统（System）作为一个研究对象（Object），在国际上引起了很多学者的注意，并吸引了众多领域的专家从事相关研究和应用工作。

1. 系统来源

系统概念来源于人类长期的社会实践。人类认识现实世界的过程，是一个不断深化的过程。客观世界中一切事物的发生、发展，都是对立与统一的，科学也不例外。在古代，自然科学界往往把世界看成一个整体，寻求共性和统一，但由于缺乏观测和实验手段，加之科技理论又很贫乏，所以对很多事物的了解只能流于表面，其结果往往是“只见森林，不见树木”。当科技发展到一定程度后，理论和工具更加完备，人们对世界的认识有了新的更深入发展。但同样受限于当时的科技水平和世界观，研究者往往只看到部分现象而不能综观整体，以致“只见树木，不见森林”。

人们将这些分散的、对个体或局部的认识联系起来，进而探索事物的全局和整体，以及构成整体的各个部分之间的相互联系，最终形成了科学的系统观。

2. 系统定义

系统（System）一词源于拉丁文“Sytema”，表示群体、集合等。系统的定义有很多，比较具有代表性的是我国著名系统工程学家钱学森给出的：“把极其复杂的研究对象称为系统，即是由内部相互作用和相互依赖的若干组成部分（称为子系统）结合而成的，具有特定功能的有机整体集合，而这个整体又是它所从属的更大的系统的组成部分。”在美国的韦氏（Webster）大辞典中，系统一词被这样解释：“有组织的或被组织化的整体；结合着的整体所形成的各种概念和原理的综合；由有规则的相互作用和相互依存的形式组成的诸要素集合等等。”在日本工业标准（JIS，Japanese Industrial Standards）中，系统被定义为“许多组成要素保持有机的秩序，向同一目的行动的集合体”。一般系统论的创始人L. V. 贝塔朗菲（L. V. Bertalanffv）把系统定义为“相互作用的诸要素的综合体”。美国著名学者阿柯夫（Ackoff R. L.）认为：“系统是由两个或两个以上相互联系的任何种类的要素所构成的集合。”

一般我们采用如下系统定义：系统是具有特定功能的、相互间具有有机联系的许多要素（Element）所构成的一个整体。

3. 系统特性

从各种各样的系统定义中可以看出，系统拥有6种共性：集合性、相关性、层次性、整体性、目的性、环境适应性。

（1）集合性

系统的集合性表明，系统是由两个或两个以上可以相互区别的要素或子系统所组成的，而要素是构成系统的最基础部分。例如，一个计算机系统一般是由中央处理机（CPU）、存储器、输入与输出设备等硬件组成，同时，还包含操作系统、程序设计、数据库等软件，是一个由多种要素组合而成的完整系统。一般而言，物流系统由运输系统、装卸搬运系统、仓库系统、配送系统、物流信息管理系统等各子系统组成。

（2）相关性

系统的相关性表明，组成系统的要素是相互联系、相互作用的，这些联系之间具有特定的关系。

（3）层次性

系统的层次性表明，系统可以被分解为一系列的子系统，这些子系统存在一定的层次结构，这是系统空间结构的特定形式。系统的层次性主要表现在它是其构成要素的上级，同时它也是其上级系统的子系统。系统的层次结构表述了不同层次子系统之间的从属或相互作用关系。不同的层次结构中存在着动态的信息流和物质流，构成了系统的运动特性，为深入研究系统层次之间的控制与调节功能提供了条件。

（4）整体性

系统的整体性表明，系统是由两个或两个以上可以相互区别的要素，按照作为系统所应具有的综合整体性而构成的；系统要素之间的联系与相互作用，使系统作为一个整体具有特定的功能或效能，这是各要素个体所不具备的。系统整体性说明，具有独立功能的系统要素以及要素间的相互关系（相关性、层次性）是根据逻辑统一性的要求，协调存在于系统整体之中的，即任何一个要素都不能离开整体去研究，要素间的联系和作用也不能脱离整体的协调去考虑。系统不是各个要素的简单集合，而是一种非加和性的关系，否则它就不会具有作为整体的特定功能。脱离了整体性，要素的机能和要素间的作用便失去了原有的意义，研究任何事物的单独部分都不能得出有关整体的结论。系统的构成要素和要素的机能、相互联系要服从整体的目的和功能，并在此基础上展开各自及相互之间的活动。这些活动的总和形成了系统整体的有机行为。在一个系统整体中，即使每个要素都并不很完善，但它们可以通过协调、整合构成具有良好功能的系统；反之，即使每个要素都是良好的，但若作为整体却不具备某种良好的功能，也就不能称之为完善的系统。

（5）目的性

系统的目的性要求系统具有达到一定目的的特定功能，这是区别此系统与彼系统的标志。系统的目的一般用更具体的目标来体现，一般说来，比较复杂的系统都具有不止一个目标，因此需要通过指标体系来描述系统的目标。为了实现系统的目的，系统必须具有控制、调节和管理的功能。管理的过程也是系统有序化的过程，可使它进入与系统目的相适应的状态。

（6）环境适应性

系统的环境适应性表明系统应具备反馈与改进的功能。任何一个系统都存在于一定的物质环境之中，因此，它必然要与外界环境产生物质的、能量的和信息的交换。外界环境的变化会引起系统内部各要素之间的变化。系统必须适应外部环境的变化，否则就没有生命力。能够经常与外部环境保持最优适应状态的系统，才是理想的系统。

4. 系统分类

根据不同的标准，系统可被划分为不同的种类。

（1）根据变化特性，系统可分为离散系统和连续系统

离散系统是指变量只在某个离散时间点集合上发生变化的系统；连续系统是指状态变量随着时间变化而连续改变的系统。

实际上，很少有系统是完全离散或完全连续的，但对于大多数系统来说，由于某一类型的变化占据主导地位，因此可把它们归为该类型。

（2）根据物理特征，系统可以分为工程系统和非工程系统

工程系统是航空、航天、核能、电气、机械、热工、水力等工程技术系统，它们通常是用微分方程描述的连续系统。虽然从原则上来讲这类系统是允许在实际系统上进行试验的，但是利用仿真技术对它们进行分析研究，既可以保证安全又能节省大量费用。

非工程系统是指社会、经济、交通、管理、农业、生态环境等系统，它们属于离散系统。这类系统往往不允许在实际系统上进行试验，如经济系统中一般不允许随意地人为改变销售或供给，以避免对市场产生冲击。因此，对这类系统的研究就更依赖于仿真技术的帮助。

（3）根据形成方式，系统可分为自然系统和人工系统

自然系统形成的主体是自然界，而人工系统形成的主体是人类，主要是指人类自身对自然界或人类进行创造后产生的系统。

（4）根据实体性质，系统可分为实体系统和概念系统

实体系统是可见的，而概念系统是不可见的，需要借助一定的实体才能体现出来，例如虚拟的网络系统。

（5）根据开放程度，系统可分为孤立系统、封闭系统和开放系统

孤立系统指与环境之间既无物质交换也无能量交换的系统；封闭系统指与环境之间仅有能量交换没有物质交换的系统；开放系统指与环境之间既有物质交换也有能量交换的系统。

（6）根据运行性质，系统可分为静态系统和动态系统

这两类系统的主要区别在于系统是否处于不断的变化中。

二、模型概述

模型是人们分析系统的有效媒介，可用于对系统的主要组成部分及其间的主要关系等方面进行研究。系统模型主要用于三个方面：分析和设计实际系统；预测或预报实际系统某些状态的未来发展趋势；对系统实行最优控制。

1. 模型定义

模型是对所研究的系统、过程、事物或概念的一种表达形式，也可指根据实验或图样，放大或缩小而制作的样品，一般是用于展览、实验、铸造机器零件等的模子。

系统模型是对实际系统的一种抽象，反映了系统内部要素间的关系，是人们对客观世界反复认识与分析，经过多级转换、整合等相似过程而形成的最终结果。系统模型代表了系统某些方面的本质特征以及内部要素与外界环境的关系，是系统本质的表述。一般而言，系统模型具有与系统相似的数学描述形式或物理属性，经过运算可导出研究与分析系统的信息。系统模型只是模型中的一种，本书中出现的模型均指系统模型。从某种意义上说，模型是系统的代径，是对系统的简化，但在简化的同时，模型应足够详细以便可从模型的实验中获得与实际系统相关的有效结论。

一般而言，系统模型需满足以下三个条件。

①模型必须是对现实系统的一种抽象，它是在一定假设条件下对系统的简化。

②系统模型必须包含系统中的主要因素。模型的要素不可能与实际系统的要素一一对应，但至少应包含那些决定系统本质属性的重要因素。

③为了进行定量分析，模型中必须反映出各主要因素之间的逻辑关系和数学关系，使模型对系统具有代表性。

建模就是建立模型。建立系统模型的过程又称模型化。建模是研究系统的重要手段和前提。凡是用模型描述系统的因果关系或其他相互关系的过程，都属于建模。

2. 模型特性

由实际系统构造出一个模型的任务，主要包括两方面的内容：一是建立模型结构，二是提供数据。建立模型结构主要是确定系统的边界，鉴别系统的实体、属性和活动。提供的数据应能够确定活动中的各个属性之间的关系。另外，在构建模型结构时，要满足两个前提条件：细化模型研究的目的；了解有关特定的建模目标与系统结构性质之间的关系。

一般来说，系统模型的结构具有如下特性：

①相似性。模型与所研究的系统应具有相似的特征和变化规律，即真实系统与模型之间具有相似的物理属性或数学描述。

②简单性。从实用的观点来看，由于在建模过程中忽略了一些次要因素和某些非可测变量的影响，因此所建立的模型已是一个被简化了的近似模型。在实用的前提下，通常模型越简单越好。

③多面性。对于由许多实体组成的系统来说，由于其研究目的不同，故其所要收集的与系统有关的信息也不同，因此用来表示系统的模型并不是唯一的。由于不同的分析者所

关心的是系统的不同方面，或者由于同一分析者要了解系统的各种变化关系，因此对同一个系统，可以产生与不同层次相对应的多种模型。

3. 模型分类

按结构形式，系统模型可分为实物模型、图示模型、模拟模型和数学模型。

（1）实物模型

实物模型是对现实系统的放大或缩小，它能表明系统的主要特性和各个组成部分之间的关系。如桥梁模型、电视模型、城市模型、建筑模型、风洞实验中的飞机模型等。这种模型的优点是比较形象，便于研究问题；缺点是不易说明数据之间的关系，特别是不能揭示组成部分的内在联系，因此不能用于系统优化。

（2）图示模型

图示模型是用图形、图表、符号等把系统的实际状态加以抽象的表现形式，如网络图（层析顺序、时间与进度等）和物流图（物流量、流向等）。它是在对满足约束条件的目标值的比较中，选取较好值的一种方法。它在选优时只能起辅助作用。当维数大于 2 时，该种模型作图的范围就受到限制。图示模型的优点是直观、简单；缺点是不易优化，易受变量因素数量的限制。

（3）模拟模型

用一种原理上相似而容易求解或控制处理的系统代替或近似描述另一种系统，前者称为后者的模拟模型。它一般有两种类型：一种是可以接受输入并进行动态模拟的可控模型，如对机械系统的电路模拟，可用电压模拟机械速度、用电流模拟力以及用电容模拟质量；另一种是用计算机和程序语言表达的模拟模型，例如对物资集散中心站台数设置模拟、对组装流水线投料批量的模拟等。通常用计算机模型模拟内部结构不清或成因复杂的系统。

（4）数学模型

数学模型是指对系统行为的一种数量描述。把系统及其要素的相互关系用数学表达式、图像、图表等形式抽象地表示出来，就是数学模型。它一般可分为确定型和随机型、连续型和离散型两类。

4. 建模原则

对于同一个实际系统，人们可以根据不同的用途和目的建立不同的模型。由于所建模型只是实际系统原型的简化，故既不可能也没必要把实际系统的所有细节都列举出来。一个理想的模型应该既能反映实体的全部重要特性，又易于处理，即原则上要满足如下 5 个条件。

①清晰性。一个复杂的系统是由多个子系统构成的，因此对应的系统模型也是由许多子模型构成的。系统模型的构成部分应清晰易见。

②相关性。模型中应该包括系统中与研究目的有关的那些信息。虽然包含与研究目的无关的信息对模型的描述没有不良影响，但会增加模型的复杂性，加大求解时的工作量，所以应被排除在外。

③准确性。建立模型时应考虑所收集的、用以建立模型的信息的准确性，包括确认所应用的原理和理论的正确性及应用范围，以及检验建模过程中针对系统所做假设的正确性。例如在建立工厂设施规划与运输系统模型时，应将运输工具视为一个三维实体而不能作为一个质点，因为它的长度和宽度影响了运输通道的布局。

④可辨识性。模型结构必须具有可辨识的形式。可辨识性是指系统模型必须有确定的描述和表示方式，且在这种描述和表达方式下，与系统性质相关的参数必须有唯一确定的解。若一个模型结构中具有无法估算的参数，则该系统就不具备可辨识性，此结构就无实用价值。

⑤集合性。能够把一些个别实体组成更大实体的程度，即模型的集合性。这是建立模型还需要进一步考虑的因素。例如对物流与供应链系统的研究中，除了可研究每个物流中心的物流细节和规律外，还可以综合计算将多个物流中心构建成一个供应链系统的效能。

5. 建模步骤

建构模型需要想象力和技巧，从方法论的角度，可总结出建模的 5 个步骤。

第一步：形成问题。在明确目标、约束条件和外界环境的基础上，规定模型描述哪些方面的属性，并预测可能的后果。

第二步：选定变量。按前述影响因素的分类，筛选出适合的变量。

第三步：确定变量间的关系。定性分析各变量之间的关系及对目标的影响。

第四步：确定模型的结构及参数辨识。建立各变量之间的定量关系，主要的工作是选择合适的表达形式。数据来源是该步骤的难点，有时由于数据难以取得，不得不返回第二步甚至第一步。

第五步：检验模型的真实性。模型构建过程中，可用统计检验的方法和现有统计数字对变量之间的函数关系进行检验。模型建构后，可根据已知的系统行为来检验模型的结果。若用结果解释现实世界尚能令人接受，不致相悖，便要判断它的精确程度和模型的应用范围。若精度比期望的低，则需弄清原因，是否是原先的设定错误或忽略了不该忽略的因素。

经过以上 5 个步骤，模型便可在实际中进行应用了。但应把每次应用都当成是对模型的检验，确保误差在合理范围内。有些模型，特别是社会经济系统类的模型，难以用实际检验；另一些模型虽可检验，但花费成本太高或需要特殊条件。这时，个人经验的重要性就凸显出来了，须依据对原型对象的经验来判断现有模型的真实性。不过，在能够实际试验的场合还是应尽量进行实验，不经过试验的建模过程总是不完整的。

三、仿真

系统仿真是指利用人为控制的环境条件，改变某些特定的参数，观察模型的反应，研究真实系统的现象或过程。当前，仿真技术已经成为分析和研究各种复杂系统的重要工具，广泛应用于工程领域和非工程领域。

1. 仿真的定义

仿真（Simulation）是对真实过程或系统在整个时间内运行的模仿，它利用模型复现实际系统中发生的本质过程，并通过对系统模型的实验来研究存在的或设计中的系统，又称模拟。在研究与分析系统时，对随着时间变化的系统特性，通常是借助模型来进行研究。在某些情况下，若所研究的模型足够简单，则可以用数学方法如线性代数、微积分、数学规划等表示并求解，这些解通常由一个或多个称为系统性能测度的数学参数组成。但是许多真实系统是非常复杂的，无法用数学关系、数学方法来求解，这时利用仿真就可以像观察和测试真实系统那样，从仿真模型中得到系统性能随时间而变化的情况，从仿真过程中收集数据，得到系统的性能测度。所以，仿真包括两个过程：建立模型和对模型进行实验与运行。

2. 仿真的作用

总的来说，管理系统仿真扮演着管理试验手段的角色。仿真模型已经在描述、设计和分析系统中充分显示了它的作用，具体来说有以下 5 个方面。

①作为解释手段，去说明一个系统或问题。对于现有的实际运行的系统，如果为了深入了解以及改进它而在实际系统中进行实验，往往需花费大量的人力、物力、财力和时间，而且有些系统甚至是不允许被实验的。但通过计算机仿真，则可以使现有系统不受干扰，经过分析仿真结果，可对现有系统做出正确评估，并预测其未来的发展趋势，提出改进方案。

②作为设计准绳，去综合分析和评价所建议的决策措施。对于所设计的新系统，在未能确定其优劣的情况下先不必花费巨资去建立它，而是可先采用计算机仿真，对新系统的可行性和经济效果做出预测性评价。

③作为决策支持系统，辅助决策。在管理决策中，可针对具有不同变量或参数组合的不同决策方案，进行计算机仿真的多次运行，并按照既定的目标函数对其进行分析比较，从中选择最优方案。

④作为预测方法，去预报和辅助计划系统的未来发展。

⑤作为分析工具，去确定系统的关键组成部分或项目。

3. 仿真与解析方法的比较

与数学解析方法相比，仿真有以下 4 个优点。

①对于复杂系统具有良好的适应性。大多数具有随机因素的复杂系统无法用准确的数学模型表述，从而不得不采用解析方法评价，于是仿真通常就成为解决这类问题的好方法。

②它允许对一段系统工作时间进行压缩，用小段时间仿真出大量时间段的工作情况。

③不需要打乱真实系统就可以使人们对现有系统在重新设计的工作条件下的工作成果做出分析判断。

④能帮助人们选择最优的系统设计方案。

与数字解析方法相比，仿真也存在着如下 4 个缺点。

①它需要花费大量的费用和时间。这是由仿真系统开发的复杂性及仿真所需计算机的巨大存储量大和较长计算时间造成的。

②由于现实生活具有复杂性，故无法完成全部仿真，只能仿真其中一部分，所以会影响到结果的可信度。

③仿真的精度受许多方面因素的影响，较难控制和测定。

④系统仿真的初始条件即模型的参数难以合理地确定。

四、系统、模型、仿真三者之间的关系

系统、模型与仿真三者之间有密切的关系。系统是研究的对象，模型是系统的抽象，仿真是通过对模型的实验以达到研究系统目的的过程。三者的关系如图 1－1 所示。

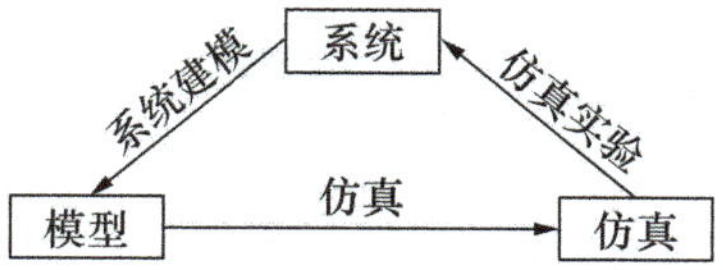

图 1－1　系统、模型与仿真的关系

第 2 节　系统仿真

一、系统仿真概述

1. 系统仿真的发展

系统仿真是20 世纪40 年代末以来，伴随着计算机技术的发展而逐步形成的一门新兴学科。最初，仿真技术主要应用于航空、航天、原子反应堆等价格昂贵、周期长、危险性大、实际系统试验难以实现的少数领域，后来逐步扩展到电力、石油、化工、冶金、机械等一些主要工业部门，并进一步延伸到社会系统、经济系统、交通运输系统等一些非工程系统领域。可以说，现代系统仿真技术和综合性仿真系统已经成为复杂系统特别是高科技领域不可缺少的分析、研究、设计、评价、决策和训练的重要手段，其应用范围不断扩大，应用效益也日益显著。

2. 系统仿真的定义

从一般意义上讲，系统仿真可以被理解为：在对一个已经存在或尚不存在的系统进行研究的过程中，为了解系统的内在特性，必须进行一定的实验；由于一些原因（未存在、危险性大或者成本高昂等），无法在原系统上直接进行实验，只能设法建立既能反映系统特征又能满足系统实验要求的模型，然后在该模型上进行实验，以达到了解或设计系统的目的。这种建立模型、运行模型并对其运行结果进行分析、改进的过程就被称为系统仿真。

从近现代意义上讲，所谓系统仿真是指利用计算机来运行仿真模型，模仿实际系统的运行状态及其随时间的变化情况，并通过对仿真过程的观察和统计，得到仿真模型的输出参数和基本特征，以此来估计和推断实际系统的真实性能；或者就是根据系统分析的目的，在分析系统各要素性质及其相互关系的基础上，建立能描述系统结构或行为过程且具有一定逻辑关系或数量关系的仿真模型，据此进行试验或定量分析，以获得正确决策所需的各种信息。

3. 系统仿真的分类

根据不同的标准，系统仿真可分为不同的种类。

（1）根据模型种类的不同，系统仿真可分为物理仿真、数学仿真和半实物仿真三种

①物理仿真是指按照真实系统的物理性质构造系统的物理模型，并在物理模型上进行实验的过程。其优点是直观、形象化。计算机问世以前，系统仿真基本上都是物理仿真，也称为模拟。物理仿真的缺点是花费的投资较大，周期一般也比较长，并且在物理模型上做实验很难修改系统结构，实验的可操作性受到一定的限制。

②数学仿真是指对实际系统进行抽象，并将其特性用数学关系加以描述而得到系统的数学模型，再对数学模型进行试验的过程。计算机技术的发展为数学仿真创造了环境，使其变得方便、灵活、经济，因而数学仿真亦称为计算机仿真。数学仿真的缺点是受限于系统建模技术，即系统的数学模型不易建立。

③半实物仿真是将数学模型和物理模型甚至实物联合起来进行实验的过程。对系统中比较简单或规律比较清楚的部分可建立数学模型，并在计算机上加以实现；而对比较复杂或规律尚不十分明确的系统，由于其数学模型的建立比较困难，则多采用物理模型或实物。仿真时须将两者连接起来，完成整个系统的试验。

（2）根据被研究系统的特性不同，系统仿真可分为连续系统仿真、离散事件系统仿真和离散—连续复合系统仿真三种

①连续系统仿真。连续系统是指系统中的状态变量随时间变化而连续变化的系统。由于连续系统的关系式要描述每一实体属性的变化速率，所以其数学模型通常是由微分方程组成。当系统比较复杂尤其是引入非线性因素后，此微分方程经常不可求解，至少非常困难，所以须采用仿真方法求解。

连续系统计算机仿真的中心问题是将微分方程描述的系统转化为能在数字机上运行的模型。用于该类系统的数学方法有两种：常微分方程的数值积分法和离散相似法。

• 数值积分法。在连续系统仿真中，系统模型数学描述的最基本形式是微分方程，所以微分方程的数值计算方法即数值积分法的基本算法是其主要研究内容。

数值积分法主要分为单步法、多步法和预测校正法等。单步法中最简单的是欧拉（Euler）法，常用的是龙格—库塔（Runge-Kutta）法。多步法中则以阿达姆斯（Adams）

法用得最为普遍。

对连续系统进行数字仿真时，首先应保证这一数值解的稳定性，即在初始值有误差时，计算机在舍入误差影响下，误差不会累积而导致计算失败。所以，在进行仿真时必须正确选择积分步长，积分步长过大将影响计算稳定性及精确度，而积分步长过小又会大大增加计算量与计算时间，故应在保证计算稳定性与精度的前提下，选择最大步长。

• 离散相似法。离散相似法是将连续系统进行离散化处理，用离散化的模型直接代替连续系统的数学模型。其数字描述是以常系数差分方程来近似“等效”原来的常系数微分方程，这样就可以方便地用迭代方法在数字计算机上直接求解差分方程。

采取了合理的算法，就可以将数学模型转为仿真模型，然后编程、运行，得到连续系统的仿真结果。

②离散事件系统仿真。离散事件系统是状态变量只在一些离散的时间点上发生变化的系统。这些离散的时间点称为特定时刻。除这些特定时刻外，在其他时刻系统状态保持不变；而在这些特定时刻，则由于有事件发生所以引起了系统状态的变化。常见的离散事件系统有排队系统、库存系统等。

总体说来，离散事件系统具有如下 5 个特点：

• 不连续性——离散事件系统的物理状态在本质上都是离散的；

• 性能测度的连续性——如平均输出、等待时间等；

• 随机性——即系统在运行过程中总有诸如失效等不可预知的因素在起作用；

• 层次性——这是产生系统复杂的原因之一；

• 动态性——在对离散事件系统进行动态控制时，尤其要注意所选模型必须能充分描述系统的动态性。

③离散—连续复合系统仿真。在离散—连续复合系统仿真中，参变量可以做连续性及离散性的变化，或者做连续性变化并具有离散型突变。它的自变量的仿真时间可以是连续性的，也可以是离散性的。

比较连续系统与离散事件系统，可以看出二者存在如下 5 个方面的区别。

区别一：时间基不同。连续系统的时间基是一个确定的值。离散事件系统的时间基则是可变的，而且随着时间基的变化仿真结果也各不相同。这两种仿真，系统的初始状态不同，仿真的结果也不相同。因为离散事件系统仿真的结果是一个统计结果，它与统计的区段大小有关。

区别二：输入变量和输出变量不同。连续系统的输入变量通常是一个确定性变量，而离散事件系统的变量往往带有随机性，因此离散事件系统的模型也被称为随机模型。输出变量与输入变量情况相同。

区别三：状态变量不同。连续系统的状态变量一般也是一个连续变量，而离散事件系统的状态变量则可能是非连续变量，例如仓库货位的状态是空或非空。

区别四：状态转移函数。连续系统中存在一个状态转移函数，可通过它推算出状态变量的变化过程。而离散事件系统则不存在状态转移函数，人们无法找到一个函数来表达状态变量变化的规律。

区别五：状态空间不同。状态空间是状态变量的集合所表述的空间。当引进不同组合的状态变量时，对于被研究的连续与离散事件系统，它们构建的状态空间模型不同。

总而言之，离散事件系统与连续系统最主要的区别在于离散事件系统输入输出变量的随机性以及状态变化的不确定性。因此，连续系统与离散事件系统仿真方法有很大的差别。连续系统仿真借助数字积分算法和离散相似算法等来求解表征系统变量之间关系的方程；离散事件系统则是建立系统的概率模型，采用数值方法“执行”仿真模型，系统变量反映的是系统各部分相互作用的一些确定或者随机事件，系统模型反映的则是这些事件和状态的值集。而仿真结果反映的是产生处理这些事件的时间历程，也就是“执行”命令下产生的结果。

（3）根据仿真时钟与实际时钟的比例关系不同，系统仿真可分为实时仿真和亚实时仿真两类

实际动态系统的时钟称为实际时钟，而系统仿真时模型所采用的时钟称为仿真时钟。实时仿真即仿真时钟与实际时钟完全一致，也就是模型仿真的速度与实际系统运行的速度相同。当被仿真系统中存在物理模型或实物时，必须进行实时仿真，例如各种训练仿真器。实时仿真有时也称为在线仿真。

亚实时仿真即仿真速度慢于实际时钟，也就是模型仿真的速度慢于实际速度。

4. 系统仿真的步骤

系统仿真的一般步骤可分为如下 5 步。

第一步，调研系统，建立目标。通过调研，仿真者应对研究的系统有全面、深入的了解，能够对系统进行尽可能详细的描述，明确仿真的目标和系统涉及的范围。一般来说，

仿真目标不同，所建立的模型也不同，为建立模型所需采集的数据也不同。

第二步，收集仿真数据，建立模型。根据仿真的目标，对系统进行选择和整理，是一件费时费力的工作。在收集数据时，应注意考虑系统运行的循环周期。正确的收集方法是对完整的循环周期收集数据。建立模型的过程，是一个抽象和简化的过程。为了保证所建模型符合真实系统，在建立模型后，应对其进行检查并反复修改，直至确认模型正确为止。所需检查的项目包括系统流程、逻辑关系、循环周期、随机变量等。

第三步，编制程序。程序可以用通用语言编写，如 FORTRAN、C、PASCAL 等，也可以用专门的仿真语言编写，如离散事件系统的仿真语言有 GPSS、SIMULA、SIMAN、SLUM、WITNESS 等，还可以用专门的仿真软件编写，如 ARENA、AUTOMODE 等。

第四步，运行仿真模型。即在计算机上进行仿真运行，获取模型的输出数据。许多仿真语言和仿真软件如 ARENA、WITNESS 等都可以做到边建模边试运行。

第五步，输出结果分析。输出结果分析在仿真活动中占有十分重要的地位，特别是对离散事件系统来说，其输出结果分析甚至决定着仿真的有效性。输出结果分析既是对模型数据的处理，也是对模型可信性进行的检验。

5. 仿真时钟

仿真时钟用于表示仿真时间的变化。在离散事件系统仿真中，由于系统状态变化是不连续的，在相邻两个事件发生之间系统状态不发生变化，因而仿真时钟可以跨越这些“不活动”区域，从一个事件发生时刻推进到下一个事件发生时刻。仿真时钟的推进呈跳跃性，推进速度具有随机性。由于仿真实质上是对系统状态在一定时间序列的动态描述，因此，仿真时钟一般是仿真的主要自变量，仿真时钟的推进是系统仿真程序的核心部分。

仿真时钟的推进有两种经典的方法：固定步长推进法和变步长推进法（或称为下一事件推进法）。变步长推进法应用较多，是目前市面上大多数仿真软件都采用的仿真时钟推进法。

（1）固定步长推进法

确定一个固定的时间增量，以此增量逐步推进仿真时钟。每推进一个增量，就在被推进的时刻观察有无事件发生。如果没有事件发生，则继续以相同的增量推进仿真时钟；如果有事件发生，则根据事件类型进入事件处理程序，对事件发生后的状态变化进行相应处理，然后再推进仿真时钟。

如果恰好在推进的增量的中间时刻有事件发生，一般采取简化的方法，把该事件假定为是在增量推进的时刻发生的。

（2）变步长推进法

变步长推进法即事先没有确定时钟推进步长，而是根据随机事件的发生而进行随机步长的推进，推进的步长为当下发生事件与下一事件之间的间隔时间。由于离散事件系统的状态多数是随时间而离散变化的，在仿真时不需要考虑那些没有发生状态变化的时段，因此，采用这种变步长的推进方法，其节奏性与离散事件系统状态变化更加吻合。

应当指出，仿真时钟所显示的是仿真系统对应实际系统的运行时间，而不是计算机运行仿真模型的时间。仿真时间与真实时间将设定成一定的比例关系，使得像物流系统这样复杂的系统，真实系统运行需若干天、若干月，而计算机仿真只需要几分钟就可以完成。

二、系统仿真的输入与输出数据分析

系统仿真的目标很少是单纯建立一个模型，多数情况下是用来研究一些复杂的实际系统。这些实际系统的动态行为特征体现在得到的仿真结果中。那么，用什么样的方法来分析实验结果才能得出有用的结论呢？如何进行仿真实验才能保证实验结果的合理、可靠呢？采用正确的实验和分析方法是离散事件系统仿真的关键问题之一。

1. 输入数据分析

由于在离散事件系统仿真中，有些输入数据及模型参数是随机数而不是确定型数，故需对输入数据进行分析，即确定各输入数据的分布及参数。输入数据的分析是一项工作量很大的工作，同时也直接影响仿真结果的正确性，一般应分为 4 个步骤：收集数据、识别分布、估计参数和检验分布假设。

（1）收集数据

收集足够多的原始数据，是首先要做的工作。为了使数据收集工作尽量有效，应在事先有所计划，即制定合适的数据表格，并在收集数据的同时进行分析。要分析所收集的数据是否已足以确定在仿真中需要用作输入数据的分布及参数，与此无关的数据可不必收集，不足的数据则需补充收集。对已收集的数据，应尽量把均匀数据组合在一组，以便初步检验其独立性。

（2）识别分布

将收集到的数据制成分析图，根据分析图分析数据的分布特征。也可采用概率图得到分布的假设。另外，根据系统的性能、输入数据的物理意义等也可以得到分布的假设。如输入顾客的来到、故障的出现等，若这些输入数据之间是相互独立的，则可认为服从泊松分布；同一类零件的加工时间、同一性质的服务时间等，若它们有期望值，则可认为服从指数分布。一般情况下，通过分析直方图、概率图可以对输入数据的分布做某一假设。

（3）估计参数

对输入数据假设了其分布后，还需对该分布的参数进行估算。样本均值与样本方差可用来估计所假设分布的参数。在通常情况下，这些参数是样本均值与样本方差的函数。不同的假设分布有不同的函数表示。

（4）检验分布假设

即对各输入数据假设的分布及估算得到的参数进行检验，看其假设的正确性。对许多分布假设可应用柯尔莫哥洛夫—斯米尔诺夫和卡方拟合优度检验。当检验结果为不符及拒绝分布假设时，应尝试另一种分布假设，并估算参数再度检验，直至接受。如所有方法都无效时，可在模型中应用经验分布。

输入数据分析工作费时又重要，不管仿真模型如何正确与精确，如果输入数据的分布与参数估计不正确，仿真运行就会产生不正确的输入数据，那么由此而得到的输出结果也将是错误的，所以应重视对输入数据的分析。

2. 输出数据分析

（1）输出数据的随机性及其估计

对于从运行仿真模型后得到的输出变量，应被看作是具有未知分布的随机变量，只不过是输出变量所有可能的观察总体中的一个采样观察。这是由于仿真模型的某些输入变量是随机变量，该模型是输入—输出变换，所以一般来说模型输出变量也是随机变量。哪一个观察值都不可以随意用来表示系统的真实值，它们之间可能有很大的波动，也可能与真实值有很大的方差，必须经过统计分析才能得到真实值。

为了估计系统输出变量的真实值，必须对变量的输出值进行多次观察，并将多次观察值加以统计分析。同时还必须说明系统的输出变量真实值降落在一给定估计区间的概率，即要求定义一个置信区间，在这个区间内集中了输出真实值的绝大部分。所以在进行仿真输出数据分析时，我们需要得到输出变量的点估计以及它的区间估计。仿真输出数据的估计指的也是点与区间二者的估计。

在对数据进行统计分析时经常采用的一些经典方法，却不能直接用来分析离散事件系统仿真的输出数据。因为经典方法假设数据是彼此独立的，也就是所有观察结果之间是不相关的。但是仿真的结果却不可能相互独立，一次仿真运行结束时的系统状态往往是下一次仿真运行的初始状态，故这两次仿真运行的输出数据是自相关的，如果用经典统计方法来统计、分析仿真运行的输出数据，则会带来较大误差，往往会严重低估输出数据的标准误差。此外，系统在仿真起始时刻所规定的初始条件也常常会影响仿真运行的输出数据，使其由于初始状态的不正确规定而偏离系统的稳态值。对统计分析来说，初始条件的影响会使输出观察值可能不是同一分布，所以应当采用适当的方法来解决上述两个问题。

从仿真结果分析的观点来看，仿真运行可分为两大类。一类是终止型仿真。这种仿真的运行长度是事先确定的，系统的性能与运行长度有关，而且系统的初始状态对系统性能的影响不能忽略。另一类是稳态型仿真。这类仿真研究仅运行一次，但运行长度却足够长，仿真的目的是估计系统的稳态性能。显然，由于仿真长度没有限制，系统的初始状态对仿真结果的影响可忽略不计。

在分析仿真输出数据时，由于系统特性及仿真研究的目的不同，可以将仿真运行方式分为两类，即终态仿真与稳态仿真。

（2）终态仿真输出分析及应满足的条件

终态仿真是指从指定的初始时刻0开始到某一时刻 T_E 终止的一类仿真。这里的E是停止仿真的一个指定事件，T_E 是结束仿真的特定时刻，它是由E事件发生来决定的或者由人为预先指定。所以终态仿真是一种系统性能测度与仿真的时间区间 $[0, T_E]$ 有关的仿真类型。这是经常遇到的一类仿真，如仿真从早上8：00开门至晚上10：00关门的一个超市，仿真展现的是从早上8：00至16：00的一条加工线的运行情况；又如仿真9：00至21：00高峰期的交通情况等等。只针对在规定的时间段内运行的系统例如超级市场的开门营业与停止营业时间进行仿真，或者只研究某一时间区间内的系统性能例如9：00至21：00的交通运输高峰期，而其他时间也有交通但不拥挤便不加以研究的仿真。这种只为了研究某一时间区间内的仿真称为终态仿真。

终态仿真应尽量满足下列三个条件。

①初始条件设置正确，且保证每次仿真运行在相同的初始条件下进行。初始条件对终

态仿真的输出结果有明显的影响，若每次运行都在正确初始状态下，就可保证每次运行结果都是正确的观察值。

②随机数流的独立性。这是为了保证每次运行的随机性输入数据的独立性，从而使各次仿真运行也相互独立。

③假设输出结果服从正态分布。如不服从正态分布，则必须进行大量次数的运行，以遵从大数定律。

（3）稳态仿真输出分析与主要方法

稳态仿真是另一类运行方式的仿真，它的研究对象是系统的稳态行为，如一个 24 小时不间断的加工系统、城市的通信服务系统等。这类系统没有开门服务与关门结束服务的时间区间，它们是不间断系统，仿真研究的目的是查看系统的稳态性能。对这类系统应该仿真运行足够长的时间，理论上应是无限长的时间。这样方可消除人为设置的初始状态的影响，也可以得到系统的真正稳态特性，但实际上无限长时间的仿真运行是不可能的。当仿真时间不是无限长时，如何消除初始值影响以及如何在观察值自相关下得到输出结果的点估计与区间估计，是稳态仿真输出分析的主要工作。

那么，稳态仿真应如何减少初始状态引起的偏差呢？

当系统在周而复始无间断地运行时，初始条件所引起的影响已不存在，但在仿真运行时总有一个起始时刻，在这时刻需人为地设置初始状态。这个初始状态在相当长的一段时间内将影响仿真运行的输出，使它不是稳态输出。为了减少此影响，可以将仿真运行分为两段：第一段是从零时刻到 T_0 时刻，称为初始阶段；第二段是从 T_0 到结束时刻 T_E 。在初始阶段，零时刻设置的初始条件对输出的影响较为明显，这时不采集数据，而在 T_0 到 T_E 时刻内采集数据，那时的数据就更能反映系统的稳态性能。T_0 应该设在哪里？理论上讲，在 T_0 时系统已达到近似稳态，即在 T_0 时刻系统的状态概率分布已充分接近稳态的概率分布。这时只要 T_0 到 T_E 的长度足够长，数据收集阶段的长度就足以保证得到充分准确的系统稳态性能的估计。正确的选择可以使初始条件引起的偏差影响尽量减少，尽量使 T_0 到 T_E 的观察值接近系统的稳态值。

对离散事件系统的输出数据进行分析时，通常采用固定样本量法和序贯法两种方法（或称为两种策略）。

①固定样本量法。任意给定一个仿真运行长度，利用从有效过程中得到的有效数据来构造置信区间。

固定样本量法又可分为若干种，常用的有重复—删除法与批平均法。

重复—删除法应进行几次独立的重复运行，每次运行都删去初始条件引起的过渡阶段，计算稳态值；对几次运行得到的样本均值，使用独立观察法的分析方法得到均值及置信区间。

批平均法只进行一次长的运行，把一次运行的稳态阶段的数据分批收集，计算每批的样本均值。当批量足够大时，批均值近似地不相关，则可用经典方法计算均值及置信区间。批量的大小将会影响结果的正确性。

②序贯法。仿真运行长度序贯地增加，直到所构造的置信区间可以接受为止。决定仿真停止的技术通常有两种，即绝对精度停步规则和相对精度停步规则。此外还有再生法、自回归分析法（或时间序列法）、频谱法等。但是所有方法都不是简单且令人十分满意的，也不能达到任意高的可信度，只是一种近似的处理方法。

由于离散事件系统仿真输出数据的随机性，当采用仿真技术来决策选择多个方案中的最优方案时，应注意勿被其随机性所迷惑。如 A 方案中其真实值大于 B 方案中的对应值，但在某次仿真运行中得到的观察值可能是 B 方案中该值大于 A 方案中的值，这种现象是由仿真输出数据的随机性引起，应对其加以分析后采用。

三、系统仿真的应用

众多的随机性给复杂的系统研究带来了许多困难。系统研究常用的理论和方法有数学规划法（运筹学）、统筹法（网络分析法）、系统优化法和系统仿真方法。前面的三种方法属于解析法，而系统仿真方法是一种非解析法，它利用模型对实际系统进行实验研究。这种模型既表达了系统的物理特征又有其逻辑特征，既反映了系统的静态性质也反映了其动态的性质。对于各种复杂的系统，无论是线性的还是非线性的，无论是静态的还是动态的，都可以用系统仿真方法来研究。

系统仿真模型还是一个随机模型，系统的参数受随机因素影响所发生的变化在模型中能够得到充分体现，这是解析法无法比拟的。复杂的离散事件系统（如物流系统）往往受很多随机因素的影响，忽略随机因素的影响，用确定性模型代替随机模型来研究系统将会使分析结果有很大的误差。另外，系统仿真方法是一种间接的系统优化方法，对于系统来说，并不存在绝对意义上的最优解，优化只是相对而言。不单纯追求最优解，而寻求改善系统行为的途径和方法，应该说是更加有效的，系统仿真方法正是提供了这种环境。同时，它也是系统研究和系统工程实践中的一个重要技术手段，在各种具体的应用领域中表现出越来越强的生命力，特别是在求解一些复杂系统问题时，有很大优势。

系统仿真的应用可以从研究对象系统所处的生命周期阶段来体现，也可以从系统仿真所做的具体内容和目的来体现。

1. 按照所研究对象所处的时间、空间来划分

按照所研究对象所处的时间、空间来划分，系统仿真的应用体现在以下三个方面。

（1）对已经发生的系统所经历的历史过程，通过仿真进行再现，以研究其规律

许多复杂系统在实际运作中出现的复杂问题，难以在发生当时得到充分的理解和较好的解决，而当实际系统的动态过程成为过去，再想要去分析当时的过程，往往很难把握各种复杂的因素。这时，采用仿真方法，可以把当时复杂的过程动态再现出来，从而更充分地加以认识，并可以在仿真模型上做各种方案的对比，从而更好地理解系统和解决问题。

（2）研究一个尚未存在的对象系统的特征、性能、规律等

对于一个尚处于规划、设计阶段的对象系统，由于其固有的复杂性，尽管在进行设计时对其各部分均使用了各种数学解析方法或其他方法进行了计算，但当整个系统运行起来时，在各个部分的交互作用尤其是在众多随机因素的影响下，整个系统将呈现出怎样的特性、表达出怎样的性能仍难以预料。这时，采用仿真方法，可以构建这个尚未真实存在的系统，充分体现系统各子系统和各部分之间交互作用的动态执行过程，从而把握所设计系统的特征、系统性能以及系统运行中体现的各种规律性。

（3）对于存在但由于各种因素难以在实际系统上进行实验的系统

有些现实中的系统，虽然实际存在，但是难以在真实系统上直接进行实验研究。这往往要综合考虑安全、经济和时间成本等因素。这是，仿真就起到了不可替代的作用。通过建立实际系统的仿真模型，可以避免在实际系统上进行直接研究带来的一系列影响，如停工、停产、安全隐患、研究时间过长或过短等问题。

2. 按照仿真应用的目的、内容来划分

按照仿真应用的目的、内容来划分，系统仿真的应用体现在以下四个方面。

（1）用于理解实际系统，进行 What-if 分析

采用仿真方法可以进行多种实验，如通过改变系统的各种输入、系统边界条件或系统特征参数、设定各种不同的实验情景，可预测系统可能发生的情况，从而揭示和理解系统

运作的规律。还可以根据多种对比，捕捉系统关键要素，更深入地了解系统成分、特征变量、外部条件和输入变量等对系统产生的影响，及这些因素之间的相互作用，以及系统各种性能参数之间的相互影响和变化规律。例如，虽然用数学模型和解析方法能够解释一个复杂系统在运作中可能出现的瓶颈问题，但是在设计时，各个部分构成的整体难以用极复杂的数学模型来描述，即使描述出来往往也无法求解析解，更难以事先发现瓶颈。而如果用仿真方法，在改变系统输入、系统特征参数或其他设定的情况下，就能及时、直观地暴露系统的瓶颈问题。

（2）用于对一个系统的多种方案对比研究

通过仿真可以对比同一个系统的多种不同策略、方案在系统多个性能参数方面的异同。实际中，对于同一个对象，系统往往有多个解决方案，仿真方法可以定性或定量地对多个方案进行分析评价，给出多个方案的多个系统性能参数的评价，从而为决策者提供一个全面、可信的参考依据。

（3）对其他研究方法得到的研究结果进行验证

仿真还是验证其他数学算法的有力工具，在研究实际问题时，通常可能会给出解决实际问题的策略、数学模型和相应的算法。如何验证所提出的策略（方案）以及相应的模型和算法是可信的呢？仿真可以将其算法的实现过程展现出来，通过仿真评价来验证所给的策略、模型和算法是否正确。

（4）其他

仿真作为一种新型方法，发挥着多方面的作用。例如，由于仿真发展了三维图形动画技术，使它成为一种有效的沟通工具。一些用数学语言不便交流或难以发现、理解的问题，可以用仿真直接展示出来。正因为如此，仿真正越来越多地被应用到各个领域的商业技术交流中。又如，仿真可以用于培训。设计仿真系统，可以使受培训者根据设定的程序为仿真模型提供决策的输入，通过与仿真模型的交互，可达到认识、训练的目的。

本章思考

1. 什么是系统模型？系统模型是否必须反映出系统的全部特征？为什么？

2. 简述仿真技术的优势和劣势。

3. 简述仿真方法与解析方法的区别。

4. 建模应遵循哪些原则？

5. 简述系统仿真的应用。

6. 列举几个需要应用系统仿真进行分析的例子。

7. 在液压系统控制、电力系统设计、配送中心的布局规划和汽车厂总装线规划领域中，哪些适合采用连续系统仿真？哪些适合采用离散事件系统仿真？并简述理由。

8. 简述连续事件系统仿真和离散事件系统仿真的区别。

9. 请举出两个需要进行终态仿真的系统的实例。

10. 请举出两个需要进行稳态仿真的系统的实例。

第 2 章

物流系统及典型手工仿真案例

第 1 节　物流系统概述

一、物流系统的概念与分类

物流系统是指在一定的时间和空间里，由所需运转的物资、包装设备、搬运和装卸机械、运输工具、仓储设施、人员以及通讯联系等若干相互制约的动态要素所构成的，具有特定功能的有机整体。其目的是使企业物流合理化，并将企业生产出来的产成品按时、按质、按量且配套齐全、完好无损地迅速运达到消费者手中，以实现其空间和时间效益。物流系统是企业生产的一个重要组成部分，物流合理化是提高企业生产率最重要的方法之一，因此对物流系统的设计和仿真研究，也日益受到人们的重视。

按照不同的标准，可对物流系统进行不同的分类。

根据物流发生的位置，物流系统可分为企业内部物流系统和企业外部物流系统；根据物流运行的性质，物流系统可以划分为供应物流系统、生产物流系统、销售物流系统、回收物流系统和废弃物流系统；根据物流活动的范围，物流系统可以划分为企业物流系统、区域物流系统和国际物流系统；根据物流构成的内容，物流系统可以划分为专项物流系统和综合物流系统。

从不同角度对物流系统进行分类划分，可以加深我们对物流性质、过程的理解和认识，有利于更好地进行物流系统的规划、设计、运营组织与管理。

二、物流系统的特点

物流系统是复杂的离散事件系统，通常有如下 5 个特点。

（1）不确定性（随机性）

不确定性存在于物流系统中的每一节点，如客户需求的不确定性、原材料供应供需关系的不确定性、采购准备时间的不确定性、运输时间的不确定性、交付时间的不确定性、产品价格的不确定性等。它总是处在一个不确定的环境中，受很多随机因素的影响，具有多目标、多因素、多层次的特性。

（2）非线性

非线性是指个体以及它们的属性在发生变化时，并非遵从简单的线性关系。组成物流系统的各个实体间的相互影响不是简单的、被动的、单向的因果关系，每个实体的行为和决策又依赖它自身的状态和一些有限的、相关的其他实体的行为，且它们易受内外部环境的影响。物流系统的各个实体可主动改变自己的内部或外部结构，以适应环境的变化，从而呈现出物流系统的非线性特点。

（3）复杂性

物流系统是由若干个供应商、制造商、配送中心、销售商和终端客户组成的。它包含供应商、制造商的选择，配送中心的选址，运输方式（如空运、陆运、铁运、水运或混合运输方式的选择）和运输路线（选择由哪个配送中心送货）的确定等。其复杂性主要体现在贯穿于物流系统中的不确定及各实体要素间的非线性关系。

（4）适应性

物流系统各个实体为了适应市场环境的变化，与周围环境和其他实体间不断进行交互作用。在这种持续不断交互影响的过程中，实体不断学习、积累经验，并根据学到的经验改变自身的结构和行为方式，寻找合适的实体组成物流系统以适应环境的变化，从而促成供需过程不断重新组合、改造。

（5）多样性

由于物流系统各实体要素间处于不断相互作用和不断适应的过程，造成了实体向不同的方面发展变化，从而形成了物流系统实体类型的多样性。

综上所述，物流系统具有系统的所有特征。由于物流系统的层次性及各子系统的相互联系和相互作用，很显然，物流系统是一个动态的、开放的复杂系统。

第 2 节　物流系统仿真概述

一、物流系统仿真的概念

所谓物流系统的仿真，是指针对现实物流系统建立仿真模型，然后在模型上进行试验，用模型代替真实系统，从而研究物流系统性能的方法。通过仿真，可以一一仿效实际物流系统的各种动态活动并把系统动态过程的瞬间状态记录下来，最终得到用户所关心的系统统计性能。

由于物流系统自身的不完善或运作过程的不合理，加之一些物流系统设计时缺乏前瞻性和系统规划，导致在物流资源的配置、物流网络的结构等方面，难以保证其可靠性、合理性、协调性和最优化。实际系统中常常包含较多随机的因素，如物流系统中商务的到达、运输车辆的到达和运输事件等，一般是随机的。这些复杂的随机系统很难找到相应的解析式来描述和求解，系统仿真技术成了解决这类问题的有效方法。物流系统运作的成败事关重大，而仿真方法是完善、推进物流系统的很好方法，可以节省费用、减少浪费、消除物流环节中的瓶颈。

二、物流系统仿真的分类

从技术与管理的角度看，系统仿真在物流领域主要有以下 4 种类型。

（1）物流系统规划与设计

仿真多用于供应链设计、评价和优化，用来处理链中的不确定因素与动态性。此外，仿真还有能力找出供应链各个成员之间的最优解决方案。在系统没有运行之前，可把规划转化为仿真模型。通过运行模型，评价规划或设计方案的优劣并修改方案，仿真能够辅助决策者或策划者的决策活动。这是仿真经常用到的一方面。这样不仅可以规避或减少不合理的设计，而且也能降低投资风险，避免人力、时间等的浪费。

（2）物流运输调度

复杂的物流系统经常包含若干运输调度与多种运输路线选择。连接供应链上游与下游是供应链运作过程中至关重要的一个环节，而运输调度与路线选择一直是物流系统的难点，其中包含了很多NP（多项式复杂程度的非确定性）问题。在解决调度问题时，规划运输路线多使用启发式算法、不完全优化算法和遗传算法等，但在评价这些算法得到的策略哪个更有效、更合理时，遇到的问题会更多。因运输调度是物流系统最复杂、动态变化最大的一部分，有许多不确定因素，很难用解析法描述运输的全过程。而使用仿真建立运输系统模型，动态运行此模型，再结合图形，可将运行状态、物料供应情况、配货情况、道路堵塞情况、配送路径等生动地呈现出来。且仿真还提供了各种数据，包括车辆运输时间与效率等。

（3）物流成本估算

物流系统运作是一个复杂的过程，其中存在许多的不确定因素。系统的总成本中包括运输成本、库存成本、订货成本和生产成本等。成本核算与所花费的时间有关。物流系统仿真是对物流整个过程的模拟。进程中每一项操作的时间，都可通过仿真推进被记录下来。因此，人们可以通过仿真来统计物流环节的用时，进而计算出物流的成本。

（4）库存控制

库存系统是供应链管理中的重要环节，能起到缓冲、调解和平衡的作用。供应链上各节点企业库存水平的高低一方面影响产品的成本，另一方面影响客户服务水平和企业对市场波动的适应能力。库存处理得好坏直接影响公司的效益和竞争力。现实库存系统多属于复杂的离散事件系统，含有诸多不确定因素，且各部分间关系复杂，企业在确定安全库存量、采购订货方式的时候遇到了很大的困难，直接表现为没有适合的库存策略，库存积压与库存短缺并存等。随机性库存系统中有很多不确定的随机参数，解析方法的应用受局限，很难采用数学规划或启发式算法进行准确分析。常用离散系统仿真技术对库存系统全局或局部变量进行分析和优化，例如库存系统规划、库存成本分析、库存控制策略分析等。

三、物流系统仿真的应用

物流系统仿真可解决如下三个问题。

一是引进新设备时的事先评价问题以及人员、设备的配置问题。例如：引进何种设备？什么性能的设备？引进设备后的场地规划和人员配置是怎样的？引进设备后瓶颈口能否解消？其他地方是否会成为新的瓶颈口？

二是场地布局的评价问题，工厂、仓库的规划设计问题，工厂、仓库的容量/库存问题。例如：需要扩建多大面积的仓库？如何合理地配置新建配送中心的设备和人员？若已经有两套以上的方案，如何比较这些方案的优劣？

三是作业工程计划的改善问题，几乎所有涉及时间、空间和效率的关系问题。例如：已有定性的认识，但如何才能进行定量分析？如何在定量分析的基础上进行改进、评估？作业方式选择的定量标准是什么？

综合而言，对物流系统进行仿真，可在不组装实际系统的前提下，实现对现有系统的分析。与直接对现实系统进行实验相比，仿真模型具有许多优点，两者的对比情况见图2－1。

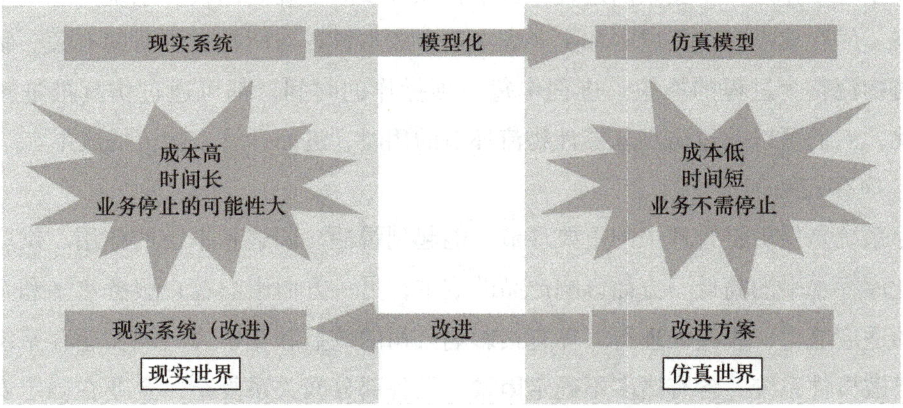

图2－1　现实系统模型与仿真模型对比

第 3 节　典型物流系统及其手工仿真案例

一、排队系统

（一）排队系统的概述

排队是我们在日常生活中经常遇到的现象，如顾客到商店买物品、病人到医院看病等，常常需要排队。一般说来，当某个时刻要求服务的数量超过服务机构的容量时，就会出现排队现象。这种现象不只会出现在个人的日常生活中，也会出现在其他场合。因为要求服务的可能是人，也可能是物。例如在计算机网络系统中，要求传输数据的是各个网络结点，这里的服务机构是网络传输机构，而要求服务的就是等待传输数据的网络结点。此外，电话局的占线问题，车站、码头等交通枢纽的车船堵塞和疏导，故障机器的停机待修，水库的存贮调节等，都属于排队现象。在各种排队系统中，顾客到达的时刻与接受服务的时间都是不确定的，随着不同时机与条件而变化，因此排队系统在某一时刻的状态也是随机的，故排队现象几乎是不可避免的。

1. 排队系统的基本参数

排队系统本身包括了顾客、排队列和服务台三个部分，典型的形式如图 2－2 所示。顾客源中的顾客不断到达该系统，并形成队列等待服务，直到服务结束离开，或重返顾客源，或永久离开该系统。排队系统是一个顾客不断地到来、排队及接受服务与离去的动态过程。

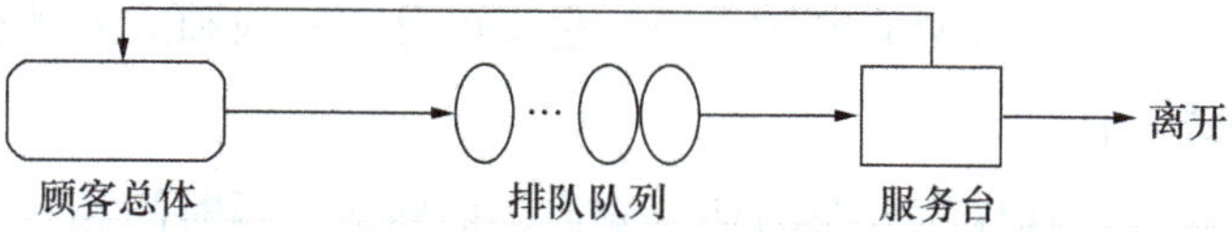

图 2－2　排队系统的简单形式描述

这类系统中，最主要的实体就是顾客与服务台（或称服务员）。而在动态随机服务的过程中，还会发生许多客观的现象。为了对排队系统有一个清晰确切的描述，还需要对其有关概念分别做一下介绍。

（1）顾客与顾客源

“顾客”一词在这里指任何一种需要系统对其服务的实体。顾客可以是人，也可以是零件、机器等物。顾客源又称顾客总体，是指潜在的顾客总数。它分为有限与无限两类。

有限顾客源中的顾客数量是确切或有限的，如一个维修工人负责维修 3 台机器，则这 3 台机器就是一个有限的总体。而在具有较大潜在顾客的系统中，顾客源一般假定为无限的，即不能用确切的或有限的个数或没有办法来预知可能到来的顾客总体，如进入超市的顾客或要求电信局提供通话服务的顾客。而事实上这些顾客总体虽然数量很多但仍是有限的，定义其为无限主要是为了简化模型。

之所以区分有限顾客源与无限顾客源，主要是因为这两类情况在系统中，顾客到达率（即每单位时间到达顾客的平均数）的计算是不同的。无限顾客源模型中，到达率不受已经进入系统等待或正接受服务的顾客数的影响。而对于有限顾客源模型，到达率往往取决于正在服务或正在等待服务的顾客数。

（2）到达模式

到达模式是指顾客按照怎样的规律到达系统，它一般用顾客相继到达的时间间隔来描述。根据时间间隔的确定与否，到达模式可分为确定性达到与随机性到达。

确定性到达模式指顾客有规则地按照一定的间隔时间到达。这些间隔时间是预先确定或固定的。等距到达模式就是一个常见的确定性到达模式，它表示每隔一个固定的时间段就有一个顾客到达的模式。

随机性到达模式指顾客相继到达的时间间隔是随机的、不确定的。它一般用概率分布来描述。常见的随机性到达模式有泊松到达模式和爱尔朗到达模式两类。

泊松分布是一种很重要的概率分布，出现在许多典型的系统中，如商店顾客的到来、机器到达维修点等均近似于泊松到达模式。

爱尔朗到达模式常用于典型的电话系统，它又可分为一般独立到达模式、超指数到达模式和成批到达模式三种。

一般独立到达模式也称任意分布的到达模式，指到达间隔时间相互独立，分布函数是任意分布的到达模式。这种分布往往可以用一个离散的概率分布加以描述。

超指数到达模式主要用于概率分布的标准差大于平均值的情况下。

成批到达模式中，顾客的到达与到达时间间隔的分布无关，只是在每一到达时刻到达的顾客数量不是一个，而是一批。

（3）服务机构

服务机构描述的是同一时刻有多少服务台可以提供服务，及服务台之间的布置关系是什么样的。服务机构不同，则排队系统的结构也不相同。根据服务机构与队列的形成形式不同，常见且比较基本的排队系统的结构一般有以下几种：单队列单服务台结构，多队列单服务台结构，多个服务台串联且每个服务台前有一个队列的结构，多个服务台并联且共同拥有一个队列的机构，多个服务台并联且每个服务台前有一个队列的结构。一个较为复杂的排队系统，其结构往往是由以上几种基本结构组合而成的。

服务机构有两个重要的属性，分别为服务时间和排队规则。

①服务时间。服务台为顾客服务的时间可以是确定的，也可以是随机的。后者更为常见，即服务时间往往不是一个常量，而是受许多因素影响不断变化的，故对这些服务过程的描述就要借助于概率函数。总的来说，服务时间的分布有以下 7 种。

a. 定长分布——这是最简单的情形，所有顾客被服务的时间均为某一常数。

b. 指数分布——当服务时间完全随机的时候，可以用指数分布来表示它。

c. 爱尔朗分布——它用来描述服务时间的标准差小于平均值的情况。

d. 超指数分布——与爱尔朗分布相对应，用来描述服务时间的标准差大于平均值的情况。

e. 一般服务分布——用于服务时间相互独立但具有相同分布的随机情况，定长分布、指数分布、爱尔朗分布、超指数分布均是一般分布的特例。

f. 正态分布——在服务时间近似于常数的情况下，多种随机因素的影响使得服务时间围绕此常数值上下波动，此时一般用正态分布来描述服务时间。

g. 服务时间依赖于队长的情况——即排队顾客越多，服务速度越快，服务时间越短。

②排队规则。排队规则是指顾客在队列中的逻辑次序，以及确定服务员有空时哪一个顾客被选择去服务的规则，即顾客按什么样的次序与规则接受服务。

常见的排队规则有以下 3 类。

a. 损失制——若顾客来到时，系统的所有服务机构均非空，则顾客自动离去，不再回来。

b. 等待制——若顾客来到时，系统所有的服务台均非空，则顾客就形成队列等待服务，常用的规则有以下 5 种。

- 先进先出（FIFO）。即按到达次序接受服务，先到先服务。
- 后进先出（LIFO）。与先进先出服务相反，后到先服务。

• 随机服务（SIRO）。服务台空闲时，从等待队列中任选一个顾客进行服务，队列中每一个顾客被选中的概率相等。

• 按优先级服务（PR）。当顾客有着不同的接受服务优先级时，有两种情况：一是服务台空闲时，队列中优先级最高的顾客先接受服务；二是当有一个优先级高于当前顾客的顾客到来时，按这样的原则处理。

• 最短处理时间先服务（SPT）。服务台空闲时，首先选择需要最短服务时间的顾客来进行服务。

c. 混合制——它是损失制和等待制的综合类型，具体包括如下 3 种。

• 限制队长的排队规则。设系统存在最大允许队长为 N，当顾客到达时，若队长小于 N，则加入排队，否则自动离去。

• 限制等待时间的排队规则。设顾客排队等待的最长时间为 T，则当顾客排队等待时间大于 T 时，顾客自动离去。

• 限制逗留时间的排队规则。逗留时间包括等待时间与服务时间。若逗留时间大于最长允许逗留时间，则顾客自动离去。

2. 排队系统的性能指标

排队系统中，除非采用损失制，否则排队现象是不可避免的。这是由于顾客到达的速率大于服务台进行服务的速率造成的。排队越长意味着系统服务质量越差，或者说系统效率越低。而盲目增加服务台，虽然队长可以减少，但却有可能造成服务台有太多的空闲时间，导致设备利用率太低。排队系统研究的实质就是要解决上述问题，即合理地解决顾客等待时间与服务台空闲时间的矛盾，使得系统服务质量与设备利用率都达到较高的标准。

排队系统常用的性能指标有 5 种：服务台的利用率 ρ 、平均等待时间 W_q 、平均逗留时间 W、平均队长 L_q 、系统中平均顾客数 L 。

（1）服务台的利用率 ρ

ρ = 平均服务时间 / 平均到达时间间隔 = λ/μ 。其中，λ 为平均到达速率，μ 为平均服务速率（即单位时间内被服务的顾客数）。通常情况下，$\rho < 1$ 。这是其他性能指标存在的前提条件。

（2）平均等待时间 W_q

$$W_q = \lim_{n\to\infty} \sum_{i=1}^{n} \frac{D_i}{n}$$

其中，D_i 为第 i 个顾客的等待时间，n 为已接受服务的顾客数。

（3）平均逗留时间 W

$$W = \lim_{n\to\infty}\sum_{t=1}^{n}\frac{W_i}{n} = \lim_{n\to\infty}\sum_{t=1}^{n}(D_i + S_i)/n$$

其中，W_i 为第 i 个顾客在系统中的逗留时间，它等于该顾客排队等待时间 D_i 和接受服务时间 S_i 之和。

（4）平均队长 L_q

$$L_q = \lim_{t\to\infty}\int_0^T L_q(t)dt/T$$

其中，$L_q(t)$ 为 t 时刻的队列长度，T 为系统运行时间。

（5）系统中平均顾客数 L

$$L = \lim_{T\to\infty}\int_0^T L(t)dt/T = \lim_{T\to\infty}\int_0^T [L_q(t) + S(t)]dt/T$$

其中，$L(t)$ 为 t 时刻系统中的顾客数，$S(t)$ 为 t 时刻系统中正在接受服务的顾客数。

（6）忙期（闲期）

忙期是指服务台全部处于非空闲状态的时间段，否则称为非忙期；而闲期指服务台全部处于空闲状态的时间段。对于单服务台来说，忙期与闲期交替出现。

除以上常见的性能指标外，具体的排队系统还可以根据系统本身的要求，采用其他体现系统性能的指标，如最长队列、顾客在系统中最大的逗留时间等等。

（二）排队系统的分类

1. 单服务台排队系统

单服务台结构是排队系统中的最简单的结构形式，在该类系统中有一级服务台，这一级中也只有一个服务台。它的结构如图 2－3 所示。

图 2－3　单服务台排队系统结构

2. 单级多服务台排队系统

单级多服务台结构也是经常遇到的一类排队系统形式，它又可分为所有服务台只有一个排队以及每个服务台都有排队两种不同情况，分别如图 2－4 中的（a）与（b）所示。

这里每个服务台的服务时间可以有相同的参数或分布，也可以有不同的参数甚至不同的分布。在第 1 种排队形式中，无论哪个服务台空闲则都会有顾客进入，当两个或两个以上服务台空闲时，则可按规则选择进入其中的一个服务台。在第 2 种排队形式中，首先确定该顾客选择哪个服务台，然后根据选择的服务台是“忙”或“闲”决定是接受并开始服务，还是在该服务台前的队列中等待服务。

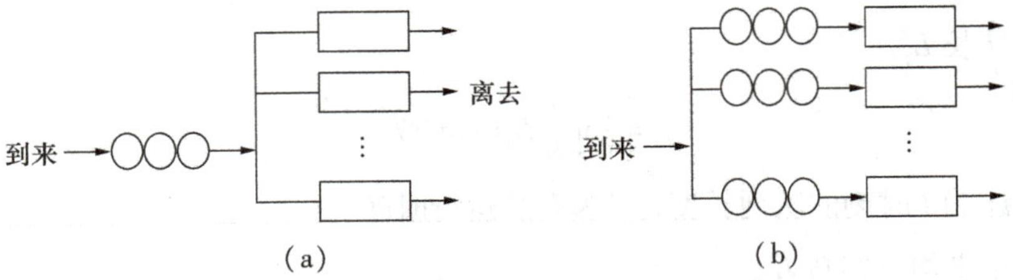

图 2－4　单级多服务台排队系统结构

3. 多级多服务台排队系统

多级多服务台排队系统是排队系统的一类常见形式。图 2－5 表示了一个典型的多级多服务台排队系统。服务台共有 3 级，每级分别由 2 台、3 台和 1 台组成，每级服务台前有一排队伍，顾客进入系统后逐级进入服务台，逐级服务。如没有空闲的服务台则逐级排队等待，当最后一级服务结束后顾客离开系统。

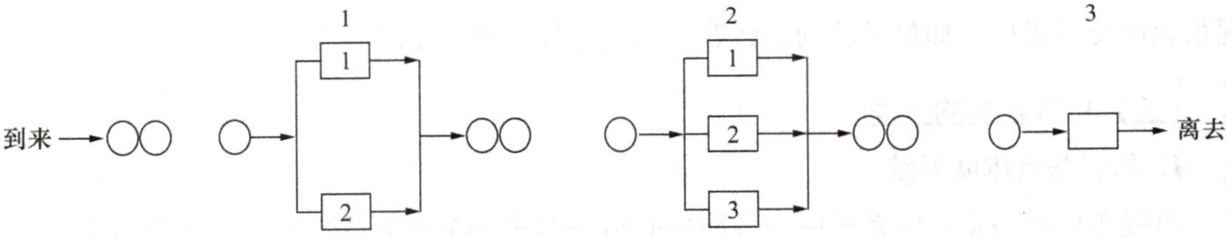

图 2－5　多级多服务台排队系统结构

二、排队系统的手工仿真案例

某家拥有一个出纳台的小杂货铺，顾客相隔 1～8 分钟随机到达出纳台，每个到达间隔时间的可能取值具有相同的发生概率，如表 2－1 所示。服务时间在 1～6 分钟间的变化见表 2－2。我们是通过仿真 100 个顾客的到达和接受服务来分析该系统的。

为了产生到达出纳台的时间，需要一组均匀分布的随机数，这些随机数满足下列条件：随机数服从均匀分布且相互独立。

由于表2－1中的概率值精度为小数点后3位，故3位的随机数就可以满足要求。必须列出99个随机数以便产生到达间隔时间。为什么仅需要99个数呢？因为第一个顾客是假定在0时到达的，所以只需要为100个顾客产生99个到达时间间隔即可。同样，对于表2－2，99个随机数就足够了。

表2－1　到达间隔时间分布

到达间隔时间（分钟）	概率	累计概率	随机数字分配
1	0.125	0.125	001～125
2	0.125	0.250	126～250
3	0.125	0.375	251～375
4	0.125	0.500	376～500
5	0.125	0.625	501～625
6	0.125	0.750	626～750
7	0.125	0.875	751～875
8	0.125	1.000	876～000

表2－2　服务时间分布

服务时间（分钟）	概率	累计概率	随机数字分配
1	0.10	0.10	01～10
2	0.20	0.30	11～30
3	0.30	0.60	31～60
4	0.25	0.85	61～85
5	0.10	0.95	86～95
6	0.05	1.00	95～00

表2－1和表2－2的最右边两栏是用来生成随机到达和随机服务时间的，每个表的第三栏包含了该分布的累计概率。最右边一栏包含了随机数字的分配。在表2－1中，首先分配的随机数字是001～125，这里三位数有1000个（001～000）。到达间隔的时间为1分钟的概率是0.125，所以在1000个随机数字中有125个被分配到这种情况。99名顾客的到达间隔时间的产生是由表2－3列出99个三位数字值并将其与表2－1的随机数字分配比较得到的。

到达间隔时间的确定如表2－3所示。注意，第一个随机数字是064。为了得到相应的到达间隔时间，进入表的第四栏并从该表的第一栏读取 1 分钟。另一方面，我们看到 0.064 在累积概率 0.001 到 0.125 之间，作为产生的时间也得到 1 分钟。

前 18 名和第 100 名顾客的服务时间见表 2－4。这些服务时间是根据上述的方法同时借助于表 2－2 产生的。

表 2－3　到达间隔时间的确定

顾客	随机数字	到达间隔时间（分钟）	顾客	随机数字	到达间隔时间（分钟）
1	—	—	11	413	4
2	064	1	12	462	4
3	112	1	13	843	7
4	678	6	14	738	6
5	289	3	15	359	3
6	871	7	16	888	8
7	583	5	17	902	8
8	139	2	18	212	2
9	423	4	…	…	…
10	039	1	100	538	5

表 2－4　服务时间的生成

顾客	随机数字	服务时间（分钟）	顾客	随机数字	服务时间（分钟）
1	84	4	11	94	5
2	18	2	12	32	3
3	87	5	13	79	4
4	81	4	14	92	5
5	06	1	15	46	3
6	91	5	16	21	2
7	79	4	17	73	4
8	09	1	18	55	3
9	64	4	…	…	…
10	38	3	100	26	2

第一个顾客的服务时间是 4 分钟。因为随机数字 84 处于 61 到 85 之间；或者换句话

说，因为导出的概率 0.84 落在累计概率 0.61 到 0.85 之间。

这些仿真表格是为了解决遇到的问题而专门设计的。采用的方法是增加栏目以回答所提出的问题。第一步是填写第一个顾客所在的单元以初始化表格：第一个顾客假定在 0 时刻到达，服务马上开始并在时刻 4 结束，第一个顾客在系统中逗留 4 分钟。在第一个顾客以后，表中后续的各行都基于前一顾客的到达间隔时间、服务时间以及服务结束时间的随机数。例如，第二个顾客在时刻 1 到达，但服务不是马上开始而是直到时刻 4 才开始，因为服务台（出纳员）在该时刻之前一直繁忙。第二个顾客在队列中要等待 3 分钟，服务时间为 2 分钟。这样，第二个顾客在系统中停留 5 分钟。跳到第五个顾客，服务结束于时刻 16，但是第六个顾客要在时刻 18 才到达，那时服务才开始。这样，服务台（出纳员）就要空 2 分钟。这一过程继续到 100 个顾客。最右边增加的两栏用来收集性能统计量度，比如每个顾客在系统中的时间以及服务台从前一顾客离去后的空闲时间（如果有的话）等。为了计算总统计量，表 2－5 中列出了服务时间、顾客在系统中花费的时间、服务台空闲的时间以及顾客在队列中等待的时间的总数。

表 2－5　　单通道排队系统的仿真表格

顾客	到达间隔时间（分钟）	到达时间	服务时间（分钟）	服务开始时间	顾客在对列中等待的时间（分钟）	服务结束时间	顾客在系统中花费的时间（分钟）	服务台空闲的时间（分钟）
1	—	0	4	0	0	4	4	—
2	1	1	2	4	3	6	5	0
3	1	2	5	6	4	11	9	0
4	6	8	4	11	3	15	7	0
5	3	11	1	15	4	16	5	0
6	7	18	5	18	0	23	5	2
7	5	23	4	23	0	27	4	0
8	2	25	1	27	2	28	3	0
9	4	29	4	29	0	33	4	1
10	1	30	3	33	3	36	6	0
11	4	34	5	36	2	41	7	0
12	4	38	3	41	3	44	6	0
13	7	45	4	45	0	49	4	1

续表

顾客	到达间隔时间（分钟）	到达时间	服务时间（分钟）	服务开始时间	顾客在对列中等待的时间（分钟）	服务结束时间	顾客在系统中花费的时间（分钟）	服务台空闲的时间（分钟）
14	6	51	5	51	0	56	5	2
15	3	54	3	56	2	59	5	0
16	8	62	2	62	0	64	2	3
17	8	70	4	70	0	74	4	6
18	2	72	3	74	2	77	5	0
19	7	79	1	79	0	80	1	2
20	4	83	2	83	0	85	2	3
⋮	⋮	⋮	⋮	⋮	⋮	⋮	⋮	⋮
100	5	415	2	416	1	418	3	0
合计	415		317		174		491	101

从表 2－5 的仿真中，可得到如下一些结果。

（1）顾客的平均等待时间是 1.74 分钟

计算方法如下：

$$平均等待时间=\frac{顾客在队列中等待的总时间}{总顾客数}=\frac{174}{100}=1.74(分钟)$$

（2）顾客必须在队列中等待的概率是 0.46

计算方法如下：

$$概率(等待)=\frac{等待的顾客数}{总顾客数}=\frac{46}{100}=0.46$$

（3）服务台空闲的概率是 0.24

计算方法如下：

$$服务台空闲的概率=\frac{服务台空闲的总时间}{仿真的总运行时间}=\frac{101}{418}=0.24(分钟)$$

服务台繁忙的概率就是 0.24 的补，即 0.76。

（4）平均服务时间是 3.17 分钟

计算方法如下：

$$平均服务时间 = \frac{总服务时间}{总顾客数} = \frac{317}{100} = 3.17(分钟)$$

这个结果可以和服务时间的期望值相比较，服务时间分布的均值用以下公式计算：

$$E(S) = \sum_{s=0}^{\infty} sp(s)$$

对表 2－5 的分布应用期望值公式，可得到：期望服务时间＝1×0.10＋2×0.20＋3×0.30＋4×0.25＋5×0.10＋6×0.05＝3.2（分钟）。期望服务时间要略高于仿真中的平均服务时间。仿真时间越长，平均值将会越接近 $E(S)$。

（5）平均到达间隔时间是 4.19 分钟

计算方法如下：

$$平均到达间隔时间 = \frac{所用到达间隔时间总和}{到达数 - 1} = \frac{415}{99} = 4.19(分钟)$$

因为第一个顾客是在 0 时刻到达的，所以分母减去了 1。可以通过求离散均匀分布的均值将这个结果和期望到达间隔时间做比较。离散均匀分布的端点是 a＝1、b＝8，其均值为：

$$E(A) = \frac{a+b}{2} = \frac{1+8}{2} = 4.5(分钟)$$

到达间隔时间的期望值要略高于平均值。仿真时间越长，所得出的期望值就会越接近理论的平均值 $E(A)$。

（6）有等待的顾客的平均等待时间是 3.22 分钟

计算方法如下：

$$平均等待时间 = \frac{顾客在队列中等待的总时间}{等待的顾客总数} = \frac{174}{54} = 3.22(分钟)$$

（7）顾客在系统中花费的平均时间是 4.91 分钟

这个值可以由两种方法获得，第一种方法通过下列关系进行计算：

$$顾客在系统中花费的平均时间 = \frac{顾客在系统中花费的总时间}{顾客总数} = \frac{491}{100} = 4.91(分钟)$$

第二种方法也会得到同样的结果，基于以下关系的成立：

顾客在系统中花费的平均时间＝顾客在队列中等待的平均时间＋顾客接受服务的平均时间。根据结果 1 和结果 4 可以得到：顾客在系统中花费的平均时间＝1.74＋3.17＝4.91

（分钟）。

决策者会对这一类结果满意。如果增加仿真时间，会使结果更加准确。但是，即便是这样的结果，也能给许多试验性的推断提供依据。大约半数的顾客必须等待，但是平均等待时间并不太长。服务台没有不适当的空闲时间。关于本结果更可信的说法可能取决于在等待的成本和增加服务台的成本之间取得平衡。

三、库存系统

1. 库存系统的概述

库存问题是物流科学领域研究的重点问题之一。库存系统研究的目的是通过建立库存系统模型来确定库存策略，从而达到满足服务水平和控制库存费用的目标。对库存系统的研究主要有建立计算机仿真模型和建立优化模型两类方法。

库存系统仿真就是利用仿真方法对库存系统进行建模，通过仿真运行结果中的费用指标来对库存策略和库存结构进行评价。

根据现代物流理论的观点，库存系统应具有以下两种功能。

第一种功能：调节供需。生产活动与消费活动的节奏因产品的不同而存在着差异。库存系统作为平衡环节，能够对此加以调节和控制，从而使得生产和消费协调起来。

第二种功能：调节货运能力。由于各种运输工具的运量存在着很大的差距，因此在各个运输方式的衔接环节，通常由库存系统来调节和弥补。

根据需求与订货的规律，库存系统分为随机型库存系统和确定型库存系统。随机型库存系统是指库存参数中至少有一个是随机变量的库存模型，即需求发生的时间、每次的需求量、订货时间和订货量以及订货提前期，均有可能是随机的。研究库存系统的目的一般是要确定或比较各种库存策略。对于确定型库存系统，一般采用解析法进行研究。现实的库存系统多数属于随机型库存系统，由于其具有随机性、复杂性的特点，采用传统的解析方法难以描述系统变量之间复杂的非线性关系，因此需要借助于计算机系统仿真的方法。

2. 库存系统的分类

根据需求与订货的规律，可以将库存系统分为确定性库存系统和随机性库存系统两大类。

①确定性库存系统。在确定性库存系统中，需求量与需求发生时间、订货量与订货发生时间、从订货到货物入库的时间都是确定的。如果采用安全库存订货策略，库存量随时间的变动如图2-6所示，其中T为订货周期，Q为入库量，R为安全库存量。

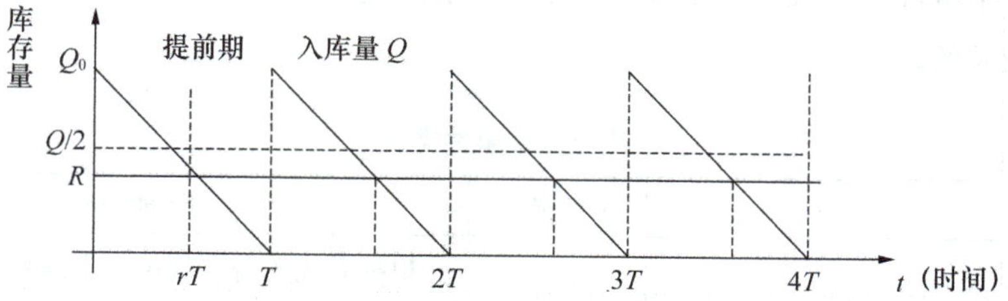

图2-6 确定性库存系统

②随机性库存系统。在随机性库存系统中，需求量与需求发生时间、订货量与订货发生时间、从订货到货物入库的时间都可能是随机的，库存量随时间的变动如图2-7所示。

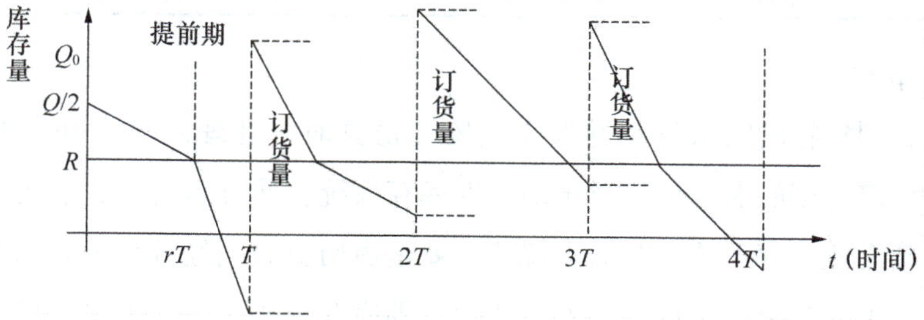

图2-7 随机性库存系统

四、库存仿真系统及手工仿真案例

（一）库存系统仿真的特点

库存系统是一类不同于排队系统的离散事件系统，它的变化除了具有离散性与随机性特征外，在仿真建模时还有如下特点。

1. 仿真时钟的步进式推进

在库存系统中，由于每个仿真时刻都有需求发生，也就是每个仿真时刻都有事件发生，所以仿真时钟的推进是步进式的，每执行完一个时刻的事件后，仿真时钟加一，来到下一个特定时刻，再执行下一个时刻的事件。

虽然在库存系统中每个特定时刻都需执行需求事件，但对订货事件与到货事件却不是每个特定时刻都必须执行的，这两个事件应登记在事件表中，当执行完需求事件后再查找事件表，决定是否需执行其他两类事件。

2. 事件类型

库存系统中事件有三类，如表 2－6 所示，不同类库存系统有不同的需求与供给，但事件类型是相同的。

表 2－6　　库存系统事件类型

事件类型	性质	事件描述	处理内容
1	原发	需求	根据系统的需求规律，求解每个特定时刻的需求量改变库存量
2	原发或 1 类事件的后续事件	订货	根据订货规则，确定订货数量及订货日期
3	原发	到货	改变库存量
4	原发	费用计算	每个时刻其他事件结束后，计算当天的费用

（1）需求事件

其含义是收到货物的需求订单并发出货物。仿真时，处理需求事件需要根据需求规律，得到每个特定时刻的需求量。对于确定性库存系统，通过解析的方法可以得到数学表达式；对于不确定性库存系统，其需求规律主要是由历史数据经统计分析后得出。当需求事件出现后，产生的结果是系统状态发生变化，即库存量改变。需求事件的发生不受系统中其他事件的影响，是系统之外的因素所为，故在系统中只与时间因素有关，因而，其性质显然是一个原发事件。

（2）订货事件

其含义是根据需求和现库存量，依据库存管理规则，发出订购货物单。这一事件的性质在不同类型的库存系统中可有所不同。要依据事先规定的订货原则，以及库存系统类型而定。对确定性库存系统，其发生可以预先明确，因而在仿真处理时，按原发事件的性质处理；对于随机系统，若采用最低、最高库存控制方法，则最低、最高库存量将对其订货事件是否发生以及订货量的多少产生一定的约束。即当系统的存货低于最低库存量时，则必须补充货物，订货事件才会发生，补充的数量则涉及最高库存量；同时，由于要考虑货物在订货后到达须延迟一段时间，因此，还要根据订货提前时间的分布规律确定此次订货的日期，并计算货物到达的特定时刻。在这种情形下，订货事件不仅是需求事件的后续事件，而且是条件事件。需要明确的是，无论订货事件的性质如何，这一事件的发生并不改变系统状态，不改变库存量。

（3）到货事件

其含义是订购的货物到达，进入库存。这一事件的发生必然改变系统状态，在特定时刻使库存量发生变化。显然这一事件应是一个原发事件，只是在不同系统中，依据订货提前时间的变化规律，使其发生的特定时刻的获得方法有所不同。在确定性库存系统中，因订货提前时间是固定的，所以其到达时间可以是明确计算的；在随机系统中，由于订货提前时间按统计规律变化，故其发生时刻是根据统计分布规律由随机数确定，与其他因素无关。

3. 事件表

由于事件类型1（见表2-6）即需求事件是每个时刻都发生的事件，所以不登记在事件表中，在事件表中仅登记2类与3类事件。2类事件即订货发生的时刻有两种情况。一种情况是固定间隔 N，在 $T=0$ 时发生一个1类事件，同时产生一个2类事件即订货事件，在执行订货事件时要计算 $T_{当前}+T_{间隔(N)}=T_{下一次订货}$，并将下一次订货时间登记在事件表上，此时订货事件是原发事件；另一种情况是，假如订货时间是根据当前库存量来决定，如当前库存量等于或小于一定的值就需订货，则订货事件就成了1类事件的后续事件并且是一个条件事件。在执行订货事件时还需要根据到货时间的分布与参数，计算出到货时刻并登记在事件表上。

（二）库存系统仿真的建模参数

库存系统仿真的建模参数如表2-7所示。

表2-7　库存系统仿真的建模参数和分类

参数	分类
模型参数	每件货物每月保管费、每件缺货损失费、每件订货费、订货附加费、仓库初始库存量、库存策略数、库存控制量、平均需求间隔时间、需求量、事件发生概率
运行控制参数	仿真运行的长度、运行次数、仿真步长
运行变量	订货数量、实际需求量、动态库存量 $I(t)$、事件类型数、下一个最早发生的事件类型数、仿真钟的数值、上次改变库存水平的时间、类型为 I 的事件发生的时间、上一次事件发生以来的时间、仿真运行长度单位、仿真运行时间长度
输出变量	第 I 种订货策略的运行总费用、保管费用、订货费用、缺货损失费用、其他数据总计等

（1）模型参数

模型中供应方、仓库、需求方、货物的各单元属性是仿真模型的基本属性，如果属性数据发生改变，则模型本身也发生变化。

仿真模型除了确定各自的单元属性外，还需要确定各个单元之间的逻辑关系。比如仓库、需求方和所需求的货物种类会决定需求请求的时间间隔、数量及其缺货损失费，不同的单元之间发生的逻辑关系属性会有不同，如果单元之间的逻辑关系发生变化，则仿真模型结构即发生变化。

（2）仿真控制参数

仿真控制参数将决定仿真运行的时间长短、方式和其他属性。仿真控制参数改变，不改变仿真模型本身，但是改变仿真运行过程。

（3）仿真运行的过程变量

即在仿真运行过程中需要的执行变量，这些变量只在仿真运行过程中使用，可以作为状态记录输出。

（4）仿真运行的结果变量

仿真运行结束后将输出结果数据，结果变量即是在仿真运行中记录结果数据的变量，通常需要根据模型单元属性和仿真运行过程变量计算才能得出，比如仓储费就是根据仓储费用单价属性跟仓储量计算出来的。

（三）库存系统的手工仿真实例

1. 报纸经销商问题

报纸的订购与销售问题是一个经典的库存问题。报摊以 33 美分买进每张报纸，以 50 美分卖出。当日结束时未销售完的报纸作为废品处理，每份卖 5 美分。报纸以 10 份为一捆订购，因此，报摊可以买 50 份或 60 份，等等。报纸有三种销售类型，分别是“良”“中”和“差”，它们出现的概率分别是 0.35、0.45 和 0.20。每天对报纸需求的分布见表 2 - 8。要解决的问题是，计算报摊应该订购报纸的最优数量。为完成这项工作，可进行 20 天的仿真并记录每天的利润。

利润按照以下公式计算：

利润 = 销售收入 - 报纸成本 - 额外需求的利润损失 + 报废报纸的回收费

根据问题的描述，每份报纸的销售收入是 50 美分，订购每份报纸的成本是 33 美分。未满足的额外需求的利润损失每份是 17 美分。这种短缺损失存在着一些争议，但是会使

表 2－8　　每天报纸需求量的分布

需求	需求概率分布		
	良	中	差
40	0.03	0.10	0.44
50	0.05	0.18	0.22
60	0.15	0.40	0.16
70	0.20	0.20	0.12
80	0.35	0.08	0.06
90	0.15	0.04	0.00
100	0.07	0.00	0.00

问题变得更为有趣。报废报纸的回收收入为每份 5 美分。

表 2－9 和表 2－10 提供了报纸类型和需求量的随机数字分配。用仿真解决这一问题，需要设定每天购买的报纸的数量（购买策略），然后进行周期为 20 天时间的报纸需求的仿真来确定总利润。改变购买策略（报纸订购数）为其他的值，然后重新运行仿真直到找出最佳的值。

表 2－9　　报纸类型的随机数字分配

报纸类型	概率	累计概率	随机数字分布
良	0.35	0.35	01～35
中	0.45	0.80	36～80
差	0.20	1.00	81～00

表 2－10　　报纸需求的随机数字分配

需求	累积分布			随机数字分配		
	良	中	差	良	中	差
40	0.03	0.10	0.44	01～03	01～10	01～44
50	0.08	0.28	0.66	04～08	11～28	45～66
60	0.23	0.68	0.82	09～23	29～68	67～82
70	0.43	0.88	0.94	24～43	69～88	83～94
80	0.78	0.96	1.00	44～78	89～96	95～00
90	0.93	1.00	1.00	79～93	97～00	
100	1.00	1.00	1.00	94～00		

表 2－11 为每天订购 70 份报纸的策略的仿真表格。

表 2－11　　　　订购 70 份报纸的仿真表格

天	报纸类型的随机数字	报纸类型	需求的随机数字	需求（份）	销售收入（美元）	额外需求的利润损失（美元）	废品回收收入（美元）	每日利润（美元）
1	58	中	93	80	35.00	1.70	—	10.20
2	17	良	63	80	35.00	1.70	—	10.20
3	21	良	31	70	35.00	—	—	11.90
4	45	中	19	50	25.00	—	1.00	2.90
5	43	中	91	80	35.00	1.70	—	10.20
6	36	中	75	70	35.00	—	—	11.90
7	27	良	84	90	35.00	3.40	—	8.50
8	73	中	37	60	30.00	—	0.50	7.40
9	86	差	23	40	20.00	—	1.50	－1.60
10	19	良	02	40	20.00	—	1.50	－1.60
11	93	差	53	50	25.00	—	1.00	2.90
12	45	中	96	80	35.00	1.70	—	10.20
13	47	中	33	60	30.00	—	0.50	7.40
14	30	良	86	90	35.00	3.40	—	8.50
15	12	良	16	60	30.00	—	0.50	7.40
16	41	中	07	40	20.00	—	1.50	－1.60
17	65	中	64	60	30.00	—	0.50	7.40
18	57	中	94	80	35.00	1.70	—	10.20
19	18	良	55	80	35.00	1.70	—	10.20
20	98	良	13	40	20.00	—	1.50	－1.60
$\sum$					600.00	17.00	10.00	131.00

在第一天，报纸的需求量是 80 份，但是仅有 70 份可卖。70 份报纸的销售收入是 35.00 美元，额外需求的 10 份报纸的利润损失是 1.70 美元。这样第一天的利润为 35.00－23.10－1.70＋0＝10.20（美元）。

在第四天，需求小于供应。卖出 50 份报纸的收入是 25.00 美元，20 份报纸按每份

0.05 美元回收共得 1.00 美元，当天的利润为 25.00 - 23.10 - 0 + 1.00 = 2.90（美元）。

20 天时间的总利润是每天利润的总和，共计 131.00 美元。也可以根据仿真的 20 天的各项数据的总数进行计算：总利润 = 600.00 - 462.00 - 17.00 + 10.00 = 131.00（美元）。

式中，20 天报纸的总成本为 20 × 0.33 × 70 = 462.00（美元）。表 2 - 11 所示的手工仿真解的利润为 131.00 美元。一个 20 天的结果和 400 次试验的平均值 137.61 美元差别不大，但是一个 20 天仿真的结果有可能出现最大值和最小值，这也证明了进行多次试验的必要性。

2. 上限订货库存系统的仿真

考虑一个公司销售冰箱的情况。为维护库存，系统每过一段固定的时间都会检查销售情况，然后决定下一步的行动。策略是上限订货（比如上限订货水平为 M），依据下述关系确定订购量：

订购量 = 上限订货水平 - 盘点库存量 + 短缺量

比如说，定义上限订货水平（M）为 11，盘点库存是 3。进一步，假设检查周期（N）是 5 天。这样，在每个周期的第 5 天，从供货商那里订购 8 台冰箱。如果第 5 天有 2 台冰箱的短缺，则需要订购 13 台（盘点库存和短缺不可能同时发生）。如果有 3 台冰箱的短缺，则收到的第一批（3 个）冰箱将会首先提供给订货已经到达的客户，这称为“延期交货”。当消费者有需求而库存量又不满足时就会出现失销情况。

每天需要的冰箱量是随机的，其分布见表 2 - 12。另一个随机性的来源是供货到达前订单交给供货商后的天数，或者称为提前期，见表 2 - 13。假设每天结束以后才进行订购，如果提前期为 0 天，则第 2 天早上供应商的冰箱就会运到，并且当天可以销售。如果提前期是 1 天，则冰箱在第 2 个早晨运到，并且当天可以销售。

表 2 - 12　每日需求的随机数字分配

需求	概率	累计概率	随机数字分配
0	0.10	0.10	01 ~ 10
1	0.25	0.35	11 ~ 35
2	0.35	0.70	36 ~ 70
3	0.21	0.91	71 ~ 91
4	0.09	1.00	92 ~ 00

表 2 – 13　　提前期的随机数字分配

提前期（天）	概率	累计概率	随机数字分配
1	0.6	0.6	1 ~ 6
2	0.3	0.9	7 ~ 9
3	0.1	1.0	0

仿真开始时，库存水平是 3，订购了 8 台冰箱，在 2 天后到达，仿真表格见表 2 – 14。对几个选定的天跟踪仿真表格来观察这个过程是如何运行的。在第 1 个周期第 3 天的早上，订购的 8 台冰箱到货，将库存水平从 0 台提升到 8 台。在第 1 个周期剩余的几天期间需求不断将库存减少，到第 5 天，盘点库存下降到了 2 台，所以要订购 9 台。该订单的提前期是 2 天，9 台冰箱在第 2 个周期的第 3 天早晨加入库存。

表 2 – 14　　(M,N) 库存系统的仿真表格

天	周期序数	周期内的天数	初始库存（台）	需求的随机数字	需求（台）	盘点库存（台）	短缺量（台）	订购量（台）	需求的随机数字	提前期天数	到货天数（天）
1	1	1	3	26	1	2	0	—	—	—	—
2	1	2	2	68	2	0	0	—	—	—	—
3	1	3	8	33	1	7	0	—	—	—	—
4	1	4	7	39	2	5	0	—	—	—	—
5	1	5	5	86	3	2	0	9	8	2	2
6	2	1	2	18	1	1	0	—	—	—	—
7	2	2	1	64	2	0	1	—	—	—	—
8	2	3	9	79	3	5	0	—	—	—	—
9	2	4	5	55	2	3	0	—	—	—	—
10	2	5	3	74	3	0	0	11	7	2	2
11	3	1	0	21	1	0	1	—	—	—	1
12	3	2	0	43	2	0	3	—	—	—	—
13	3	3	11	49	2	6	0	—	—	—	—
14	3	4	6	90	3	3	0	—	—	—	—
15	3	5	3	35	1	2	0	9	2	1	1
16	4	1	2	08	0	2	0	—	—	—	—
17	4	2	11	98	4	7	0	—	—	—	—

续表

天	周期序数	周期内的天数	初始库存（台）	需求的随机数字	需求（台）	盘点库存（台）	短缺量（台）	订购量（台）	需求的随机数字	提前期天数	到货天数
18	4	3	7	61	2	5	0	—	—	—	—
19	4	4	5	85	3	2	0	—	—	—	—
20	4	5	2	81	3	0	1	12	3	1	1
21	5	1	0	53	2	0	3	—	—	—	—
22	5	2	12	15	1	8	0	—	—	—	—
23	5	3	8	94	4	4	0	—	—	—	—
24	5	4	4	19	1	3	0	—	—	—	—
25	5	5	3	44	2	1	0	10	1	1	1
总计						68	9				
平均					2.04	2.72	0.36				

注意，第 4 个周期的第 5 天的初始库存是 2 台，当天的订货是 3 台，所以就产生了短缺情况（当天 1 台冰箱需要延期交货）。这样，当天的订购量就是（11 +1）台，提前期是 1 天。第二天（即第 5 个第 1 天）的需求量是 2 台，增加了短缺。

再下一天（即第 5 个周期的第 2 天）早上订货到达，3 台冰箱用于满足延期交货，当天的需求是 1 台，所以最后的库存是 8 台。

经过 5 个周期的仿真，平均盘点库存近似为 68 ÷25 =2.72（台），在 25 天中有 5 天出现了短缺现象。

在此案例中，供货商那边任何时候不能出现多于 1 个未完成的订单。但是，存在这样一种情况，即提前期如此之长，以至于前面给出的关系式需要修改如下：

订购量 = 上限订货水平 − 盘点库存量 − 已订购量 + 短缺量

这个关系保证了不会出现多余的订购。为了估计在库存盘点时冰箱平均数量的情况，应该进行多次仿真试验。

三、生产物流系统

（一）生产物流系统的概述

当前，物流主要存在于两个主要领域：一是流通物流，也称之为社会物流、大物流，属于宏观物流范畴。宏观物流系统的重要性在于可以很大程度地影响国民经济效益。二是生产物流，主要指企业物流，属于微观物流范畴，包括采购物流、生产物流、销售物流直至回收物流、废弃物回收物流等整个过程的物料流动。

从企业的原材料、外购件购进入库起，直到企业成品库的成品发送为止，这一全过程的物流活动称为生产物流。它包括从原材料和协作件的采购供应开始，经过生产过程中半成品的存放、装卸、输送和成品包装，到流通部门的入库验收、分类、储存、配送，最后送到客户手中的全过程，以及贯穿于物流全过程的信息传递。

生产物流是指企业在生产工艺中的物流活动，是与整个生产工艺过程伴生的，实际上已构成了生产工艺过程的一部分。生产物流的概念从不同的角度可以有不同的定义。

（1）从生产工艺角度分析

生产物流是指企业在生产工艺过程中的物流活动，即物料不断离开上一工序进入下一工序，不断发生搬上搬下、向前运动、暂时停滞等活动。其流程为：原材料、燃料、外购件等物料从企业仓库或企业的“门口”开始，进入生产线的开始端，再进入生产加工过程并借助一定的运输装置，一个一个环节地“流”，在“流”的过程中，本身被加工，同时产生一些废料和余料，直到生产加工终结，再“流”至仓库。

（2）从物流范围分析

企业生产系统中的物料的边界起源于原材料、外购件的投入，止于成品仓库。它贯穿生产全过程，横跨整个企业，其流经的范围是全厂性的、全过程的。物料投入生产后即形成物流，并随时间进程不断改变自己的形态和场所位置。

（3）从物流属性分析

生产物流是生产所需物料在空间和时间上的运动过程，是生产系统的动态表现，换言之，物料（原材料、辅助材料、零配件、在制品、成品）经历生产系统各个生产阶段或工序的全部运动过程就是生产物流。

所谓生产物流是指从工厂的原材料购进、车间生产、半成品与成品的周转直至成品库中成品发送的全过程中的物流活动。因此，生产物流起源于原材料、外购件的投入，止于成品仓库，贯穿于整个生产过程，在整个制造系统中反复循环流动。生产物流担负运输、储存、装卸物料等任务。生产物流系统可以保障生产制造的顺利进行。随着科学技术的进步和管理理论的成熟，生产制造过程中的自动化、柔性化程度越来越高，生产规模越来越大，对生产物流系统的要求也越来越高。

对现代生产物流系统进行仿真，其目的是通过仿真了解物料运输、存储动态过程的各种统计、动态性能。如各种设备的处理能力配套是否满足实际，运输设备的利用率是否合理，输送路线是否通畅，物料流经系统的周期是否过长等。但由于现代生产物流系统具有突出的离散性、随机性的特点，因此人们希望通过对现代物流系统的计算机辅助设计及仿真的研究，将凭经验的猜测从物流系统设计中去除，从而使物流更加合理化，进而提高企业生产效率。

（二）生产物流系统仿真特点

企业的生产过程实质上是将每一个生产加工过程“串”起来时出现的物流活动。合理组织生产物流活动，使生产过程始终处于最佳状态，是保证企业获得良好经济效果的重要前提之一。要想合理组织生产物流，就要了解生产物流的特性。

（1）连续性

它是指物料总是处于不停地流动中，包括空间上的连续性和时间上的流畅性。空间上的连续性要求生产过程各个环节在空间布置上合理紧凑，使物料的流程尽可能短，没有迂回现象。时间上的流畅性要求物料在生产过程的各个环节的运动，自始至终处于连续流畅状态，没有或很少有不必要的停顿与等待现象。

（2）比例性

它是指生产过程的各个工艺阶段之间、各工序之间在生产能力上要保持一定的比例以适应产品制造的要求。比例关系表现在各生产环节的工人数、设备数、生产速率、开动班次等因素之间的相匀协调和适应，所以，比例是相对的、动态的。

（3）节奏性

它是指在生产过程的各个阶段，从来料加工到产品入库，都能有节奏地保持均衡进行。它要求在相同的时间间隔内生产大致相同数量或递增数量的产品，避免前松后紧的现象。

（4）柔性

它是指生产过程的组织形式要灵活，能及时适应市场的变化，满足市场发生的新的需求。我们通常称柔性为适应性，即生产物流系统对生产工艺流程变动的反应程度。

加工生产线是典型的离散事件系统。离散事件系统的时间是连续变化的，而系统的状态仅在一些离散的时刻上由于随机事件的驱动而发生变化。由于状态是离散变化的，而引发状态变化的事件是随机发生的，离散事件系统的模型很难用数学方程来描述。因此，须根据生产线和装配线各自的主流产品信息、车间空间信息、设备信息和布置设计的要求，进行生产线设备布局设计，然后利用对象类库建立生产系统仿真模型。

生产线规划设计与布局主要是确定生产线的规模、构成和布局，包括加工设备的类型和数量的选择与布局、物流系统的选择与设计、有关辅助设备的确定、系统布局设计等。这些任务之间是相互关联的，其中物流系统的设计是核心，因为其设备的类型和运输方法决定了系统布局形式，并可对控制系统体系结构和系统控制策略的设计产生重要的影响。

仿真模型是对问题的直观描述。在生产规划设计与布局的基础上，根据仿真实验框架，利用已建好的类库，采用“重用”技术和层次结构，从类库中直接选取并拖动对象放到屏幕的相应位置上。通过连接这些对象，即建立对象之间的输入输出连接关系和它们内部的连接关系，就可以构建一个系统的仿真模型，从而实现生产线面向生产物流系统仿真建模。

四、生产系统的手工仿真实例

一台铣床有三个不同的轴承，它们在服务时会失效。每个轴承寿命的分布是一样的，如表 2－15 所示。当一个轴承失效时铣床停止工作，然后操作者就会打电话要求维修，安装新的轴承。维修人员到达铣床的延迟时间也是一个随机变量，其分布如表 2－16 所示。铣床在停工期损失的费用是每分钟 10 美元，维修工人在现场的人工费用是每小时 30 美元。换一个轴承需要 20 分钟，换两个轴承需要 30 分钟，换三个轴承需要 40 分钟。一种建议是在任何一个轴承坏掉的情况下更换所有的轴承。管理层需要对这一建议做出评估，每 10000 小时（运转时间）的总费用可以作为评价的准则。

表 2－15　　轴承寿命的分布

轴承寿命（小时）	概率	累计概率	随机数字分配
1000	0. 10	0. 10	01～10
1100	0. 13	0. 23	11～23
1200	0. 25	0. 48	24～48
1300	0. 13	0. 61	49～61
1400	0. 09	0. 70	62～70
1500	0. 12	0. 82	71～82

续表

轴承寿命（小时）	概率	累计概率	随机数字分配
1600	0.02	0.84	83～84
1700	0.06	0.90	85～90
1800	0.05	0.95	91～95
1900	0.05	1.00	96～00

表 2－16　延迟时间的分布

延迟时间（分钟）	概率	累计概率	随机数字分配
5	0.6	0.6	1～6
10	0.3	0.9	7～9
15	0.1	1.0	0

表 2－17 所示为当前的运行情况下 15 次轴承更换的仿真过程。注意，有多个轴承同时发生故障的情况。因为对轴承寿命的估计比较粗略，按 100 个小时为档，这恐怕与实际发生的情况不同。本案例还假设失效时间不会完全相间，也就是说最多只有一个轴承是在停机的时候被更换的。当前系统的费用估计如下：

轴承的费用＝45 个轴承×32 美元/轴承＝1440（美元）

延误时间的费用＝（110＋110＋105）分钟×10 美元/分钟＝3250（美元）

停机修复时间内的损失＝45 个轴承×20 分钟/轴承×10 美元/分钟＝9000（美元）

修理人员的费用＝45 个轴承×20 分钟/轴承×30 美元/60 分钟＝450（美元）

总费用＝1440 美元＋3250 美元＋9000 美元＋450 美元＝14140（美元）

轴承的总寿命＝22300 小时＋18700 小时＋18600 小时＝59600（小时）

所以 10000 个小时的总费用＝14140÷5.96≈2372（美元）。

表 2－17　当前方法下的轴承更换

	轴承 1				轴承 2				轴承 3			
	随机数字	寿命（小时）	随机数字	延迟（分钟）	随机数字	寿命（小时）	随机数字	延迟（分钟）	随机数字	寿命（小时）	随机数字	延迟（分钟）
1	67	1400	7	0	71	1500	8	10	18	1100	6	5
2	55	1300	3	5	21	1100	3	5	17	1100	2	5
3	98	1900	1	5	79	1500	3	5	65	1400	2	5

续表

	轴承 1				轴承 2				轴承 3			
	随机数字	寿命（小时）	随机数字	延迟（分钟）	随机数字	寿命（小时）	随机数字	延迟（分钟）	随机数字	寿命（小时）	随机数字	延迟（分钟）
4	76	1500	6	5	88	1700	1	5	3	1000	9	10
5	53	1300	4	5	93	1800	0	15	54	1300	8	10
6	69	1400	8	10	77	1500	6	5	17	1100	3	5
7	80	1500	5	5	8	1000	9	10	19	1100	6	5
8	93	1800	7	10	21	1100	8	10	9	1000	7	10
9	35	1200	0	15	13	1100	3	5	61	1300	1	5
10	2	1000	5	5	3	1100	2	5	84	1600	0	15
11	99	1900	9	10	14	1000	1	5	11	1100	5	5
12	65	1400	4	5	5	1000	0	15	25	1200	2	5
13	53	1300	7	10	29	1200	2	5	86	1700	8	10
14	87	1700	1	5	7	1000	4	5	65	1400	3	5
15	90	1700	2	5	20	1100	3	5	44	1200	4	5
合计				110				110				110

表 2－18 是一个建议方案的仿真。注意，随机数字并没有显示出来。对第一组轴承，最早的故障时间是在第 1000 个小时时。在那个时刻，所有的轴承都被更换，虽然其余轴承还有更长的寿命（比如，轴承 1 就还会有 700 个小时的寿命）。

建议系统的费用估计如下：

轴承的费用＝45 个轴承×32 美元/轴承＝1440（美元）

延误时间的费用＝110 分钟×10 美元/分钟＝1100（美元）

停机修复时间内的损失＝15 组×40 分钟/组×10 美元/分钟＝6000（美元）

修理人员的费用＝15 组×40 分钟/组×30 美元/60 分钟＝300（美元）

总费用＝1400 美元＋1100 美元＋6000 美元＋300 美元＝8840（美元）

轴承的总寿命是 17000×3＝51000（小时）

所以 10000 个小时的总费用＝8840÷5.1≈1733（美元）。

新的策略在每 10000 个小时内节省了 634 美元。如果机器连续不停地运转，则每年大约可节省 556 美元。

表 2－18　　建议方案下的轴承更换

	轴承1寿命（小时）	轴承2寿命（小时）	轴承3寿命（小时）	第一次故障（小时）	延迟（分钟）
1	1700	1100	1000	1000	10
2	1000	1800	1200	1000	5
3	1500	1700	1300	1300	5
4	1300	1100	1800	1100	5
5	1200	1100	1300	1100	5
6	1000	1200	1200	1000	10
7	1500	1700	1200	1200	5
8	1300	1700	1000	1000	10
9	1800	1200	1100	1100	15
10	1300	1300	1100	1100	5
11	1400	1300	1900	1300	10
12	1500	1300	1400	1300	5
13	1500	1800	1200	1200	10
14	1000	1900	1400	1000	5
15	1300	1700	1700	1300	5
总计					100

本章思考

1. 请在下列系统中命名一些实体、属性、事件、活动和进程：零售商店、汽车总装线、医院手术室、银行储蓄所。

2. 在系统仿真中，仿真时钟起什么作用？

3. 与固定步长推进法相比，在仿真过程中推进仿真时间的变步长推进法有什么优点？

4. 仿真时间与计算机消耗时间有无对应关系？为什么？

5. 假设有一家超市请你去为他们建立商场的仿真模型，用来分析超市的运行现状并提出改进建议，简述你的工作计划。

第 *3* 章

Flexsim 软件在物流系统仿真中的应用

第1节　Flexsim的功能特点

Flexsim是一款功能强大的分析工具，可以通过设计和运行系统，帮助用户做出更明智的决策。与现实系统相比，使用Flexsim可以创建真实系统的3D计算机模型，研究计算机模型比研究实际系统可以节省更多时间与成本。作为"如何—怎样"分析工具，面对众多方案，Flexsim可以提供大量的回馈信息，帮助人们快速从中找到最佳方案。通过Flexsim 3D虚拟动画以及输出的成绩报告，可以轻松地发现问题，并且在有限的时间内找到解决方案。

一般的模拟软件可分成结构型（Hierarchical）和分散型（Discrete Manufacturing）两大类型，Flexsim是属于分散型模拟软件。它是由美国的Flexsim Software Production公司出品的一款商业化离散事件系统仿真软件。Flexsim采用面向对象技术，并具有三维显示功能。建模快捷方便和显示能力强大是该软件的重要特点。该软件提供了原始数据拟合、输入建模、图形化的模型构建、虚拟现实显示、运行模型进行仿真试验、对结果进行优化、生成3D动画影像文件等功能，也提供了与其他工具软件的接口。图3－1是Flexsim软件及其构成模块的结构图。

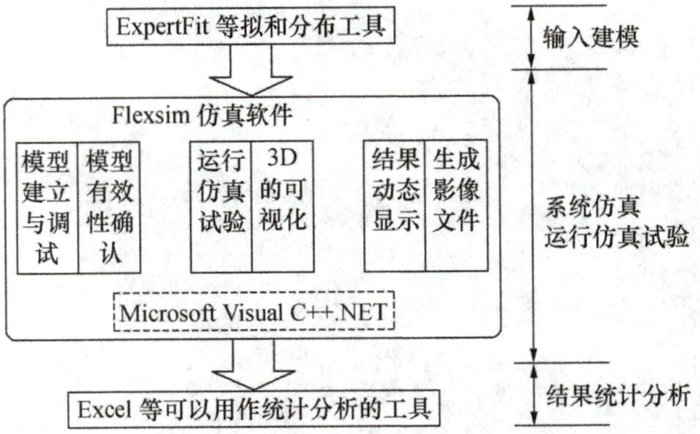

图3－1　Flexsim功能结构图

Flexsim仿真软件的特点主要体现在采用面向对象技术，突出3D显示效果，建模和调试简单、开放、方便，模型的扩展性强，易于和其他软件配合使用等方面。

（1）基于面向对象技术建模

Flexsim 中所有用来建立模型的资源都是对象，包括模型、表格、记录、GUI 等。同时，用户可以根据自己行业和领域的特点，扩展对象，构建自己的对象库。面向对象的建模技术使得 Flexsim 的建模过程生产线化，对象可以重复利用，从而减少了建模人员的重复劳动。

（2）突出的 3D 图形显示功能

Flexsim 是基于 OpenGl 开发的，也支持 3ds、wrl、dxf 和 stl 等文件格式，三维效果非常好，用户可以建立逼真的模型，从而可以帮助用户对模型有一个直观的认识并进行模型的验证。用户可以在仿真环境下很容易地操控 3D 模型，从不同角度、放大或缩小来观测模型。

（3）建模和调试方便

Flexsim 提供使用者一个简洁的编排方式，透过拖曳的方式轻松地建构出图形化模式、功能齐全。元件库已详细分类为树状结构，通过 2D 图形化之模式建立，能自动产生 3D 实体化及 VR 虚拟实境之模式。建模的工作简单快捷，不需要编写程序。

（4）建模的扩展性强

Flexsim 支持建立用户定制对象，融合了C ++ 编程。用户完全可以将其当作一个C ++ 的开发平台来开发一定的仿真应用程序。它是迄今为止世界上唯一一个在图形建模环境中集成了C ++ IDE 和编译器的仿真软件。，这个软件环境，C ++ 不但能够直接用来定义模型，而且不会在编译中出现任何问题。这样，就不再需要传统的动态链接库和用户定义变量的复杂链接。

（5）开放性好，易于和其他软件配合使用

Flexsim 提供了与外部软件的接口，可以通过 ODBC 与外部数据库相连，通过 socket 接口与外部硬件设备相连，可与 Excel、Visio 等软件配合使用。

Flexsim 应用包括：①物流行业资产项目评估；②物流行业有规律地运行模型，测试生产计划；③物流行业更改提案评估；④物流行业更改管理。

Flexsim 仿真系统已被广泛应用在例如交通路线规划，交通流量控制分析，生产能力仿真与分析，港口、机场、物流中心设计等多个领域。自从系统推出以来，已有上千家企业在使用 Flexsim。

物流行业使用 Flexsim 平台的收益主要体现在以下几个方面：①评估装备与流程设计的多种可能性；②提高物流公司与资源的运行效率；③减少库存；④缩短制造物流行业产品上市时间；⑤提高生产线产量；⑥优化资本投资；⑦在一个小的增长阶段内，模型能被建立和测试，大大简化了模型构造，提供了识别逻辑错误的能力，使得模型更可靠；⑧在运行时，模型能在任何时候改变，更改能被立即合并，引导更快速地建立模型。

第 2 节　Flexsim 仿真环境及关键技术

一、Flexsim 仿真环境

1. Flexsim 主界面

Flexsim 主界面见图 3－2 所示。

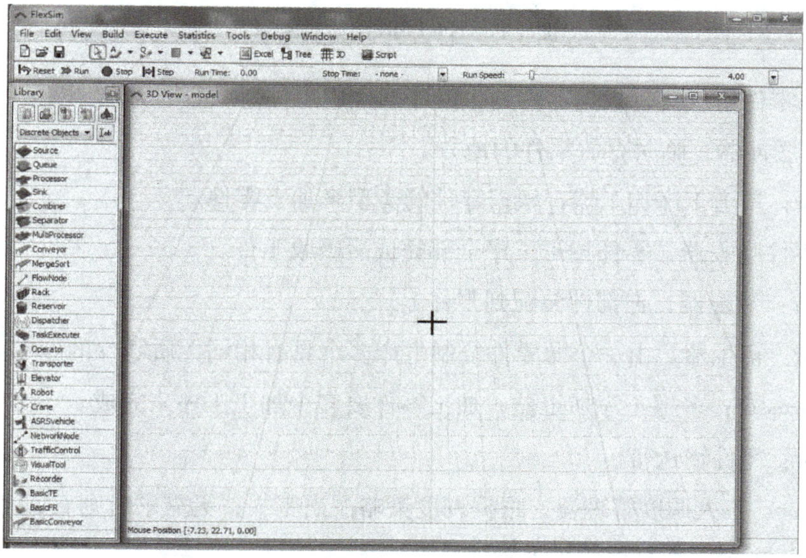

图 3－2　Flexsim 主界面

Flexsim 软件主界面由菜单栏、工具栏、实体对象库、模型视图和仿真控制栏五部分构成。

2. Flexsim 实体对象库

Flexsim 实体可在对象库栅格面板中找到，这些实体栅格被分为几组，默认状态下显示最常用的实体。

Flexsim 的实体对象库如图 3－3 所示。

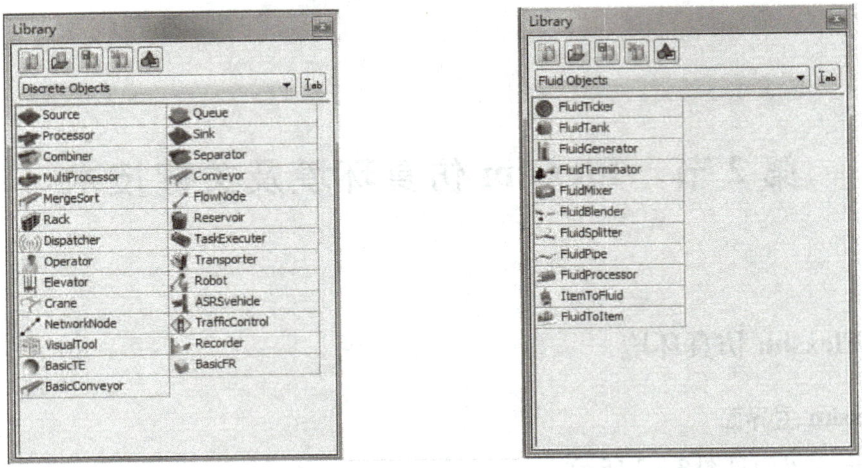

(a)　　　　　　　　(b)

图 3-3　Flexsim 实体对象库

Source：零件生成器，根据零件的生成序列生成零件。

Queue：缓冲器，临时存放零件的地方。

Processor：单道工序加工器，根据零件的类型来加工零件。

Sink：零件吸收器，零件加工工序全部完成后吸收工件。

Combiner：装配器，把部件装配到零件上。

Separator：衍生器，由一个源零件复制生产多个具有相同性质零件的副本。

MultiProcessor：多道工序加工器，加工零件要多个加工工序来完成。

Conveyor：零件输送带。

Dispatcher：工人调度管理器，根据调度策略派出工人，无需求时则召回工人。

Operator：表示一个具体的工人。

Transporter：铲车，当要搬运的物件比较多或者比较大时需要铲车。

Elevator：升降机，可上下运输移动零件。

Robot：机器人手，加工零件或者在搬运距离距缓冲器里面工件很近的时候使用。

VisualTool：以文字的形式显示分析结果。

Recorder：以表或图的形式显示结果。

ASRSvehicle：堆垛机，专门设计用来与货架一起工作。

Crane：起重机，完成输送任务，用来模拟有轨梁导引的起重机，如门式、桥式和悬臂式起重机。

BasicFR：固定实体，定义将临时实体拉入到站点并继续发送实体的逻辑。

FlowNode：流节点，用于将临时实体从一个位置移动到另一个位置。

MergeSort：分类输送机，实现零件的分类输入和输出。

NetworkNode：网络节点，定义运输机和操作员遵循的路径网络。

Rack：货架，储存零件。

Reservoir：储液罐，储存液体。

BasicTE：任务执行器，进行碰撞检测和执行偏移行进。

TrafficControl：交通控制器，控制一个交通网络上给定区域的交通。

3. 菜单栏

（1）File（文件）菜单

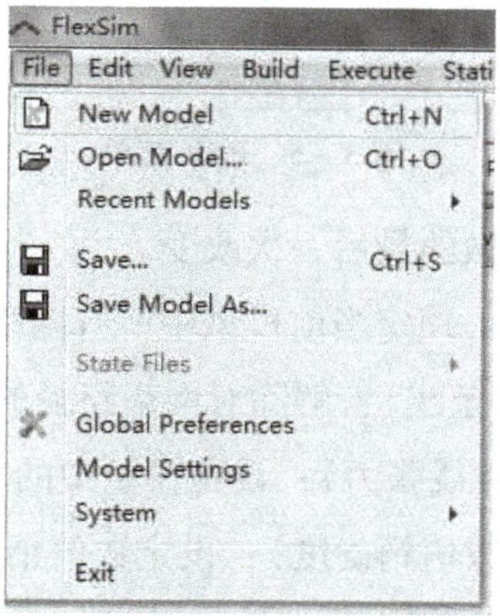

图 3－4　File 菜单

New Model（新建模型）：创建一个新的仿真模型。

Open Model...（打开模型……）：打开一个 Flexsim 模型文件（扩展名为 .fsm）。

Save...（保存……）：保存当前模型文件（扩展名为 .fsm）。

Save Model As...（模型另存为……）：将仿真模型保存为扩展名为 .fsm 的文件。

State Files（状态文件）：此选项用来保存模型的状态（当前模型运行），或者装载已保存的模型状态文件，然后接着运行模型。当模型处于仿真期间，需要保存它的当前状态（所有临时实体保持在它们所处的位置，所有的资源保持它们当前的操作状态），且以后再重新载入模型状态文件时能够接着所保存状态的那一状态点继续运行时，保存状态很有用。

Global Preferences（全局设置）：此选项可以打开全局设置窗口，可以通过此窗口进行选项设置，也可以使用窗口配置文本高亮属性。

System（系统）：此选项用来手动装载媒体，断开任何连接到 DLL 切换节点的 DLL。

Exit（退出）：此选项在不进行任何保存的情况下关闭 Flexsim。如果需要保存所做的改变，在点击此选项之前应该保存相应的文件。

（2）Edit（编辑）菜单

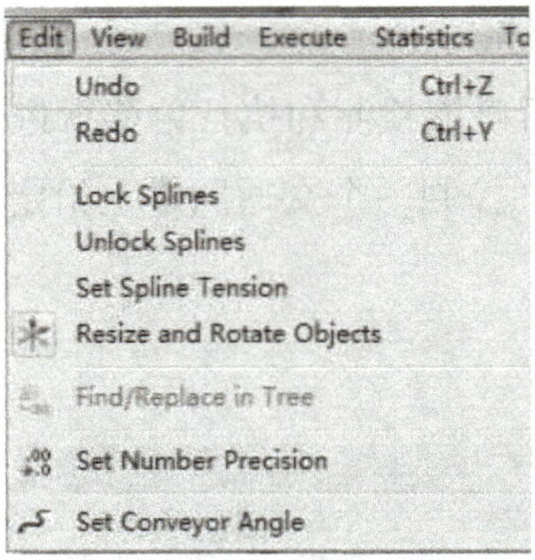

图 3-5　Edit 菜单

Undo（撤销）：撤销对模型做的最后一次改变。

Lock Splines（锁定样条线）：锁定当前模型中所有网络路径的样条线。

Unlock Splines（撤销锁定样条线）：解除对网络路径的锁定。

Set Spline Tension（设定样条线张力）：设定模型中的样条线张力。

Set Number Precision（设定数值精确度）：设定数值精确度。

Find Replace（查找替换）：打开查找替换对话框。

（3）View（视图）菜单

Script Window（脚本窗口）：此选项可以打开脚本窗口。脚本窗口是用来执行 Flexsim 脚本命令的互动窗口。

Output Console（输出控制台）：打开一个显示输出信息的视窗，可以使用 pt（）、pr（）、pd（）、pf（）等命令在输出控制台里打印自己的信息。

System Console（系统控制台）：此选项打开一个可以打印程序引擎状态相关信息的视窗。此视窗打开时，模型的运行将会减慢。

Compiler Console（编译器控制台）：此选项卡打开一个视窗。当模型被编译的时候，信息可以在此视窗中打印出来，用来显示编译过程中每个步骤的状态。此控制台也可以在

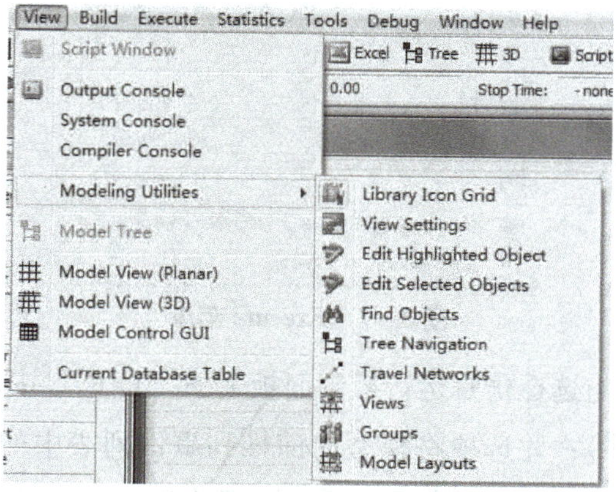

图3-6　View 菜单

建立 Flexsim 脚本时，显示出脚本错误。

Model Tree（模型树）：此选项可以打开一个显示模型文件夹的树视图。此窗口显示出模型中的所有实体。在模型中可以对树进行操作。

Modeling Utilities（建模应用）：

- Library Icon Grid（库图标栅格）——打开 Library（库图标栅格）视窗，栅格中有实体图标，实体图标可以被拖动进入模型。
- View Settings（视图设置）——此选项可以打开视图设置应用窗口。
- Edit Highlighted Objects（编辑高亮实体）——此选项可以打开编辑高亮实体应用窗口。
- Edit Selected Objects（编辑选中实体）——此选项可以打开编辑选中实体应用窗口。
- Find Objects（查找实体）——此选项可以打开查找实体应用窗口。
- Tree Navigation（树导航）——此选项卡可以打开树导航应用窗口。
- Travel Networks（运输网络）——此选项可以打开运输网络应用窗口。
- View（视图）——此选项用来打开视图应用窗口。
- Groups（成组）——此选项用来打开组块应用。
- Model Layouts（模型布局）——此选项用来打开模型布局应用。

（4）Execute（执行）菜单

Reset（重置模型）：与选择仿真运行控制面板上的“重置”按钮相同。

Run（运行模型）：与选择仿真运行控制面板上的“运行”按钮相同。

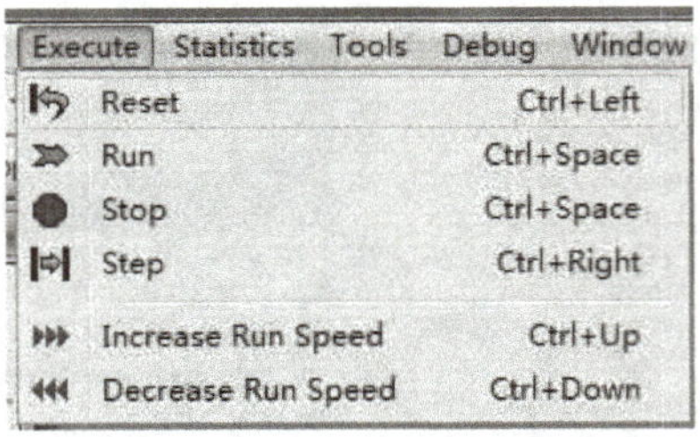

图 3 – 7　**Execute 菜单**

Stop（停止模型）：与选择仿真运行控制面板上的“停止”按钮相同。

Step（步进一个事件）：此选项将模型向前推到事件列表中的下一个事件。与选择仿真运行控制面板上的“步进”按钮作用相同。按下“Ctrl”键，同时按下向右移动的箭头键，也可以实现此功能。

图 3 – 8　运行时间图

Set run speed（设定运行速度）：设定模型的仿真运行速度。

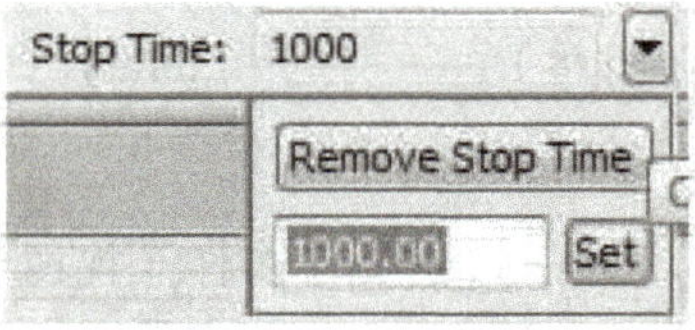

图 3 – 9　运行时间参数设置图

Set stop time（设定停止时间）：设定模型仿真运行的停止时间。

（5）Statistic（统计）菜单

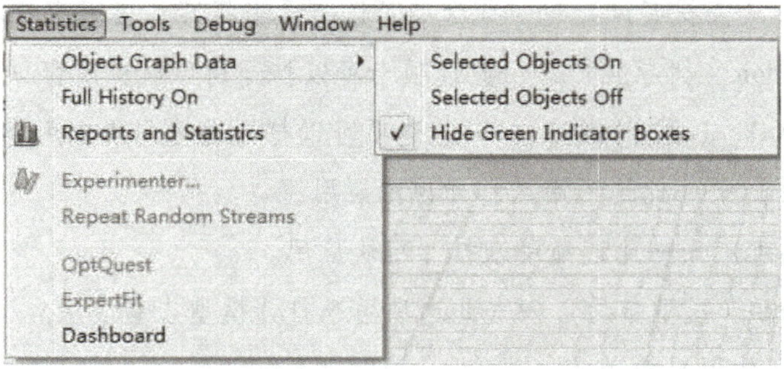

图 3 – 10　**Statistics 菜单**

Selected Objects On（标准报告）：打开创建标准输出报告的对话框。

Selected Objects Off（状态报告）：创建并打开模型中所有选定实体的状态报告。

Model Documentation（隐藏绿色指标框）：如果此选项被选中，正在进行收集统计的实体周围的绿色方框将被隐藏。

Full History On（全局打开）：如果此选项被选中，那些本地统计被切换打开的实体将开始在不断更新过程中记录它们的临时实体数和停留时间信息。打开了本地的实体在模型中被一个绿色指标框框住（除非"隐藏绿色指示框"菜单被选中）。

Reports and Statistics（报告与统计）：此选项卡可打开报告与统计对话框。建模者基于模型运行过程中的统计收集，创建不同的报告。这些报告可以包含有关临时实体产量、停留时间、状态记录和建模者选择或自定义的其他数据。

Experimenter（实验控制器）：此选项卡可打开仿真实验控制输入视窗。点击主视窗右下的实验控制器按钮，也可以实现此功能。实验控制器用来对模型执行多种运行、多种方案分析。

Repeat Random Streams（重复随机数流）：此选项卡在每次重置和运行模型的时候，重复随机流。要想每次进行不同的运行，请不要选择此项。

OptQuest（优化编辑器）：此选项卡打开优化编辑器。OptQuest 用来遵循用户设定的限制条件，为用户定义的一系列决策变量寻找最优值，以最大或最小化用户定义的目标函数。

ExpertFit：EXperiFit 是一个用来确定输入数据的最佳匹配的统计概率分布的程序。

Dashboard：使用这个选项打开 Dashboard 窗口，在这里添加关于模型输出的图表和其他信息。

（6）Tools（工具）菜单

Global Tables（全局表）：此菜单提供在模型中添加、删除、编辑全局表功能。

Time Tables（时间表）：此子菜单提供在模型中添加、删除、编辑时间表的功能。

User Events（用户事件）：此子菜单提供在模型中添加、删除、编辑用户事件的功能。

MTBF MTTR：此子菜单提供在模型中添加、删除、编辑 MTBF MTTR 实体的功能。

Graphical User Interfaces：此子菜单提供在模型中添加、删除、编辑图形用户界面。

Global Task Sequences（全局任务序列）：此子菜单用来在模型中添加、删除、编辑用户任务序列。

Flowitem Bin（临时实体箱）：此选项打开临时实体箱，可以编辑模型主要的临时实体

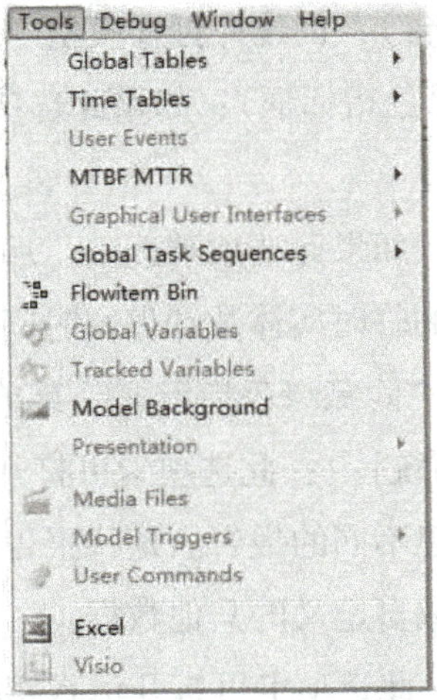

图 3－11　Tools 菜单

列表。

Global Variables（全局变量）：此选项可以打开全局变量窗口，可通过此窗口向模型添加变量，模型中的任何实体均可使用这些变量。

Tracked Variables（追踪变量）：使用这个选项打开跟踪变量窗口。被跟踪的变量用于记录关于模型的输出数据。可以在 Dashboard 中把它们绘制为线状图（如果时间加权）或点状图。默认情况下，Flexsim 使用被跟踪的变量自动计算在制品和临时实体在体系中停留的时间。

Model Background（模型背景）：这个选项可以打开背景绘制向导，使用者可以添加背景图片或 AutoCAD 图。

Presentation（演示）：演示子菜单提供使用 Flexsim 创建演示效果的功能。

Media Files（媒体文件）：此选项打开媒体文件窗口，可以使用此窗口添加 3D 图形或图片，预载到模型中。

Model Triggers（模型触发器）：此子菜单提供打开相关模型触发器窗口的几个选项。

User Commands（用户命令）：此选项打开用户命令窗口，用户可以使用此窗口在模型中进行添加、删除、编辑自定义命令。

Excel：此选项卡打开 Excel 界面视窗，可以在这里定义 excel 导入和导出的参数。此选项功能与点击工具条中的“excel”按钮相同。

Visio：此选项打开 Visio 导入视窗。

（7） Debug（调示）菜单

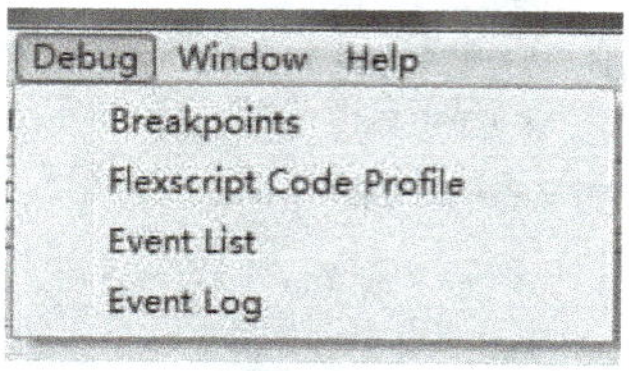

图 3－12　Debug 菜单

Breakpoints（断点）：此选项打开断点窗口。关于这个窗口和断点的更多信息可以参照（分布调试）StepDebugging。

Flexscript Code Profile（Flexscript 代码分析器）：此选项用来打开 Flexscript Code Profile，Flexscript 代码分析窗口，里面罗列了模型中定义的所有脚本函数，按照模型执行它们所花费的时间对它们进行了排序。

Event List（时间列表）：打开时间列表窗口。

（8） Window（窗口）菜单

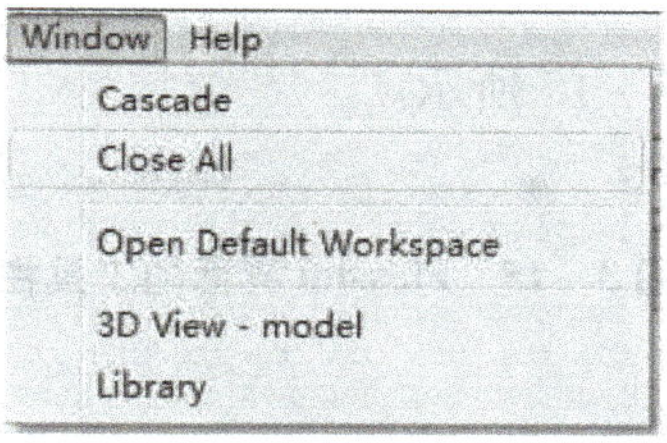

图 3－13　Window 菜单

Cascade（重叠视窗）：将重叠当前打开的视窗以便容易选择。

Close All（全部关闭）：关闭 Flexsim 中当前所有的激活视窗。

Open Default Workspace（打开默认工作区）：此选项可以关闭所有 Flexsim 中的活动视窗，然后打开在全局设置窗口中，环境选项卡上被保存的默认工作区。

Library（其他选项）：其他选项是 flexsim 中当前打开的视窗。那个选中的视窗就会变成活动视窗并呈现到屏幕顶层。

（9） Help（帮助）菜单

Getting Started（开始起步）：打开 Flexsim 的帮助文档的“开始”部分。

Users Manual（用户手册）：打开 Flexsim 的用户手册。

Command Summary（命令集）：打开命令集。

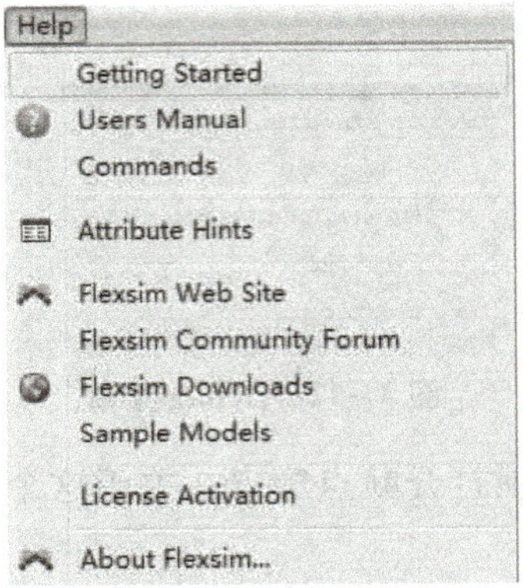

图 3 – 14　Help 菜单

Sample Models（模型例库）：打开模型例库对话框。

About Flexsim...（关于 Flexsim...）：打开一个有关 Flexsim 的信息，显示当前运行的 Flexsim 版本信息、此 Flexsim 的注册用户信息、显卡信息以及联系信息。

4. 工具栏

Flexsim 界面的工具栏如图 3 – 15 所示。

图 3 – 15　Flexsim 界面的工具栏

New：建立一个新的模型。

Open：打开一个先前保存的模型（文件扩展名为 . fsm）。

Save：保存当前模型。

Undo：撤销所做的最后一步操作。

Excel：打开 Excel 界面对话框。

ToolBox：打开工具箱。

FlowItems：打开临时实体箱。

Commands：打开命令集视窗。

Hints：打开命令提示视窗，提供 Flexscript/C ++ 命令提示。

Tree：打开模型的树视图。

Ortho：打开正投影视图视窗。

Persp：打开透视或者虚拟现实视图视窗。

Script：打开脚本编辑器。

5. Flexsim 的仿真时间控件

图 3－16　Flexsim 的仿真时间控件

Reset：仿真模型整体复位。例如调用各个对象的复位函数，清空缓冲区，数据表格（Global Table，Time Table）参数设置。

Run：仿真模型运行。

Pause：仿真模型停止。按 Run 后，可以继续运行模型。

Stop：仿真模型运行结束。调用各个对象的 OnFinish 函数，按 Run 后不可以继续运行模型。

Step：仿真模型步进。它是按事件步进的。

Compile：仿真模型的编译和连接。模型建立后，若要对以前模型做任何改变，均要重新编译连接才能够运行新的模型。

Simulation Time：仿真模型转换在实际环境中运行的真正时间。

Simulation time/Real time：Real time 是仿真模型运行的时间。例如，Simulation time 为 10000，Simulation time/Real time＝5.00，代表模型在实际环境中运行了 10000 秒，而真正仿真用时间为 2000 秒。

二、Flexsim 中鼠标操作及键盘交互

1. 鼠标操作

（1）移动实体

要在模型中移动实体，则用鼠标左键点住该实体，并拖动至需要的位置；还可以右键点击，并拖动鼠标，来旋转此实体；也可以使用鼠标滚轮，或同时按住鼠标左右键点住该实体并拖动鼠标，可沿 z 轴方向上下移动该实体。

（2）移动视窗

要移动模型的视景观察点，可用鼠标左键点击视窗的一个空白区，并拖动鼠标；要旋

转模型视点时，用右键点击空白区并拖动鼠标；要放大或缩小视图时，使用鼠标滚轮或同时按住鼠标左右键并拖动鼠标。

（3）连接端口

按住键盘上不同字母，单击一个实体并拖动至第二个实体。如果在单击和拖动过程中按住 A 键，则将在第一个实体上生成一个输出端口，同时在第二个实体上生成一个输入端口，这两个新的端口将自动连接。如果按住 S 键，则将在这两个实体上各生成一个中间端口，并连接这两个新的端口。当按住 Q 键或 W 键时，输入、输出端口之间或中间端口之间的连接将被断开，端口被删除。

2. 键盘交互

在正投影或透视视图中工作时，可以使用若干快捷键来建立、定制和获取模型信息。图3－17显示了键盘布局，图中用浅灰显示的键（Q、W、E、U、I、A、S、D、J、K、X、C、V、B）在与 Flexsim 交互中具有特定的含义。

图 3－17 键盘布局

注：必须在正投影或透视视图是激活视窗情况下，快捷键才能正常工作。在按下任何键之前，应首先点击视窗的标题栏使得视窗激活。否则，快捷键只有在试第二次时才会生效。

（1）A、J 键：情景敏感连接

A 键用来连接某些类型的两个实体。按住 A 键点击此实体，按住鼠标键不放，拖动到另一个实体，在那个实体上释放鼠标按钮。通常用 A 键来连接一个实体的输出端口到另一实体的输入端口。对于网络节点，A 键将其连接到作为移动物的任务执行器，或连接到作为移动路径关口的固定资源，或者连接到作为移动路径的其他网络节点上。如果操作者习惯使用左手，也可以用 J 键。如果操作者用 A 键连接两个实体，但是没有看见任何变化，那么先去查看、确认视图设定没有隐藏连接；如果仍没有变化，则可能是那些实体不支持 A 键连接。

（2）Q、U 键：断开情景敏感连接

Q 键用来断开某些类型的两个实体的连接。按住 Q 键点击实体，按下并保持鼠标左键，拖动到另一个实体，在其上释放鼠标按钮。通常使用 Q 来断开一个实体的输出端口到另一个实体的输入端口之间的连接。对于网络节点来说，Q 键断开一个网络节点与作为移动物的任务执行器，或者与作为移动网关的固定资源之间的连接，并设定一条移动路径的单行线连接为“无连接”（红色）。如果习惯使用左手，也可以用 U 键。

（3）S、K 键：中间端口连接

S 键用来连接两个实体的中间端口。中间端口的使用是为了引用目的，采用 centerobject（）命令可对其进行引用。按下 S 键点击一个实体，按住鼠标键不放，拖动到另一个实体，然后释放鼠标按钮。如习惯使用左手，也可用 K 键。

（4）W、I 键：断开中间端口连接

W 键用来断开两个实体的中间端口连接。按下 W 键点击一个实体，按住鼠标键不放，拖动到另一个实体，然后释放鼠标按钮。如习惯使用左手，也可以用 I 键。

（5）D 键：情景敏感连接

D 键是第二个用来进行上下文敏感连接的键。网络节点和交通控制器都采用 D 连接。

（6）E 键：断开情景敏感连接

E 键是第二个用来断开上下文敏感连接的键。网络节点采用 E 连接。

（7）X 键：情景敏感点击/切换

X 键用来根据实体类型改变一个实体或者实体的视图信息。使用方法：按下 X 键点击实体。网络节点将让整个网络在不同的显示模式间切换。X 键也在网络路径上创建新的样条节点。货架也将在不同的显示模式间切换。输送机将重新布置下游输送机位置，以使输送机末端齐平。

（8）B 键：情景敏感点击/切换

B 键是用来根据实体的类型来改变实体或实体视图信息的附加键。使用方法：按住 B 键点击实体。网络节点将使整个网络在不同的显示模式之间切换。交通控制器也使用 B 键。

(9) V 键：查看导入/输出端口的连接

V 键用来查看一个实体的输入/输出端口连接。按住 V 键点击实体，同时按住 V 键和鼠标左键。如果先释放鼠标按钮，则相关信息消失，但如果先释放 V 键，则会持续显示相关信息。

(10) C 键：查看中间端口连接

C 键用来查看一个实体的中间端口连接。按住 C 键点击实体，同时按住 C 键和鼠标左键。如果先释放鼠标按钮，则相关信息消失，但如果先释放 C 键，则会持续显示相关信息。

第3节　Flexsim建模的相关概念

Flexsim是目前国内最新的仿真软件，关于该软件的资料和使用经验还很少。要完全掌握好Flexsim并将其用到工作、学习和研究当中，理解该软件的一些重要概念和思想是很重要的。

一、面向对象的思想

相对于目前的一些仿真软件（如Witness，eM－Plant等），Flexsim是基于面向对象的思想和技术开发的，其本身更是用C++语言实现。严格地说，该仿真软件包括两部分，仿真软件和后台支持环境VC++.NET。由于C++是一种面向对象的语言，所以使用Flexsim软件时，从系统建模到做一些二次开发等，这些工作都体现了面向对象的思想。可以这样说，没有领会面向对象的思想，就不能完全发挥Flexsim软件本身的特点，也就不能用其实现用户的目的。使用Flexsim软件的用户需要对C++语言有一定的熟悉。本节主要解释Flexsim中所特有的一些面向对象思想，而不涉及对面向对象语言的解释（关于C++语言的知识请查看相关书籍）。

对象（Object）的概念在Flexsim软件中无处不在，我们先直观地感受一下。软件的运行界面左边是一个常用的对象库（如图3－18）。库中的各种部件就是有特定功能的对象。这些对象是软件本身自带的，使用这些基本的部件对象，用户可以完成大多数的仿真工作。我们使用Processor来解释一下对象的概念：我们日常所见的任何具体事物都可看作是对象，这里Processor就是一种设备，它的作用就是对经过它的物件进行一些加工，即改变物件的状态。我们可以将其视作现实中的设备，如机床等。

这里我们借用C++程序设计语言中的对象的概念。对象是类的实例，类是对现实对象的抽象。类中包含了对象的数据（相当于现实对象的状态），以及对象的方法（相当于现实对象用来处理外界所给信息的方法）。对象封装了属性和方法，进一步到Flexsim中，对于软件中可用的库对象，他们本身有自己的属性（如颜色、尺寸、位置等），还有处理物

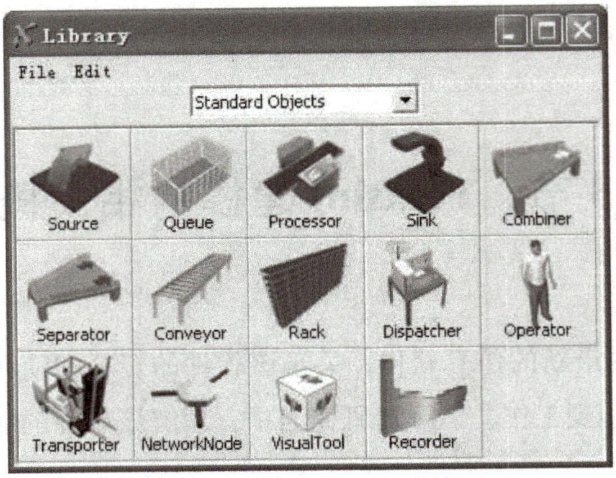

图 3－18　标准对象库

件的方法。在使用软件的过程中，我们完全可以以人们平时的思维方式来思考，而无须过多地抽象化，这也就是面向对象方法的优点。

二、Flexsim 的对象层次结构

面向对象方法的一个优点是类与类之间可以有继承关系。对象的继承性给我们提供了更大的柔性来扩展我们自己的对象，即衍生出新的对象。在 Flexsim 中我们可以充分利用继承性来开发自己的对象，而软件本身也给用户提供了这样的机制。Flexsim 本身的库对象是高度抽象化的，具有很强的通用性，几乎涵盖了仿真中可能遇到的所有对象。这些对象之间有一定的继承关系，它们之间存在着逻辑关系。图 3－19 是 Flexsim 中对象的层次结构。

根据类的派生关系图我们可以对 Flexsim 中各种对象的逻辑关系一目了然。对象库中的对象分为两种：一种是从（固定实体）FixedResource 中派生下来的，另一种是从（任务执行器）TaskExecuter 中派生下来的。通过分析我们不难发现，从 FixedResource 中派生来的对象有一个共同的特点，其本身是不会运动的，它们的作用只是产生或消除物件、存储物件、加工物件等等；从 TaskExecuter 中派生的对象，其本身是可以运动的，其作用是将物件从一个地点运送到另一个地点。

当现有的库对象不能满足用户的需要时，用户就需要创建自己的对象。Flexsim 为用户提供了这样一种机制——用户可以定制自己的库对象。在对象层次图（见图 3－19）中，我们看到有两个虚线框，这表示用户可以从 FixedResource 和 TaskExecuter 中派生出自

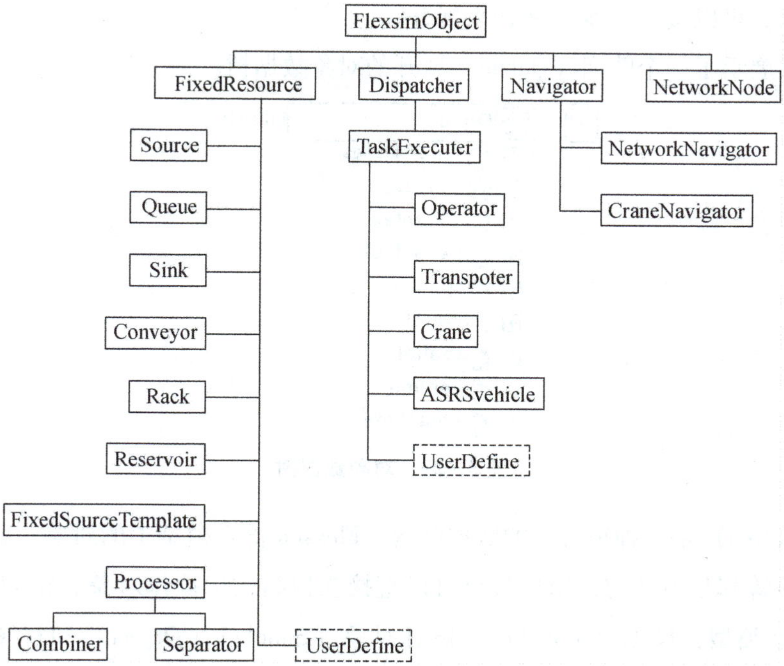

图 3－19　对象的层次结构

己的对象。在 Flexsim 的早期版本中，从这两个类中派生新的对象比较复杂，而最新版本增加了 BasicFR 和 BasicTE 类，使用户的开发工作更容易。后面的章节中将具体介绍怎样来实现对一个新对象的定制。

三、节点和树

在介绍树结构之前，我们先来了解 Flexsim 中节点（node）的概念。

节点是树结构的最基本组成单元，它们组成了链接的层次。所有的节点都有一个文本缓冲区，用来保存节点的名字。节点可以是其他节点的容器，可以是用来定义一个对象属性的关键字，或是拥有一个数据项。属于一个节点的数据项类型可能是数值（number）、字符串（string）、对象（object）或指针（pointer）。

用户可以在对象的树结构中任意地操作节点，例如增加节点、删除节点、改变节点所包含的值等。含有对象数据（Object）的节点称为对象节点，可能包含有节点的子列表。当你单击一个对象节点时，会看到在节点左边有一个大于号（＞）。单击大于号将打开对象数据的树分支。如果一个节点包含子节点，可以按下“＋”按钮来展开。如果一个节点包含对象数据，可以按下“ > ”按钮来展开。

图 3 – 20 展示了一个队列（Queue）展开的对象数据树。

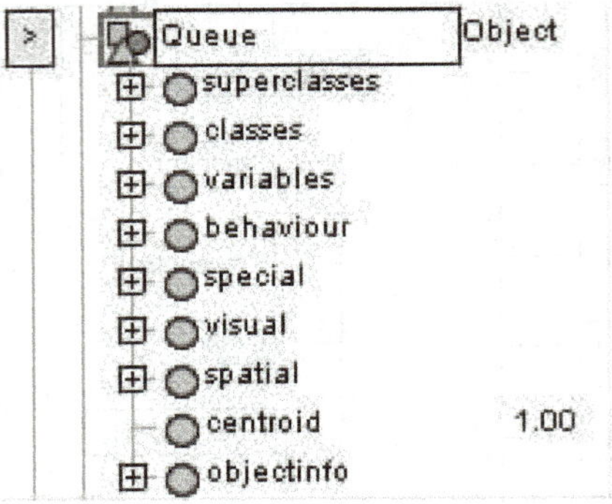

图 3 – 20　对象数据树

树结构（tree）是一种很常用的数据结构。Flexsim 仿真模型中的对象，或对象中的属性和方法节点等都是树结构；用户甚至可以直接在树结构中操作对象。在 Flexsim 中有两个主要的对象类型：模型（Model）或仿真对象（Simulation Object）和视图对象（View Object）。两种类型都有对象数据树，包含了属性和行为控件。一个对象节点的对象数据树中的节点可以作为属性、变量或成员函数，也有的只是作为简单的容器来包含节点以达到组织的目的。

四、任务序列

任务序列（Task Sequences）是 Flexsim 仿真软件中的核心机制。各种复杂仿真的实现很大程度上取决于怎样实现任务序列。前面介绍了 Flexsim 中有两种对象，一种是派生至 FixedResource 的静态对象（即对象本身不运动），另一种是派生至 TaskExecuter 的动态对象（即对象本身可运动）。如果用户建立的系统模型全部使用了静态对象，那么就不需要任务序列的机制，但是这种情况几乎没有。使用动态对象搬运物件、对象进行运动、实现某种功能等，都需要任务序列来控制。

任务序列是由 TaskExecuter 执行的一组命令序列。这里 TaskExecuter 涵盖了所有派生自它的动态对象，如 Operators、Transpoters、Crane、ASRSvehicle、Robots、Elevators 以及其他可运动的对象。图 3 – 21 表示一个任务序列，该任务序列由多个任务组成。

Flexsim 中为用户提供了功能齐备的任务类型。常用的任务序列有：TASKTYPE_

Simulation Time →

P1	P2	Task1	Task2	Task3	Task4	…

P1：Priority Value
P2：Preempt Value

图 3－21　任务序列

TRAVEL、TASKTYPE_ LOAD、TASKTYPE_ UNLOAD、TASKTYPE_ TRAVELTOLOC 等。不同的任务序列有不同的设置参数，用户可以根据需要在使用的时候查询帮助文档。

1. 默认任务序列

FixedResource 为了将物件（item）移至下一个站点（station），有一个创建任务序列的默认机制。FixedResource 对象的参数对话框中有一个通用的“Flow”选项页，选择其中的“Use Transport”复选框，就可创建默认的任务序列。对于 Processor 对象，还可以自动创建对 Setup time/Process time/Repair operation 的任务序列。

当仿真运行时，这些自动创建的任务序列就会传递给与其中心端口相连的动态对象来执行。这里举个简单的例子来说明。假设用户选择了 Queue 对象参数对话框的“Flow”选项页中的“Use Transport”复选框，当系统运行时，产生了如下任务序列：

P1	P2	Travel	Load	Break	Travel	Unload

图 3－22　默认任务序列

当 Operator 收到该任务序列时，应顺序地执行任务序列中的每个任务，执行过程如下：Operator 先移动到 Queue 处（Travel），再接着拿起物件（Load），然后移动到下一个站点处（Travel），最后放下物件（Unload）。

在仿真运行的任意时刻，一个 TaskExecuter 只能执行一个任务序列，而此时 FixedResource 可能创建了许多任务序列，这些未执行的任务序列被放置在缓存队列中等待执行。

2. 协同作业的任务序列

协同作业的情况有很多，比如叉车作业需要一个司机来操控，或者一件物品需要两个人来同时搬运等。在 Flexsim 中，叉车、人都是可运动对象，要实现协同作业的任务序列相对于只对一个对象创建任务序列要复杂许多。我们以叉车和司机的协同工作为例，来说明怎样实现协同作业的任务序列。

我们先来分解任务的执行过程：①人运动到叉车上（Travel）；②人进入驾驶室（这里是叉车的动作）（Load）；③叉车运动到指定地点（Travel）；④叉车装载货物（Load）；

⑤叉车运动到卸载点（Travel）；⑥卸载货物（Unload）。图 3－23 是叉车和人的协同任务序列。

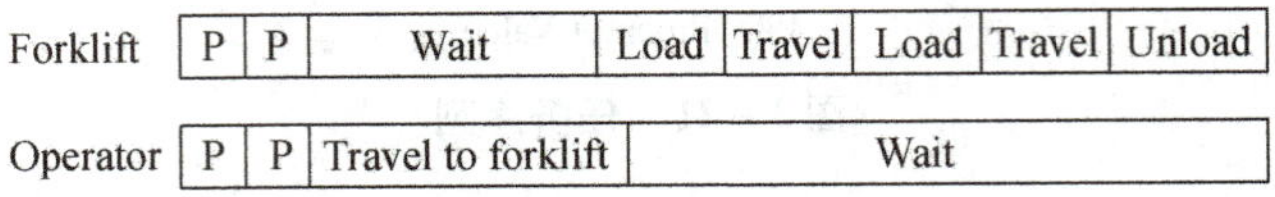

图 3－23　协同任务序列

从图 3－23 中可以看出，叉车在人到达之后才执行任务，人进入叉车之后就随着叉车一起完成叉车的任务。人的任务序列中只有一个任务，其他时间不做任何事情。

3. 对象 Dispatcher 及任务序列的分配规则

现在考虑一种较为复杂的情况：有两个 Queue 对象用于存放物件，三个 Operator 对象用于搬运物件；三个 Operator 是自由的，没有被分配给固定的 Queue，那么怎样来有效地调用这三个 Operator 呢？此时就要用到 Dispatcher 对象。

Dispatcher 用来控制一组 Transporter 或 Operator。任务序列从一个静态对象发送到 Dispatcher，然后 Dispatcher 来调配这些任务序列分配给与其输出端口相连的动态对象。动态对象接收到任务序列后执行相应的命令序列。

Dispatcher 对象的功能就是将任务序列进行队列存储和发送任务序列。根据用户建模的逻辑，任务序列可以被排队等待或是立即传送给相应的对象。Dispatcher 的参数设置对话框只有两项，当接收到一个任务序列时，调用“Pass To”函数。顾名思义，该函数将任务序列发送给接收对象；如果该函数返回值是 0，即该任务序列不能被立即分配，则根据“QueueStrategy”定义的规则将任务序列放入队列中等候。QueueStrategy 函数返回任务序列的相关值，然后根据优先级来确定任务序列在队列中的位置。高优先级的任务序列放在队列的前面，低优先级的放在队列的后面；如果优先级相同，则根据队列的先进先出（FIFO）原则来处理。用户可以根据需要，动态地改变任务序列的优先级。

当将队列中的任务序列进行排序时，Dispatcher 执行队列策略函数，便利取得已有任务序列的优先级值，与最新的任务序列优先级值比较，根据比较的结果重新进行队列排序。

在 Flexsim 对象层次图中，我们发现 Dispatcher 是所有 TaskExecuter 的父类，也就是说所有的 TaskExecuter 也是 Dispatcher。这就意味着 Operator 或 Transporter 也可以担当 Dispatcher 的角色来分配任务序列，或者是自己执行任务序列。

第 4 节　Flexsim 仿真模型建立

一、Flexsim 仿真模型的基本组成

①对象（Objects）：Flexsim 建模过程中采用的对象元素。

②连接（Connections）：Flexsim 通过对象之间的连接定义模型的流程。

③方法（Methods）：对象中的方法定义了模型中各对象所需要完成的作业。

二、Flexsim 建模的基本步骤

（1）构建模型布局

将仿真所需要的对象模型从对象库中拖拽到仿真视图窗口中的适当位置，如图 3－24 所示。

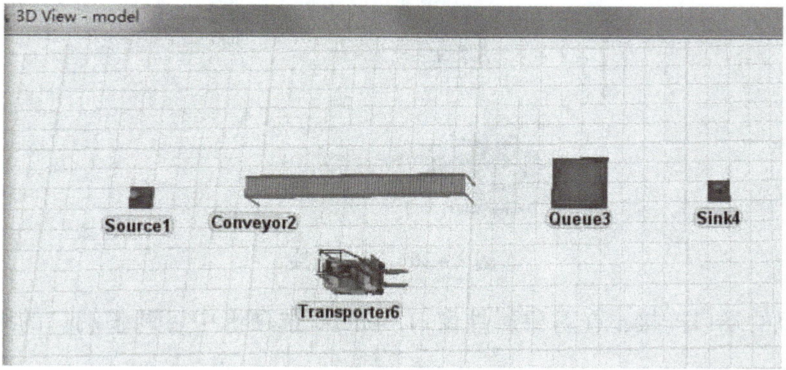

图 3－24　模型布局

（2）定义物流流程

根据连接类型，按下“a”或“s”键的同时，用鼠标从一个对象拖拉到另一个对象上，以将二者连接起来，如图 3－25 所示。

连接两个对象端口需按 4 个键“a”键、“q”键、“s”键、“w”键。

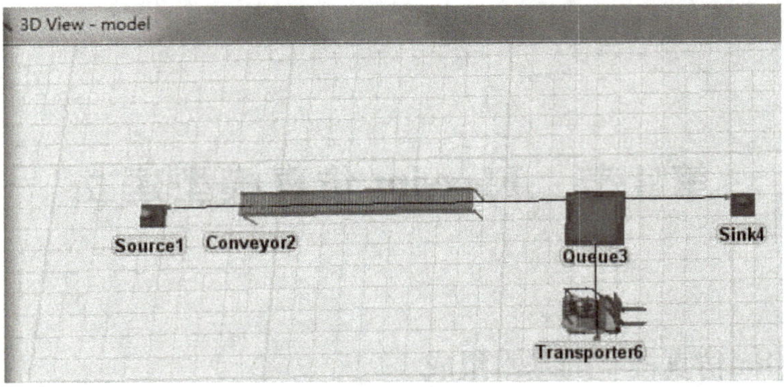

图 3-25　物流流程

①“a”键——用来将对象 1 的输出端口连接到对象 2 的输入端口上。

②“q”键——用来取消对象 1 的输出端口与对象 2 的输入端口之间的连接。

③“s”键——用来连接对象 1 与对象 2 的中心端口。

④“w”键——用来取消对象 1 与对象 2 的中心端口的连接。

各类端口连接的显示位置：输出端口在对象的右上角显示，输入端口在对象的左上角显示，中心端口在对象底部中心显示，如图 3-26 所示。

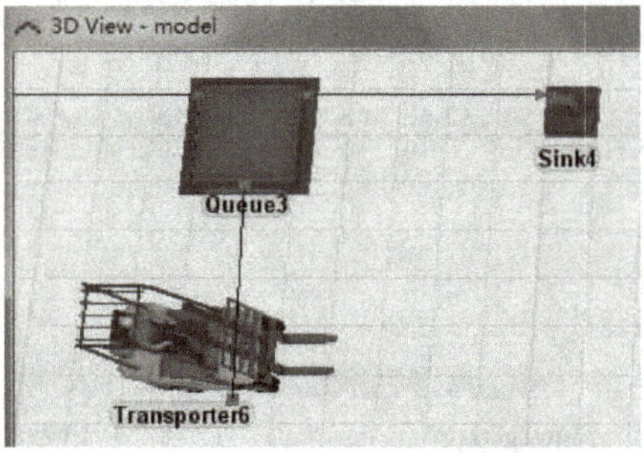

图 3-26　对象连接

察看对象的端口连接：在对象属性窗口 General 选项卡中可调整端口的编号顺序，如图 3-27 所示。

（3）编辑对象参数

双击对象可以打开对象的参数对话框，如图 3-28 所示。

点击对象窗口左下角的“Properties”按钮，可调出对象属性对话框。对象属性对话框中包括图形（Visual）、常规（General）、标签（Labels）、统计（Statistics），如图 3-29 所示。

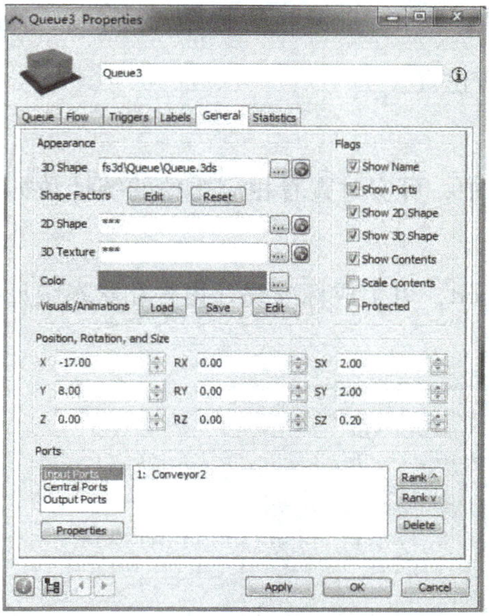

图 3-27 调整端口编号顺序

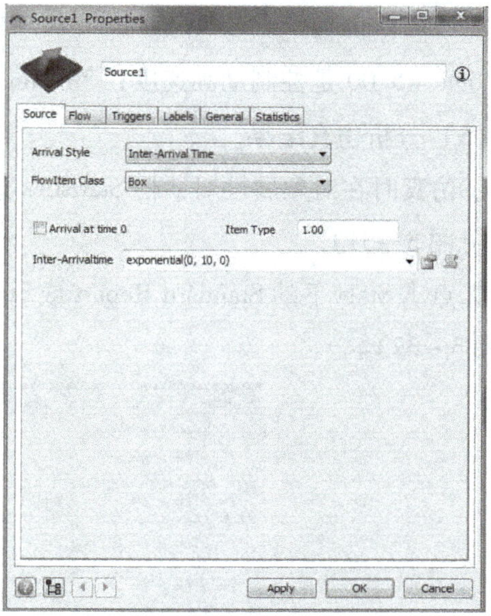

图 3-28 设置参数对话框

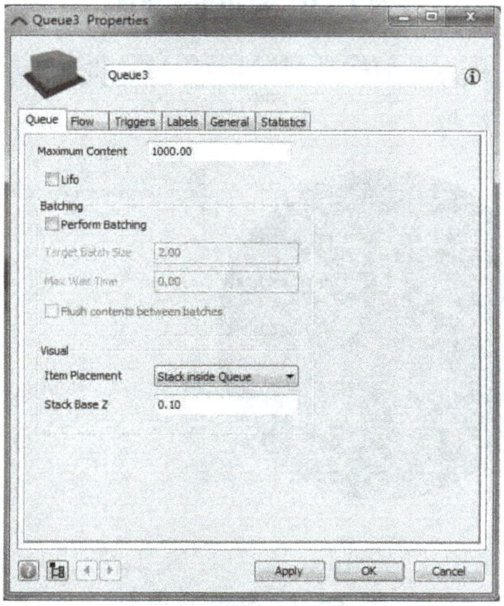

图 3-29 对象属性对话框

（4）编译运行仿真

图 3-30 编译运行仿真栏

编译运行仿真栏中，Compile 是编译模型；Reset 是重置模型；Simulation time/Real time =5.00 是控制动画速度；Run 是运行仿真。

（5）分析仿真结果

①仿真时在对象属性对话框 Statistics 选项卡中，可实时查看相应对象的统计数据和图表（见图 3－31）。

②点击 Stats 下的 Standard Report 或 State Report，可生成标准统计报告和状态统计报告（见图 3－32）。

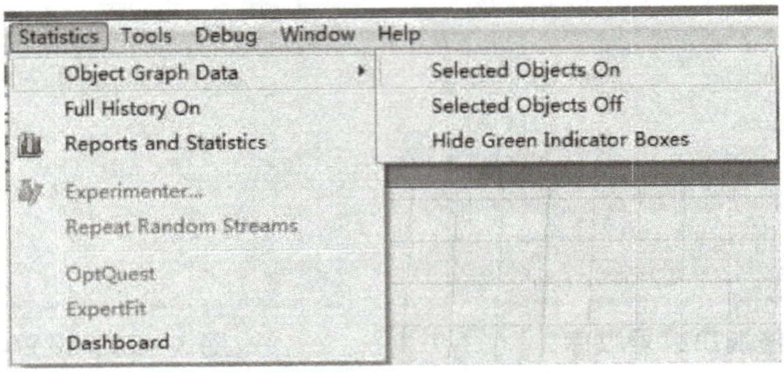

图 3－31　Statistics 菜单

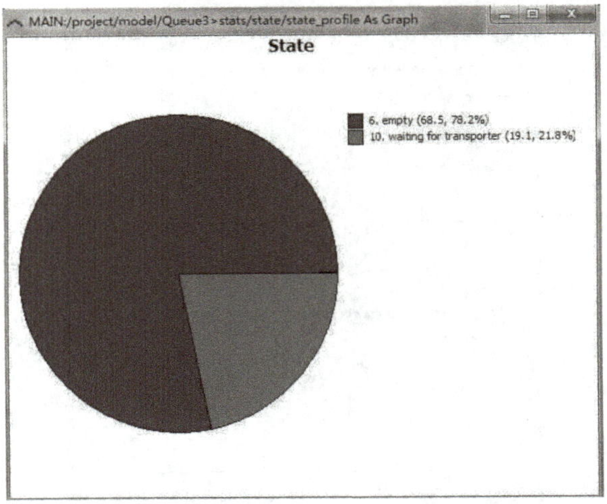

图 3－32　State 选项卡

三、建模步骤示例

下面我们通过一个多产品单阶段制造系统仿真的例子，来具体说明 Flexsim 仿真建模的基本步骤。

某工厂加工三种类型产品，这三种产品分别从工厂其他车间到达 A 车间。A 车间有三台机床，每台机床可以加工一种特定的产品类型。一旦产品在相应的机床上完成加工，所有产品都必须送到一个公用的检验台进行质量检测。质量合格的产品会被送到下一个车间，质量不合格的产品则必须送回相应的机床进行再加工。

产品到达：平均每 5 秒到达一个产品，到达间隔时间服从指数分布；

产品加工：平均加工时间为 10 秒，加工时间服从指数分布；

产品检测：固定时间 4 秒；产品合格率：80%；

暂存区容量：10000.00；仿真时间：50000.00 秒。

步骤 1：构建模型布局

根据题意要求，从实体库里拖出一个发生器、两个暂存区、四个处理器、一条传送带和一个吸收器，放到正投影视图中，如图 3－33 所示。

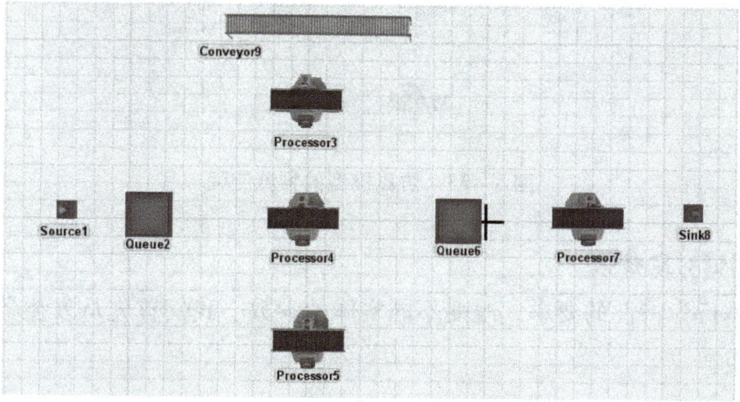

图 3－33　构建模型布局

步骤 2：定义物流流程

根据临时实体的路径连接端口，固定实体之间的连接用 a，移动实体与固定实体的连接用 s。本实验都是 a 连接，连接过程是：按住“A”键，然后用鼠标左键点击发生器并拖曳到处理器，再释放鼠标键。拖曳时你将看到一条黄线，释放时变为黑线。如图 3－34 所示。

连接发生器到对应的暂存区，连接暂存区到每个处理器，连接每个处理器到暂存区，连接暂存区到对应的处理器，连接处理器到传送带和吸收器，连接传送带到第一个暂存区，这样就完成了连接过程。连接完成后所得到的模型布局如图 3－35 所示。

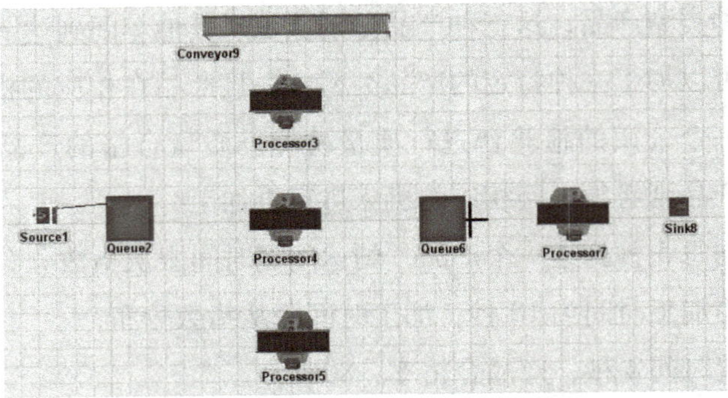

图 3－34　定义发生器与暂存区的流程

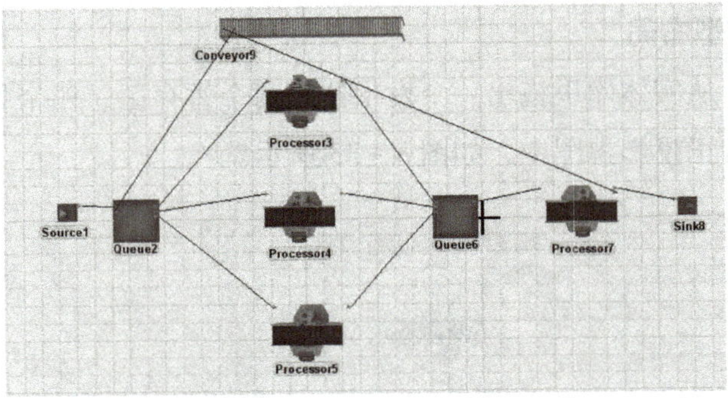

图 3－35　仿真模型的物流流程

步骤 3：编辑对象参数

根据对实体行为特性的要求，改变不同实体的参数。我们首先从发生器开始设置，最后到吸收器结束。

①发生器的参数设置，见图 3－36、3－37。

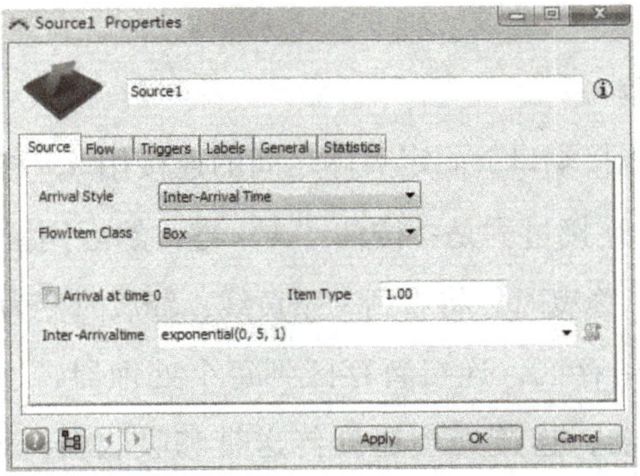

图 3－36　发生器的 Source 选项卡

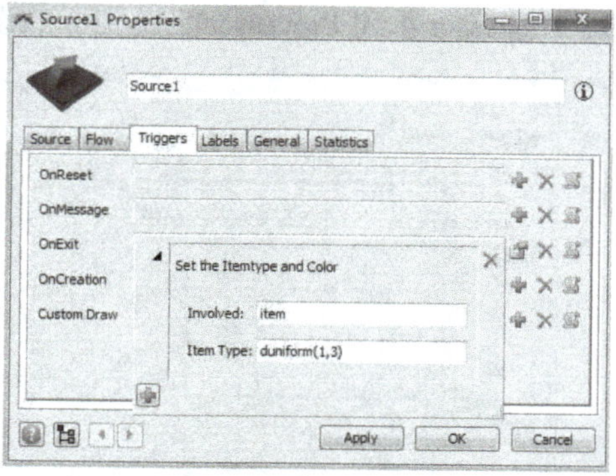

图 3－37　发生器的 Triggers 选项卡

②暂存区 Queue 2 的参数设置，见图 3－38、3－39。

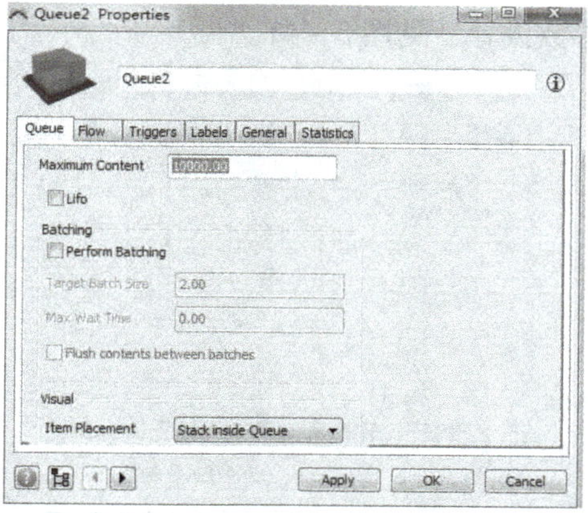

图 3－38　暂存区 Queue 2 选项卡

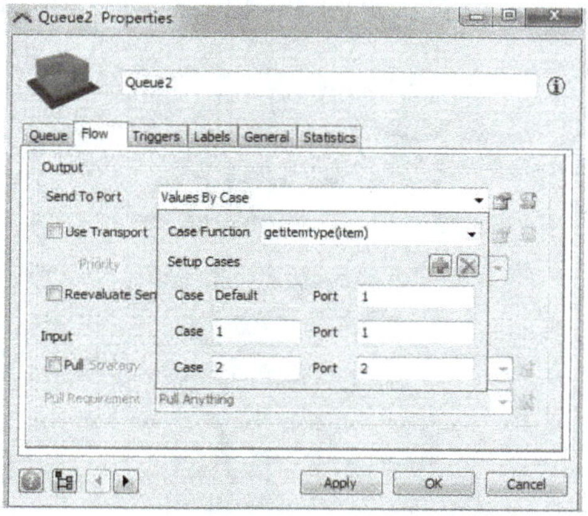

图 3－39　暂存区 Queue 2 的 Flow 选项卡

③对处理器 Processor 3、Processor 4 和 Processor 5 做同样的设置，见图 3－40。

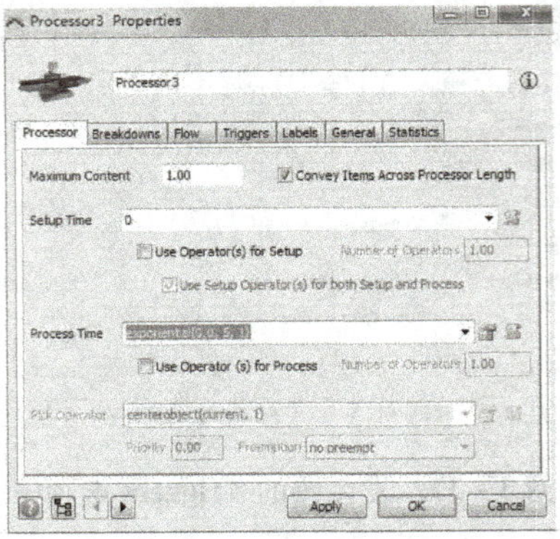

图 3－40　处理器 3、4、5 的参数设置

④暂存区 Queue 6 的参数设置，见图 3－41。

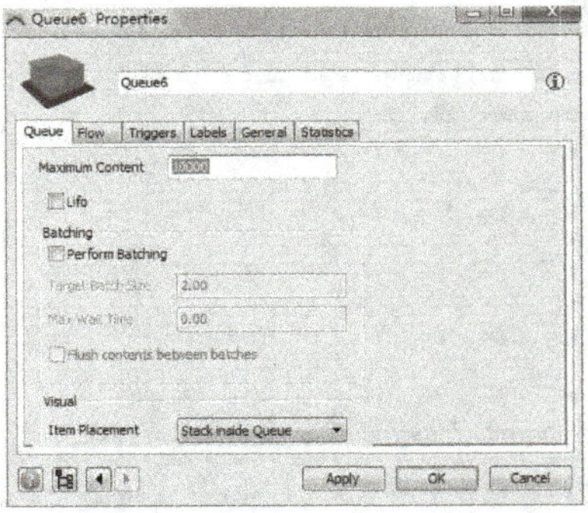

图 3－41　暂存区 Queue 6 的参数设置

⑤处理器 Processor 7 的参数设置，见图 3－42、3－43、3－44。

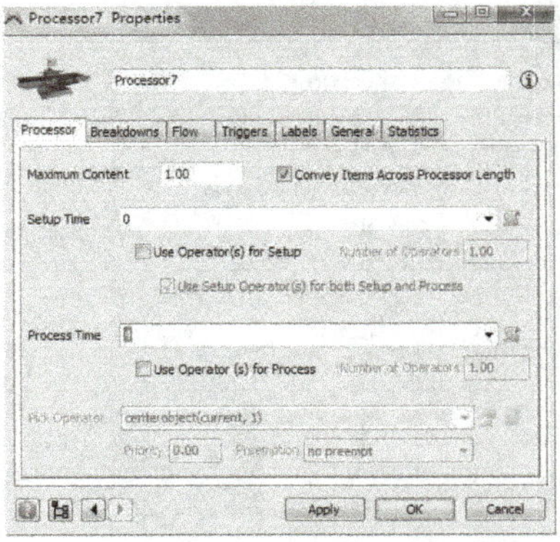

图 3－42　处理器 Processor 7 的 Process 选项卡

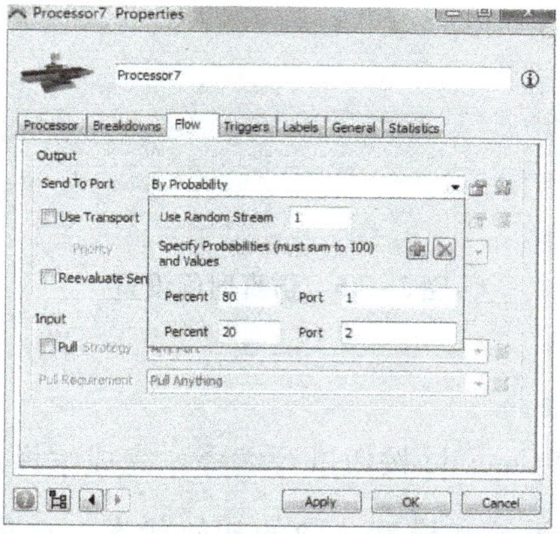

图 3－43　处理器 Processor 7 的 Flow 选项卡

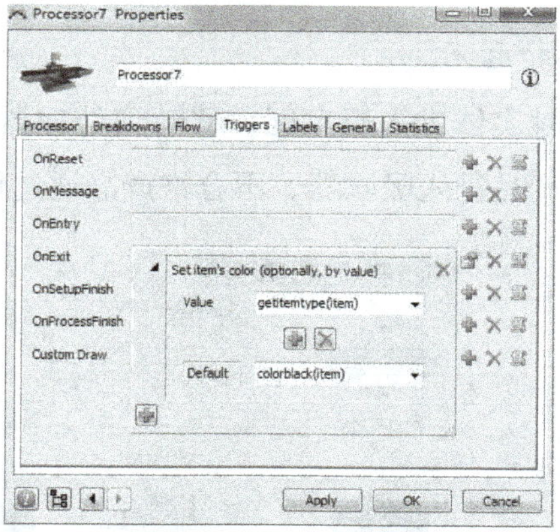

图 3－44　处理器 Processor 7 的 Triggers 选项卡

⑥传送带参数设置，见图 3－45。

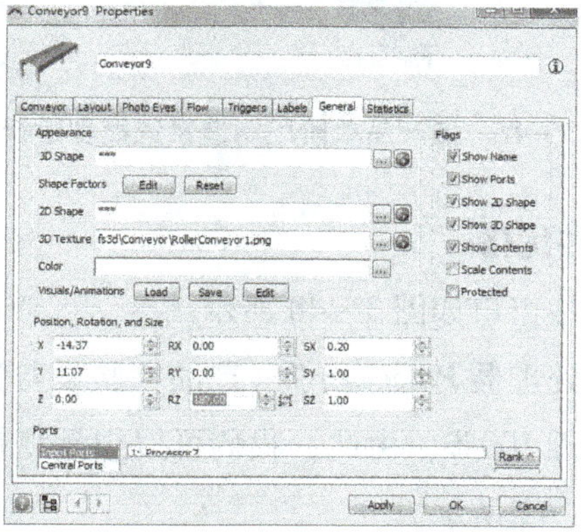

图 3－45　传送带参数设置

⑦设置仿真时间，见图 3－46。

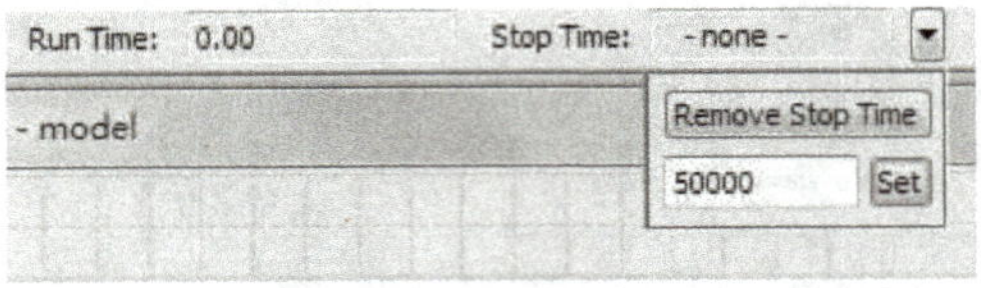

图 3－46　仿真时间设置

步骤 4：编译运行仿真

点击编译运行栏中的 Compile 按钮进行编译，完成编译过程后就可以运行模型了。

为了在运行模型前设置系统和模型参数的初始状态，总是要先点击主视窗底部的 Reset 键。

按 Run 按钮使模型运行起来。

从图 3－47 可以看到临时实体进入暂存区，移动到处理器，然后进入下一个暂存区，再移动到处理器，然后合格产品进入吸收器，不合格产品通过传送带返回暂存区。

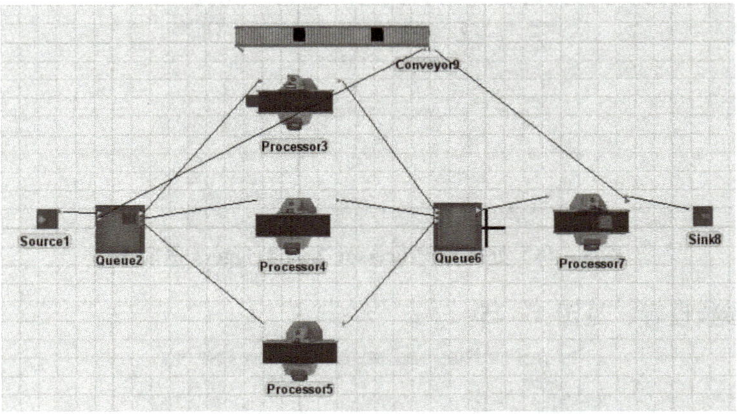

图 3－47　多产品单阶段制造系统模型运行图

步骤 5：观察仿真结果并优化

处理器 Processor 7 的属性窗口如图 3－48 所示。

由上述结果可以看出，处理器 Processor 7（产品检验设备）处于高负荷运转状态，一刻不停地在运转，利用率接近 100%。由此，我们可以想到增加一个同样设置的处理器来分担产品检验作业，如图 3－49 所示。

优化后的两个处理器的利用率如图 3－50 和图 3－51 所示。

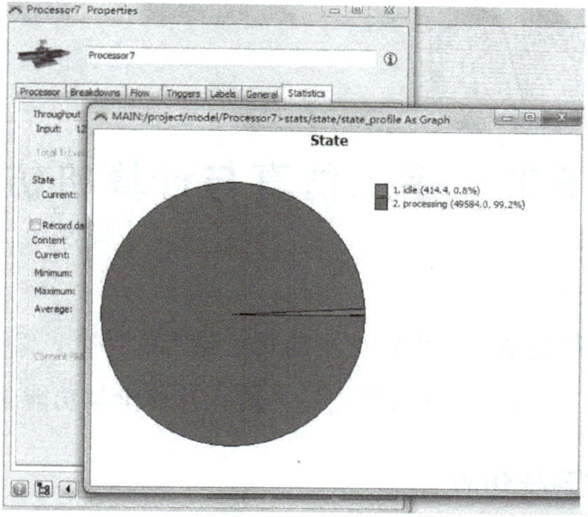

图 3 – 48　处理器 Processor 7，Statistics 属性的 State 选项卡

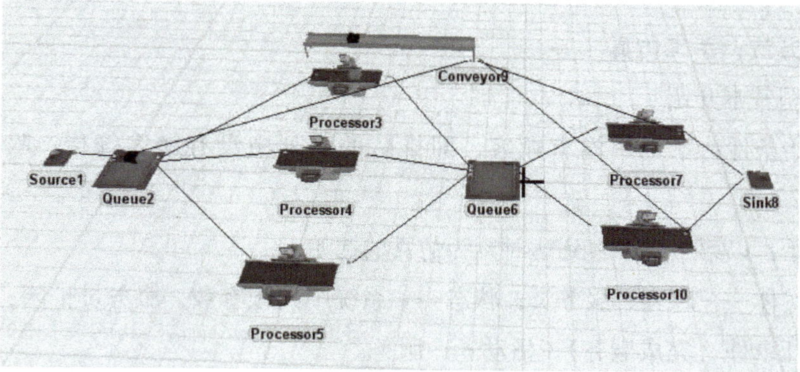

图 3 – 49　多产品单阶段制造系统优化

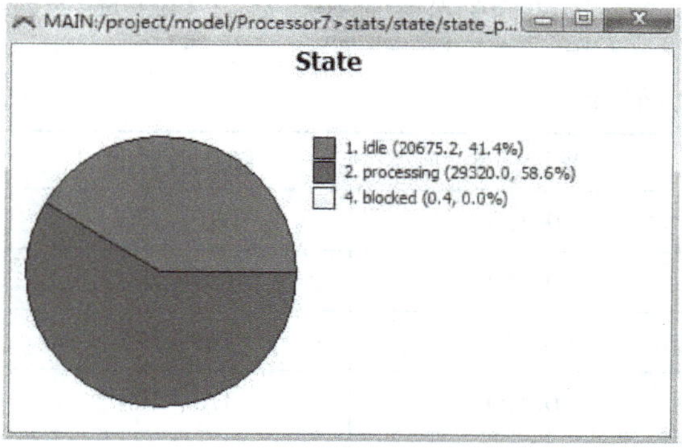

图 3 – 50　处理器 Processor 7，Statistics 属性的 State 选项卡

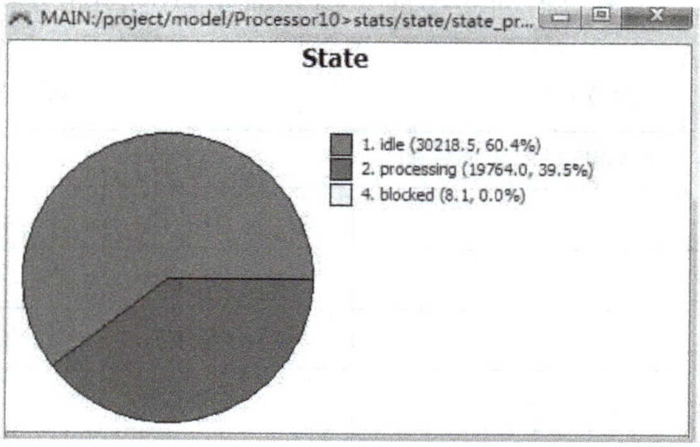

图 3 – 51　处理器 Processor 10，Statistics 属性 State 选项卡的

第 5 节　手工仿真与计算机仿真

一般手工仿真的步骤包括：①确定仿真的每个输入的特征；②构造一个仿真表；③对每一重复运行 i，为每一组由 p 个输入产生一个值，并评价其功能，计算响应 y（i）的值。

案例一：理发店系统仿真

问题：计算顾客的平均等待时间、服务员空闲的概率及平均服务时间。

1. 仿真方法：手工仿真

（1）模型基本介绍

仿真初始条件：系统中没有顾客，即排队的队列中没有顾客等待，服务台无服务对象。

仿真开始：以第一个顾客到达时刻为仿真的起始点。

模型：实体——顾客、服务员；状态——系统中的顾客数、服务员忙闲；事件——到达事件、离开事件（完成服务）；活动——服务。

（2）确定输入数据的特征

①假定到达事件。顾客到达间隔时间为 1 ~8 分钟的均匀分布到达，如表 3 –1 所示。

表 3 –1　　到达间隔时间分布

到达间隔时间（分钟）	概率	累计概率	随机数区间
1	0. 125	0. 125	001 ~125
2	0. 125	0. 250	126 ~250
3	0. 125	0. 375	251 ~375
4	0. 125	0. 500	376 ~500
5	0. 125	0. 625	501 ~625
6	0. 125	0. 750	626 ~750

续表

到达间隔时间（分钟）	概率	累计概率	随机数区间
7	0.125	0.875	751～875
8	0.125	1.000	876～1000

②到达事件的产生，如表3－2所示。

表3－2　到达间隔时间的确定

顾客	随机数字	到达间隔时间（分钟）	顾客	随机数字	到达间隔时间（分钟）
1	—	—	6	309	3
2	913	8	7	922	8
3	727	6	8	753	7
4	015	1	9	235	2
5	948	8	10	302	3

③服务事件，如表3－3所示。

表3－3　服务时间分布

服务时间（分钟）	概率	累计概率	随机数区间
1	0.10	0.10	01～10
2	0.20	0.30	11～30
3	0.30	0.60	31～60
4	0.25	0.85	61～85
5	0.10	0.95	86～95
6	0.05	1.00	96～100

④服务事件的产生，如表3－4所示。

表3－4　服务时间确定

顾客	随机数字	服务时间（分钟）	顾客	随机数字	服务时间（分钟）
1	84	4	6	79	4
2	10	1	7	91	5
3	74	4	8	67	4
4	53	3	9	89	5
5	17	2	10	38	3

（3）构造仿真表及重复运行结果

仿真表如表3－5所示。

表3－5　**仿真表**　单位：分钟

顾客	到达时间间隔	到达时刻	服务开始时刻	服务时间	等待时间	服务结束时间	逗留时间	服务员空闲时间
1	—	0	0	4	0	4	4	0
2	8	8	8	1	0	9	1	4
3	6	14	14	4	0	18	4	5
4	1	15	18	3	3	21	6	0
5	8	23	23	2	0	25	2	2
6	3	26	26	4	0	30	4	1
7	8	34	34	5	0	39	5	4
8	7	41	41	4	0	45	4	2
9	2	43	45	5	2	50	7	0
10	3	46	50	3	4	53	7	0
合计				35	9		44	18

（4）仿真结果计算

计算顾客的平均等待时间、顾客的等待概率、服务员空闲的概率及平均服务时间。

①全部顾客的平均等待时间为9÷10＝0.9（分钟）。

②顾客必须在队中等待的概率为3÷10＝0.3。

③服务员空闲的概率为18÷53≈0.34；服务员忙碌的概率为1－0.34＝0.56。

④平均服务时间为35÷10＝3.5（分钟）。

这个结果可和服务时间分布的均值进行比较

$$T_s = E[t_s] = \sum_{i=0}^{\infty} t_s P(t_s)$$

应用表3－3求分布的期望值可得，期望服务时间为1×0.10＋2×0.20＋3×0.30＋4×0.25＋5×0.1＋6×0.05＝3.2（分钟），期望服务时间稍小于仿真的平均服务时间，随着仿真时间增加，将越接近于均值$E[t_s]$。

⑤平均到达间隔时间为46÷9≈5.1（分钟）。

分母减1是因为第一个到达时间规定出现在时刻0，这个结果和离散均匀分布求得的均值（期望到达间隔时间）相比较，这个均匀分布的端点为a＝1和b＝8，于是均值为：

$$T_w = E[t_w] = \frac{a+b}{2} = 4.5(\text{分钟})$$

期望到达间隔时间稍低于仿真的平均值，同样在更长的时间的仿真中，到达间隔时间的均值应接近于理论均值。

⑥在队列的排队顾客的平均等待时间为9÷3=3（分钟）。

⑦顾客在系统中逗留的平均时间为44÷10=4.4（分钟）。

2. 仿真方法：计算机仿真

（1）模型基本介绍

仿真工具：Flexsim；

仿真初始条件：系统中没有顾客，即排队的队列中没有顾客在等待，服务台没有服务对象；

仿真开始：以第一个顾客到达时刻为仿真的起始点；

模型：实体——顾客、服务员，状态——系统中的顾客数、服务员忙闲，事件——到达事件、离开事件（完成服务），活动——服务。

（2）确定案例数据

①假定：到达事件——顾客到达间隔时间为1~8分钟的均匀分布到达，如表3-1所示。

②到达事件的产生如表3-2所示。

③服务事件如表3-3所示。

④服务事件的产生如表3-4所示。

（3）建立模型

根据模型要求，建立如图3-52所示的仿真布局图。

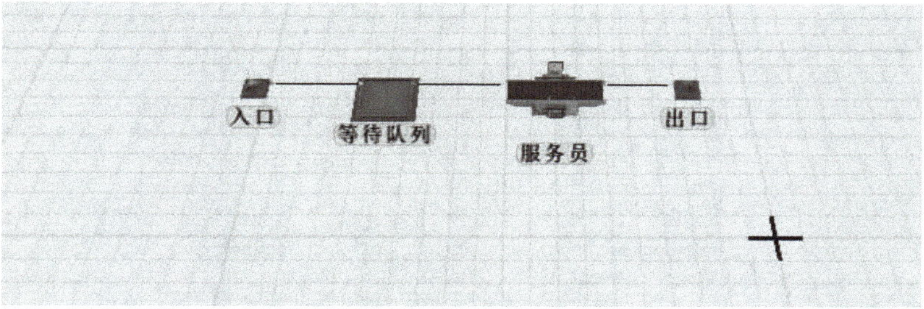

图3-52　计算机仿真布局图

（4）设置参数

根据表3－1、3－2、3－3和3－4，该模型参数设置如下（见图3－53、3－54）。

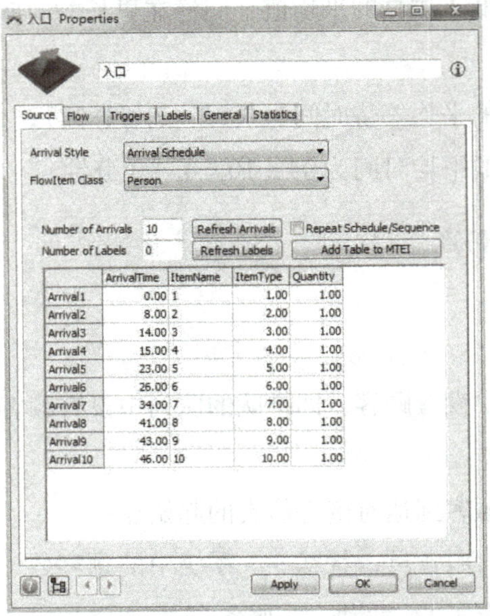

图3－53　“入口”设置

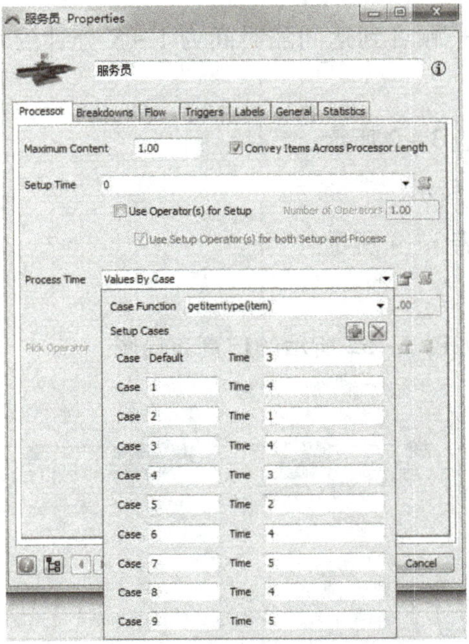

图3－54　“服务员”设置

（5）运行仿真

运行完成后，仿真自动停止，时刻为 53 分钟，如下图 3－55 所示。

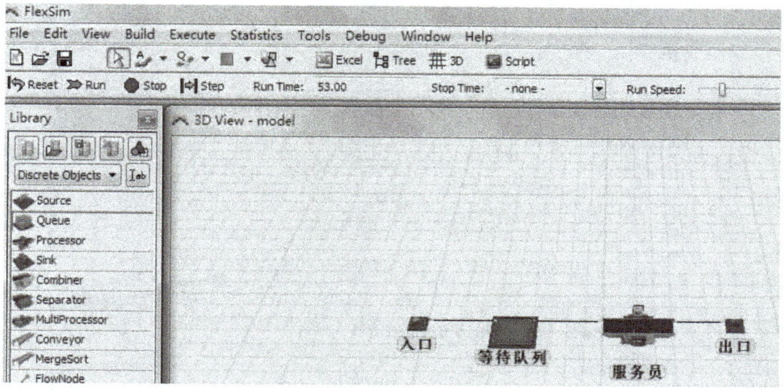

图 3－55　仿真运行结束

（6）统计数据

①顾客的平均等待时间：顾客的平均等待时间为 0.9 分钟。

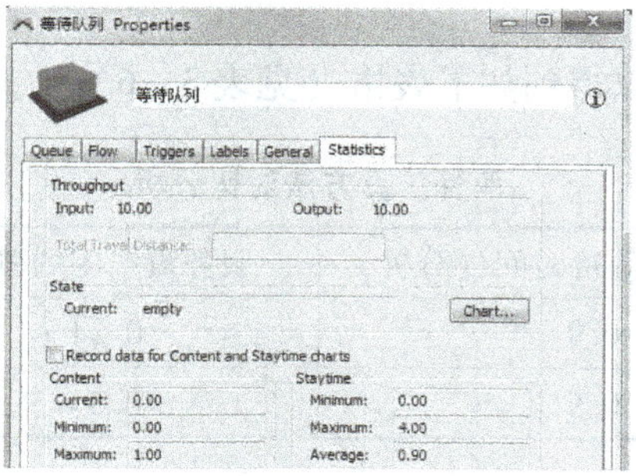

图 3－56　顾客的等待队列

②服务员空闲的概率：服务员空闲的概率为 0.34。

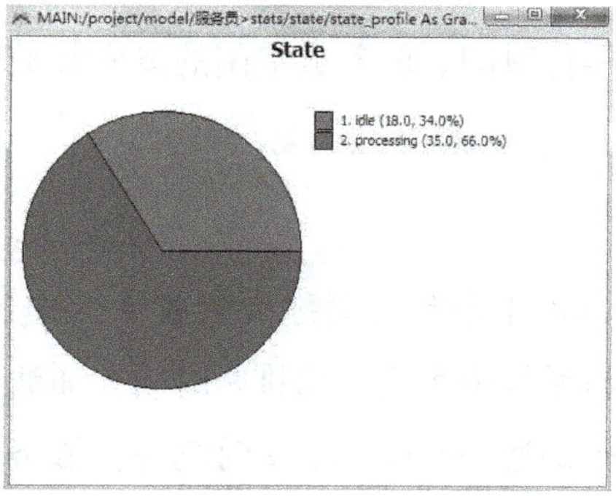

图 3－57　服务员空闲概率

③平均服务时间：平均服务时间为3.5分钟。

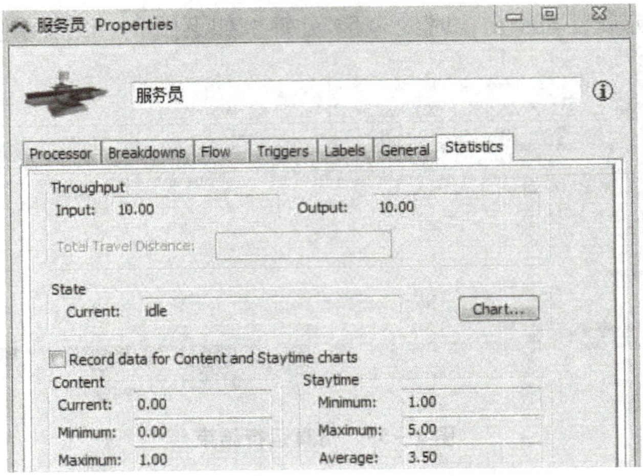

图3-58 服务员工作状态

3. 结果对比

通过前文分析结果，可以得到如下表格（见表3-6）。

表3-6 两种仿真方法对比分析

	顾客的平均等待时间（分钟）	服务员空闲的概率	平均服务时间（分钟）
手工仿真	0.9	0.34	3.5
计算机仿真	0.9	0.34	3.5

通过比较可知，手工仿真与计算机仿真的结果一致，计算机仿真具有可行性。

案例二：汽车加油站系统仿真

问题：计算顾客的平均等待时间、服务员空闲的概率及平均服务时间。

1. 仿真方法：手工仿真

（1）模型基本介绍

某汽车加油站有一个A加油工作台（简称A台或A工作台）。加油站被占用时，汽车排队等待。仿真的目的是分析系统中车辆平均排队时间和加油工作台的利用率。

系统状态通过一组变量来描述。$Q(t)$ 为在 t 时刻等待服务的汽车数；$A(t)$ 为在 t 时刻A台忙或闲（1或0）。

（2）确定输入数据的特征

①汽车随机到达，到达间隔时间分布如表3-7所示。

表3-7 到达间隔时间分布

到达间隔时间（分钟）	概 率	累计概率	随机数区间
1	0.25	0.25	01～25
2	0.40	0.65	26～65
3	0.20	0.85	66～85
4	0.15	1.00	86～00

②汽车在A工作台的加油时间分布如表3-8所示。

表3-8 A工作台的加油时间分布

服务时间（分钟）	概 率	累计概率	随机数
2	0.30	0.30	01～30
3	0.28	0.58	31～58
4	0.25	0.83	59～83
5	0.17	1.00	84～00

③构造仿真表及重复运行结果如表3-9所示。

表3-9 仿真表 单位：分钟

顾客编号	到达随机数	到达间隔	到达时钟时间	服务随机数	开始服务时间	服务时间	完成服务时间	排队时间
1		0	0	95	0	5	5	0
2	26	2	2	21	5	2	7	3
3	98	4	6	51	7	3	10	1
4	90	4	10	92	10	5	15	0
5	26	2	12	89	15	5	20	3
6	42	2	14	38	20	3	23	6
7	74	3	17	13	23	2	25	6
8	80	3	20	61	25	4	29	5
9	68	3	23	50	29	3	32	6
10	22	1	24	49	32	3	35	8

续表

顾客编号	到达随机数	到达间隔	到达时钟时间	服务随机数	开始服务时间	服务时间	完成服务时间	排队时间
11	48	2	26	39	35	3	38	9
12	34	2	28	53	38	3	41	10
13	45	2	30	88	41	5	46	11
14	24	1	31	1	46	2	48	15
15	34	2	33	81	48	4	52	15
16	63	2	35	53	52	3	55	17
17	38	2	37	81	55	4	59	18
18	80	3	40	64	59	4	63	19
19	42	2	42	1	63	2	65	21
20	56	2	44	67	65	4	69	21
21	89	4	48	1	69	2	71	21
22	18	1	49	47	71	3	74	22
23	51	2	51	75	74	4	78	23
24	71	3	54	57	78	3	81	24
25	16	1	55	87	81	5	86	26
26	92	4	59	47	86	3	89	27
						89		337

④仿真结果计算：

- 全部加油车辆的平均排队时间长度 337 ÷ 26 ≈ 12.96（分钟）；
- 加油车辆的平均被服务时间 89 ÷ 26 ≈ 3.42（分钟）；
- A 设备的使用率 89 ÷ 89 = 1。

（3）改进方案

由于平均每辆车的排队等待时间是 12.96 分钟，现增加一个 B 工作台（简称 B 台）。即，加油站有两个工作台，A 台距入口近，出口较 B 台方便。如 A、B 都空闲，则 A 优先被占用；如 A、B 都忙，则汽车排队等待。仿真的目的是分析系统中车辆平均排队时间和加油工作台的利用率。

系统状态通过一组变量来描述。$Q(t)$ 为在 t 时刻等待服务的汽车数；$A(t)$ 为在 t 时刻

A台忙或闲（1或0）；$B(t)$为在t时刻B台忙或闲（1或0）。

（4）确定输入数据的特征

①汽车随机到达，到达间隔时间分布如表3－7所示。

②汽车在A、B工作台的加油时间分布如表3－10所示。

表3－10　A、B工作台的加油时间分布　单位：分钟

A服务分布时间				B服务分布时间			
服务时间	概率	累计概率	随机数	服务时间	概率	累计概率	随机数
2	0.30	0.30	01～30	3	0.35	0.35	01～35
3	0.28	0.58	31～58	4	0.25	0.60	36～60
4	0.25	0.83	59～83	5	0.20	0.80	61～80
5	0.17	1.00	84～00	6	0.20	1.00	81～00

③构造仿真表及重复运行结果如表3－11所示。

表3－11　汽车加油站模拟表（都为空时，优先给A）　单位：分钟

顾客编号	到达随机数	到达间隔	到达时间	服务随机数	A工作台			B工作台			排队时间
					开始服务时间	服务时间	完成服务时间	开始服务时间	服务时间	完成服务时间	
1	—	—	—	95	0	5	5	—	—	—	0
2	26	2	2	21	—	—	—	2	3	5	0
3	98	4	6	51	6	3	9	—	—	—	0
4	90	4	10	92	10	5	15	—	—	—	0
5	26	2	12	89	—	—	—	12	6	18	0
6	42	2	14	38	15	3	18	—	—	—	1
7	74	3	17	13	18	2	20	—	—	—	1
8	80	3	20	61	20	4	24	—	—	—	0
9	68	3	23	50	—	—	—	23	4	27	0
10	22	1	24	49	24	3	27	—	—	—	0
11	48	2	26	39	27	3	30	—	—	—	1
12	34	2	28	53	—	—	—	28	4	32	0
13	45	2	30	88	30	5	35	—	—	—	0
14	24	1	31	1	—	—	—	32	3	35	1

续表

顾客编号	到达随机数	到达间隔	到达时间	服务随机数	A 工作台			B 工作台			排队时间
					开始服务时间	服务时间	完成服务时间	开始服务时间	服务时间	完成服务时间	
15	34	2	33	81	35	4	39	—	—	—	2
16	63	2	35	53	—	—	—	35	4	39	0
17	38	2	37	81	39	4	43	—	—	—	2
18	80	3	40	64	—	—	—	40	5	45	0
19	42	2	42	1	43	2	45	—	—	—	1
20	56	2	44	67	45	4	49	—	—	—	1
21	89	4	48	1	—	—	—	48	3	51	0
22	18	1	49	47	49	3	52	—	—	—	0
23	51	2	51	75	—	—	—	51	5	56	0
24	71	3	54	57	54	3	57	—	—	—	0
25	16	1	55	87	—	—	—	56	6	62	1
26	92	4	59	47	59	3	62				0
合计						56			43		11

（5）仿真结果计算

①全部加油车辆的平均排队时间 11 ÷ 26 ≈ 0. 42（分钟）;

②加油车辆的平均被服务时间（56 + 43） ÷ 26 ≈ 3. 81（分钟）;

③A 工作台的使用率 56 ÷ 62 ≈ 90. 32%；

④B 工作台的使用率 43 ÷ 62 ≈ 69. 35%。

2. 仿真方法：计算机仿真

（1）一台工作台

①建立模型布局图，见图 3 – 59。

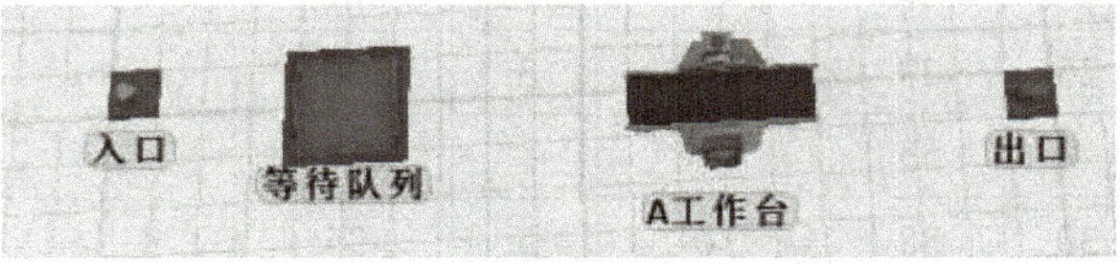

图 3 – 59　一台工作台的模型布局图

②连线，见图 3－60。

图 3－60　连线

③根据表 3－9 设置参数，见图 3－61、3－62。

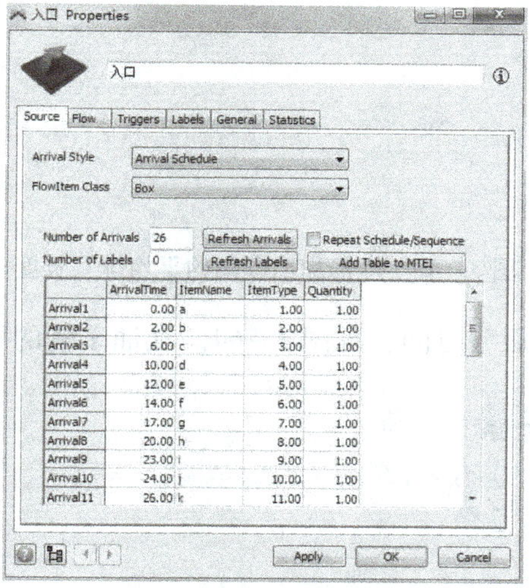

图 3－61　“入口”设置

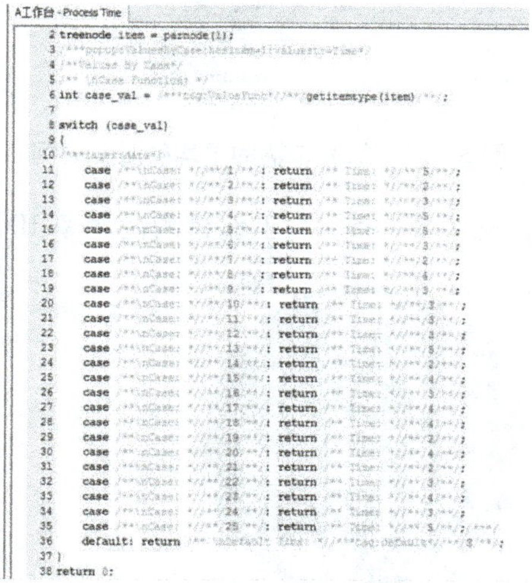

图 3－62　A 工作台服务时间设置

注：双击 A 工作台，在 Process Time 处选择 Values By Case，最后点击 并进行参数设置。

④运行并观察数据。

1）全部加油车辆的平均排队长度，见图 3－63。全部加油车辆的平均排队长度 12.96 分钟。

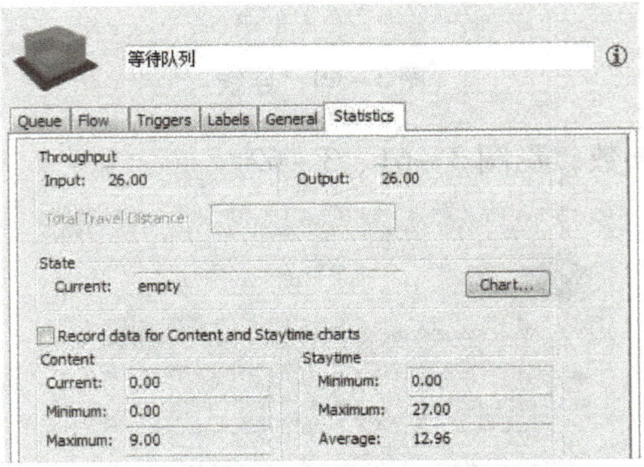

图 3－63　全部加油车辆的平均排队长度

2）加油车辆的平均被服务时间，见图 3－64。加油车辆的平均被服务时间 3.42 分钟。

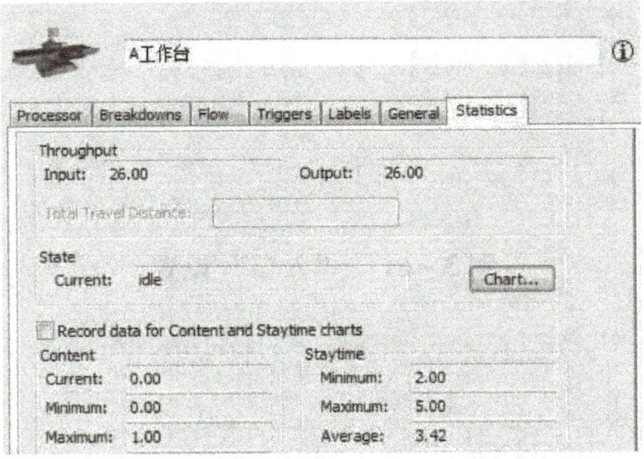

图 3－64　加油车辆的平均被服务时间

3）A 工作台的使用率，见图 3－65。A 工作台的使用率 100%。

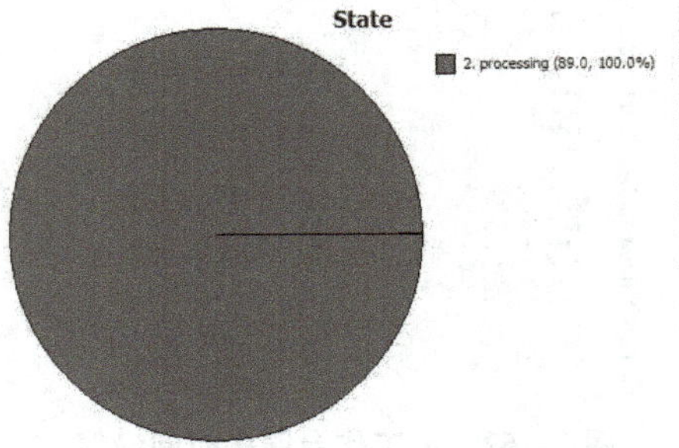

图 3－65　A 工作台的使用率

⑤两种仿真方法对比分析，见表 3－12。

表 3－12　两种仿真方法对比分析

	全部加油车辆的平均排队时间（分钟）	加油车辆的平均被服务时间（分钟）	A 工作台的使用率（%）
手工仿真	12.96	3.42	100
计算机仿真	12.96	3.42	100

通过对手工仿真与计算机仿真的结果比较，可发现两者的仿真结果一致。

（2）两台工作台

①建立模型布局图，见图 3－66。

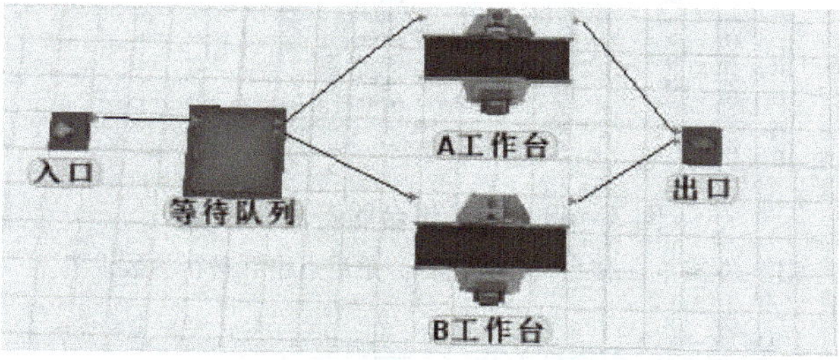

图 3－66　两台工作台的仿真布局图

②根据表 3－11，该模型参数设置如下图 3－67、3－68、3－69。

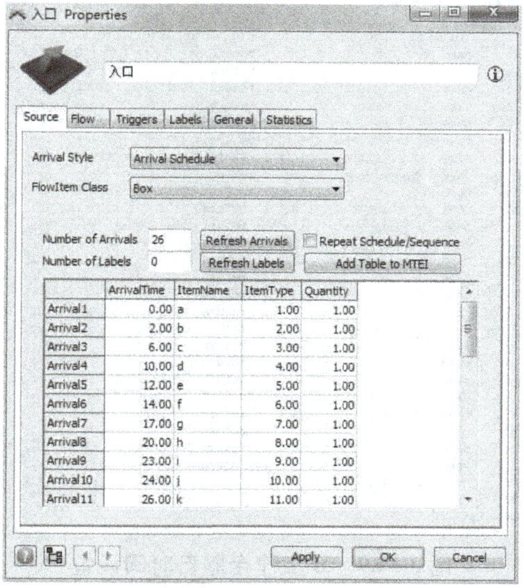

图 3－67　“入口”设置

A工作台 - Process Time

```
treenode item = parnode(1);
/***popup:ValuesByCase:hasitem=1:valuestr=Time*/
/**Values By Case*/
/** \nCase Function: */
int case_val = /***tag:ValueFunc*//**/getitemtype(item)/**/;

switch (case_val)
{
/***tagex:data*/
    case /**\nCase: *//**/1/**/: return /** Time: *//**/5/**/;
    case /**\nCase: *//**/2/**/: return /** Time: *//**/2/**/;
    case /**\nCase: *//**/3/**/: return /** Time: *//**/3/**/;
    case /**\nCase: *//**/4/**/: return /** Time: *//**/5/**/;
    case /**\nCase: *//**/5/**/: return /** Time: *//**/5/**/;
    case /**\nCase: *//**/6/**/: return /** Time: *//**/3/**/;
    case /**\nCase: *//**/7/**/: return /** Time: *//**/2/**/;
    case /**\nCase: *//**/8/**/: return /** Time: *//**/4/**/;
    case /**\nCase: *//**/9/**/: return /** Time: *//**/3/**/;
    case /**\nCase: *//**/10/**/: return /** Time: *//**/3/**/;
    case /**\nCase: *//**/11/**/: return /** Time: *//**/3/**/;
    case /**\nCase: *//**/12/**/: return /** Time: *//**/3/**/;
    case /**\nCase: *//**/13/**/: return /** Time: *//**/5/**/;
    case /**\nCase: *//**/14/**/: return /** Time: *//**/2/**/;
    case /**\nCase: *//**/15/**/: return /** Time: *//**/4/**/;
    case /**\nCase: *//**/16/**/: return /** Time: *//**/3/**/;
    case /**\nCase: *//**/17/**/: return /** Time: *//**/4/**/;
    case /**\nCase: *//**/18/**/: return /** Time: *//**/4/**/;
    case /**\nCase: *//**/19/**/: return /** Time: *//**/2/**/;
    case /**\nCase: *//**/20/**/: return /** Time: *//**/4/**/;
    case /**\nCase: *//**/21/**/: return /** Time: *//**/2/**/;
    case /**\nCase: *//**/22/**/: return /** Time: *//**/3/**/;
    case /**\nCase: *//**/23/**/: return /** Time: *//**/4/**/;
    case /**\nCase: *//**/24/**/: return /** Time: *//**/3/**/;
    case /**\nCase: *//**/25/**/: return /** Time: *//**/5/**/;/***/
    default: return /** \nDefault Time: *//***tag:default*//**/3/**/;
}
return 0;
```

图 3-68　A 工作台服务时间设置

注：双击 A 工作台，在处选择，最后点击并进行参数设置。

B工作台 - Process Time

```
treenode current = ownerobject(c);
treenode item = parnode(1);
/***popup:ValuesByCase:hasitem=1:valuestr=Time*/
/**Values By Case*/
/** \nCase Function: */
int case_val = /***tag:ValueFunc*//**/getitemtype(item)/**/;

switch (case_val)
{
/***tagex:data*/
    case /**\nCase: *//**/1/**/: return /** Time: *//**/6/**/;
    case /**\nCase: *//**/2/**/: return /** Time: *//**/3/**/;
    case /**\nCase: *//**/3/**/: return /** Time: *//**/4/**/;
    case /**\nCase: *//**/4/**/: return /** Time: *//**/6/**/;
    case /**\nCase: *//**/5/**/: return /** Time: *//**/6/**/;
    case /**\nCase: *//**/6/**/: return /** Time: *//**/4/**/;
    case /**\nCase: *//**/7/**/: return /** Time: *//**/3/**/;
    case /**\nCase: *//**/8/**/: return /** Time: *//**/5/**/;
    case /**\nCase: *//**/9/**/: return /** Time: *//**/4/**/;
    case /**\nCase: *//**/10/**/: return /** Time: *//**/4/**/;
    case /**\nCase: *//**/11/**/: return /** Time: *//**/4/**/;
    case /**\nCase: *//**/12/**/: return /** Time: *//**/4/**/;
    case /**\nCase: *//**/13/**/: return /** Time: *//**/6/**/;
    case /**\nCase: *//**/14/**/: return /** Time: *//**/3/**/;
    case /**\nCase: *//**/15/**/: return /** Time: *//**/6/**/;
    case /**\nCase: *//**/16/**/: return /** Time: *//**/4/**/;
    case /**\nCase: *//**/17/**/: return /** Time: *//**/6/**/;
    case /**\nCase: *//**/18/**/: return /** Time: *//**/5/**/;
    case /**\nCase: *//**/19/**/: return /** Time: *//**/3/**/;
    case /**\nCase: *//**/20/**/: return /** Time: *//**/5/**/;
    case /**\nCase: *//**/21/**/: return /** Time: *//**/3/**/;
    case /**\nCase: *//**/22/**/: return /** Time: *//**/4/**/;
    case /**\nCase: *//**/23/**/: return /** Time: *//**/5/**/;
    case /**\nCase: *//**/24/**/: return /** Time: *//**/4/**/;
    case /**\nCase: *//**/25/**/: return /** Time: *//**/6/**/;/***/
    default: return /** \nDefault Time: *//***tag:default*//**/4/**/;
}
return 0;
```

图 3-69　B 工作台服务时间设置

注：双击 B 工作台，在处选择，最后点击并进行参数设置。

③运行仿真。运行完成后，仿真自动停止，时刻为 62 分钟，如下图 3－70 所示。

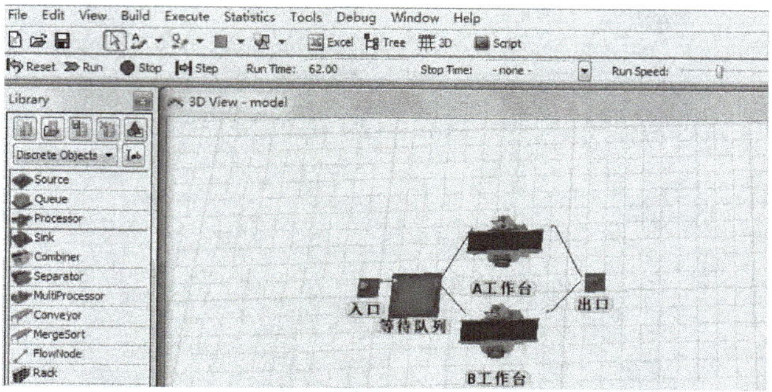

图 3－70　仿真运行结束

④统计数据。

1）全部加油车辆的平均排队时间，见图 3－71。全部加油车辆的平均排队时间为 0.31 分钟。

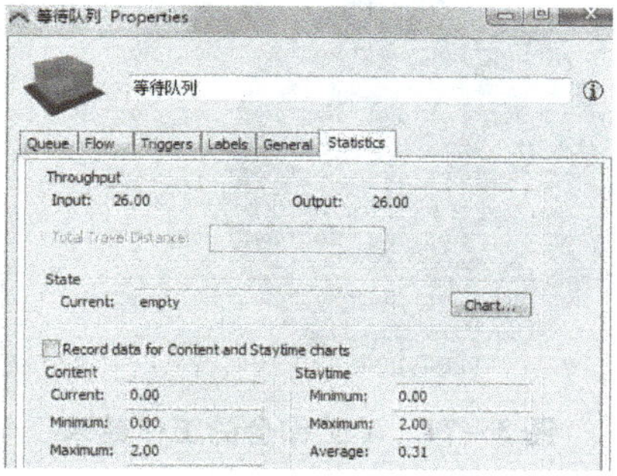

图 3－71　全部加油车辆的平均排队时间

2）加油车辆的平均被服务时间，见图 3－72、3－73 所示。加油车辆的平均被服务时间为（3.4×15＋4.45×11）÷26≈3.84 分钟。

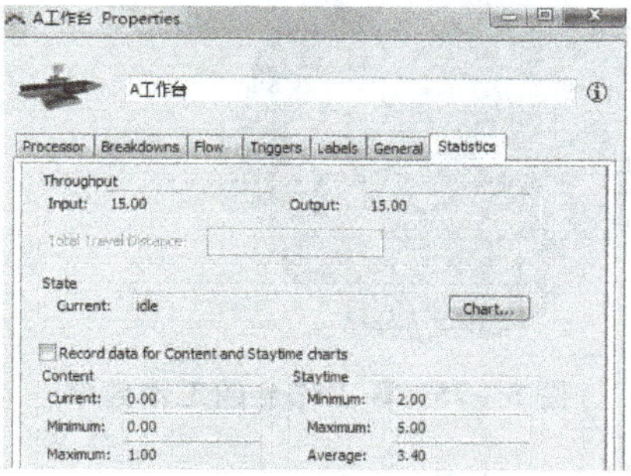

图 3－72　A 工作台的平均服务时间

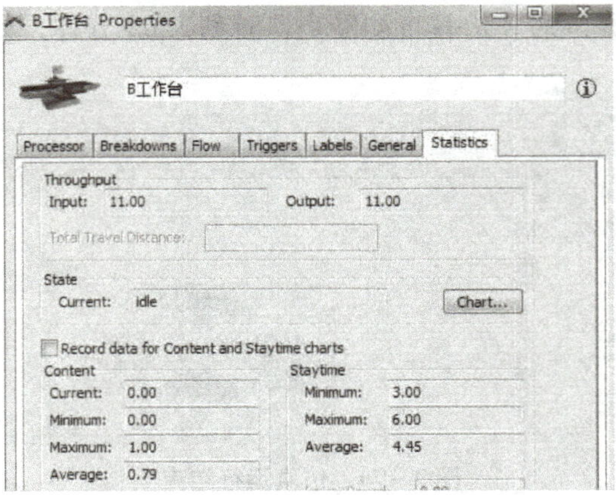

图 3－73　B 工作台的平均服务时间

3）A 工作台的使用率，见图 3－74。A 工作台的使用率为 82.3%。

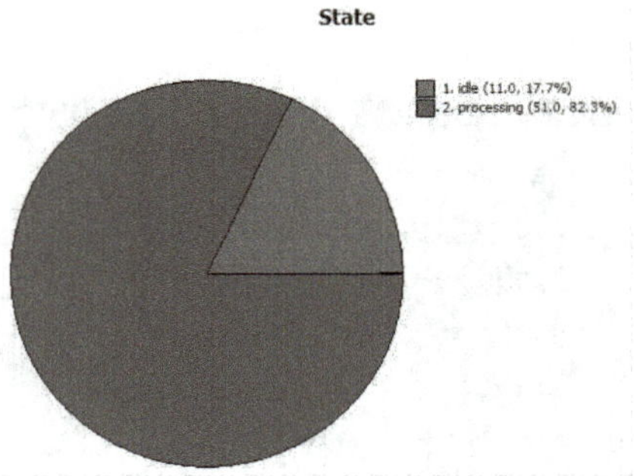

图 3－74　A 工作台的工作效率

4）B 工作台的使用率，见图 3－75。B 工作台的使用率为 79.0%。

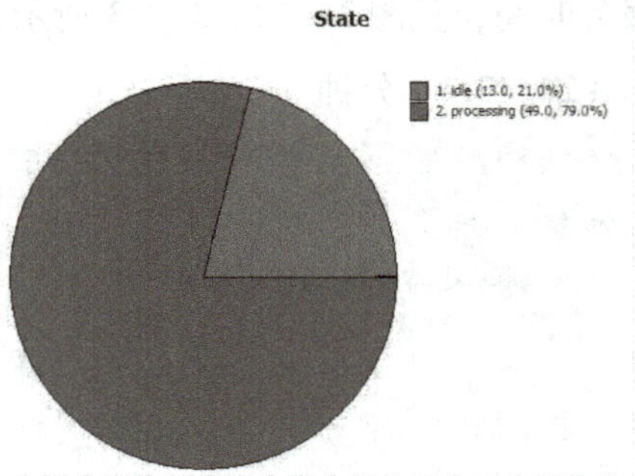

图 3－75　B 工作台的工作效率

⑤两种仿真方法的结果对比，见表 3－13。

表3－13 两种仿真方法对比分析

	全部加油车辆的平均排队时间（分钟）	加油车辆的平均被服务时间（分钟）	A工作台的使用率（%）	B工作台的使用率（%）
手工仿真	0.42	3.81	90.32	69.35
计算机仿真	0.31	3.85	82.3	79.0

经过上表对比可发现，两种仿真结果不一致。记录计算机仿真的全部过程，可发现两个工作台的服务过程，如表3－14所示。

表3－14 计算机仿真过程解析 单位：分钟

顾客	到达间隔	到达时刻	服务随机数	A			B			排队时间
				开始服务时间	服务时间	完成服务时间	开始服务时间	服务时间	完成服务时间	
1	0	0	95	0	5	5	—	—	—	0
2	2	2	21	—	—	—	2	3	5	0
3	4	6	51	6	3	9	—	—	—	0
4	4	10	92	10	5	15	—	—	—	0
5	2	12	89	—	—	—	12	6	18	0
6	2	14	38	15	3	18	—	—	—	1
7	3	17	13	—	—	—	18	3	21	1
8	3	20	61	20	4	24	—	—	—	0
9	3	23	50	—	—	—	23	4	27	0
10	1	24	49	24	3	27	—	—	—	0
11	2	26	39	—	—	—	27	4	31	1
12	2	28	53	28	3	31	—	—	—	0
13	2	30	88	—	—	—	31	6	37	1
14	1	31	1	31	2	33	—	—	—	0
15	2	33	81	33	4	37	—	—	—	0
16	2	35	53	—	—	—	37	4	41	2
17	2	37	81	37	4	41	—	—	—	0
18	3	40	64	—	—	—	41	5	46	1
19	2	42	1	42	2	44	—	—	—	0
20	2	44	67	44	4	48	—	—	—	0

续表

顾客	到达间隔	到达时刻	服务随机数	A			B			排队时间
				开始服务时间	服务时间	完成服务时间	开始服务时间	服务时间	完成服务时间	
21	4	48	1	—	—	—	48	3	51	0
22	1	49	47	49	3	52	—	—	—	0
23	2	51	75	—	—	—	51	5	56	0
24	3	54	57	55	3	58	—	—	—	1
25	1	55	87	—	—	—	56	6	62	0
26	4	59	47	59	3	62	—	—	—	0
Σ					51			49		8

由表 3－14 可知，在计算机模拟过程中，A、B 两个工作台不执行“A、B 都空闲，A 优先被占用”的服务原则。经对比，计算机仿真的运行结果，平均等待时间少于手工仿真结果，且两个工作台的使用效率更趋合理。因此，采用计算机仿真结果是比较合理的选择。

本章思考

1. 简述排队系统的主要特征。
2. 简述库存系统的主要特征。
3. 排队系统与库存系统的研究目的有何区别?

第 4 章

简单实验模拟

第 1 节　实验一：条件中断与产品装盘仿真优化

一、实验目的

①学习如何使用任务执行器的“条件中断响应”命令，来进行装载产品的分配。

②学习如何根据客户订单进行产品的装盘。

③学习如何使用全局表来更新合成器的装盘列表。

④学习使用堆垛机及配置货架参数。

二、系统描述与系统参数

①临时实体以随机方式到达三个队列。

②临时实体按均匀分布被分配为 1、2、3 三个类型。临时实体间隔时间为 1 秒。

③所有三个队列均可以接收三种类型的临时实体。

④一台运输机从三个队列搬运临时实体到另外三个队列处，这另三个队列每个只接收一种临时实体。

⑤一台运输机可以同时搬运 5 个临时实体。

⑥运输机只能同时搬运多个相同的临时实体类型。

⑦然后，临时实体从这些队列到处理器进行处理，处理时间为 10 秒，处理器出来的产品由合成器根据客户订单装盘。客户订单如表 4 – 1 所示，客户达到的时间见表 4 – 2 所示。

⑧装盘后的产品被堆垛机运到货架上，货架层数是 5，层高 2。

⑨货架货物按照客户到达的先后顺序，依次从第一排第一列安放。

表 4-1　客户订单

	Customer1	Customer2	Customer3
Product1	6	6	6
Product2	6	6	6
Product3	6	6	6

表 4-2　客户到达时间表

	Arrival Time	Item Name	Item Type	Quantity
Arrival1	0	A	1	5
Arrival2	500	B	2	5
Arrival3	1000	C	3	30

三、建立模型

1. 模型布局

模型布局见图 4-1 所示。

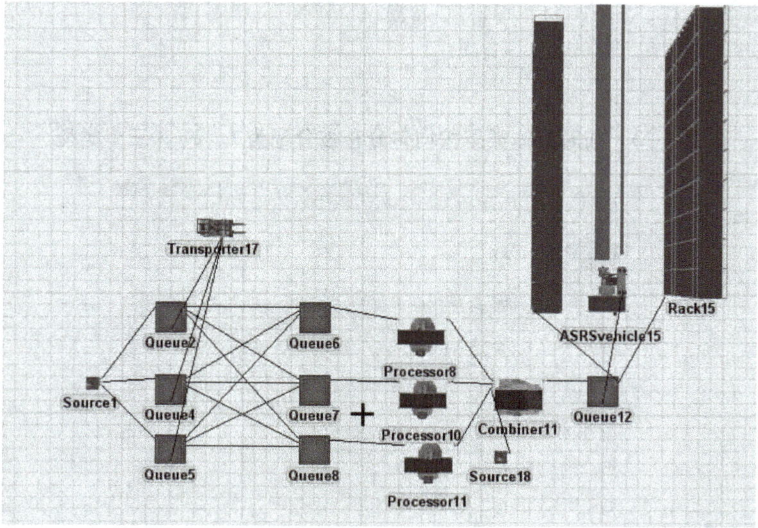

图 4-1　模型布局图

2. 参数设置

①临时实体以随机方式到达三个队列；这些临时实体类型按均匀分布被分配为 1、2、3 三个类型；临时实体间隔时间为 1 秒。具体参数设置见图 4-2、4-3、4-4。

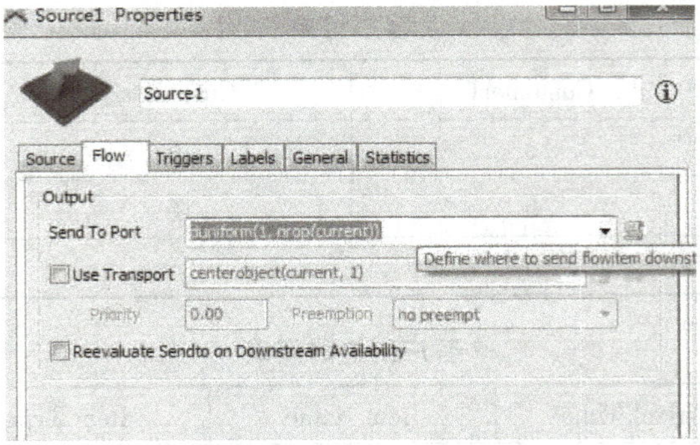

图 4－2　临时实体以随机方式到达三个队列

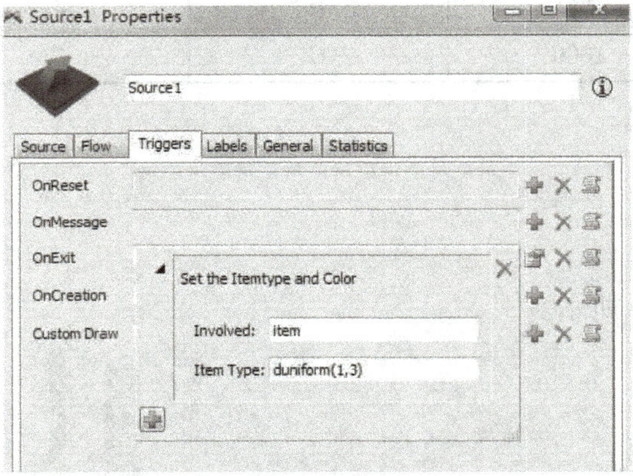

图 4－3　临时实体类型按均匀分布被分配为 1、2、3 三个类型

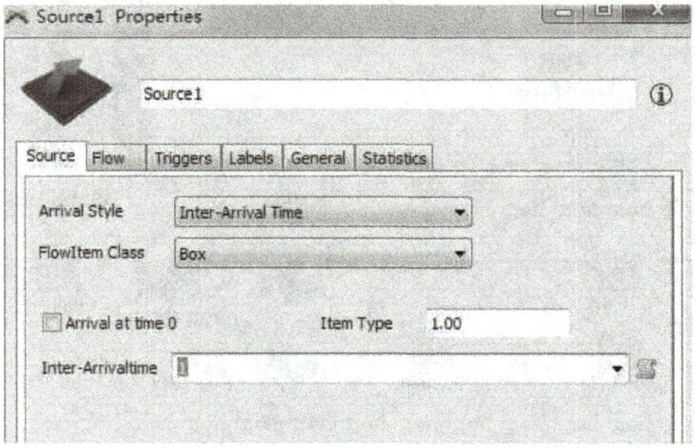

图 4－4　临时实体间隔时间为 1 秒

②一个运输机从三个队列搬运临时实体到另外三个队列处，这三个队列每个只接收一种临时实体；一台运输机可以同时搬运 5 个临时实体；运输机只能同时搬运多个相同的临时实体类型。具体设置见图 4－5、4－6、4－7。

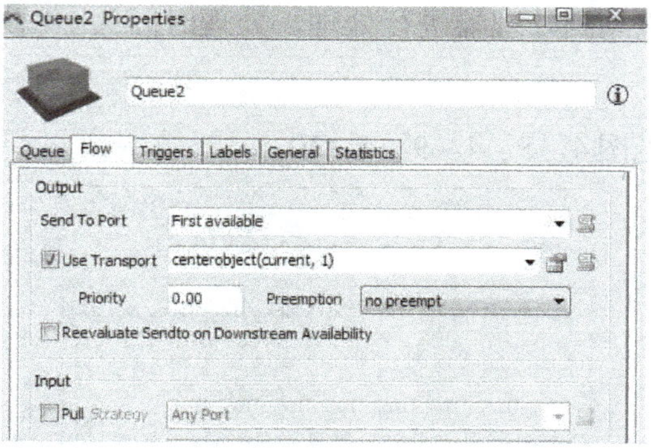

图4-5 运输机从三个队列搬运临时实体到另外三个队列处

对 Queue 4 和 Queue 5 进行相同的设置。

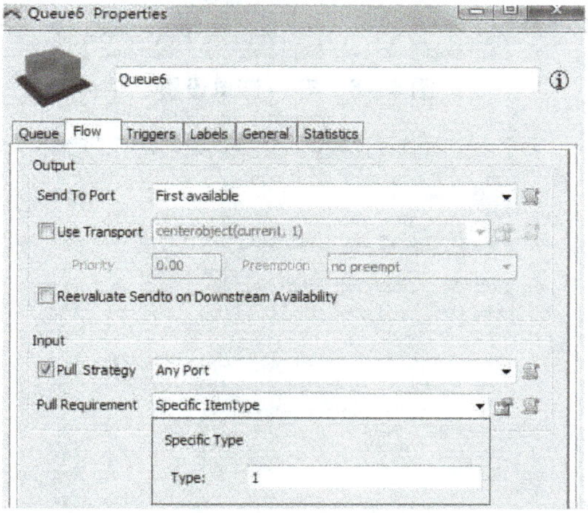

图4-6 三个队列每个只接收一种临时实体

对 Queue 7 和 Queue 8 进行类似设置，将 Type 分别设置为2 和3。

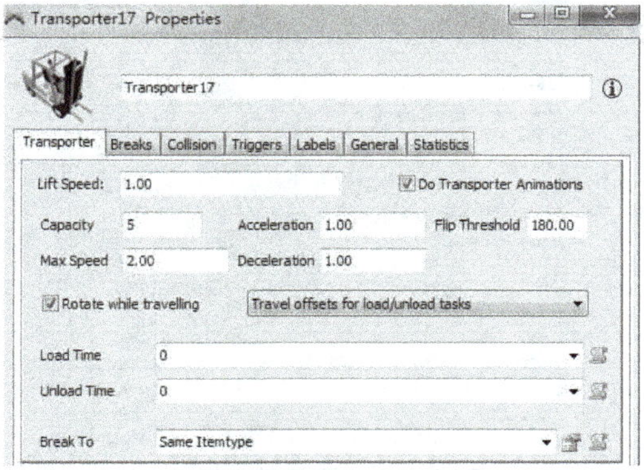

图4-7 运输机可以同时搬运五个相同临时实体

③临时实体从这些队列到处理器进行处理，处理时间为 10 秒，处理器保持默认参数即可。

④装盘。具体设置见图 4－8、4－9、4－10。

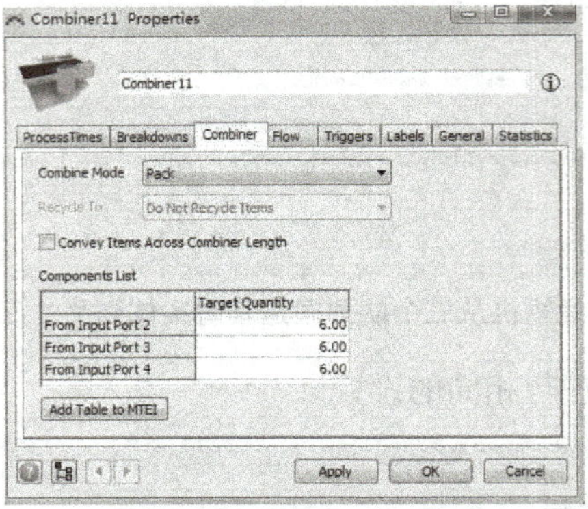

图 4－8　客户订单设置

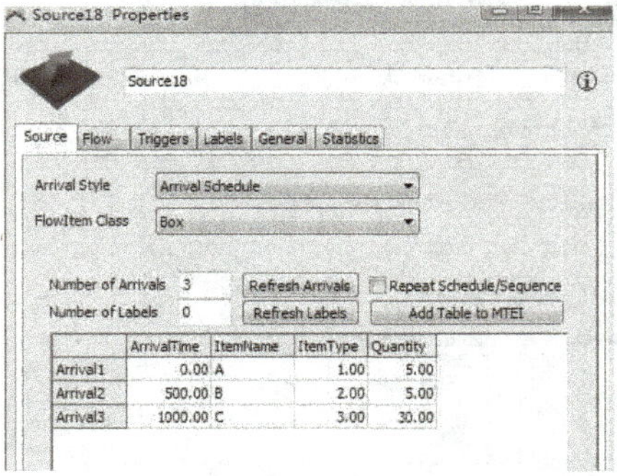

图 4－9　客户到达设置

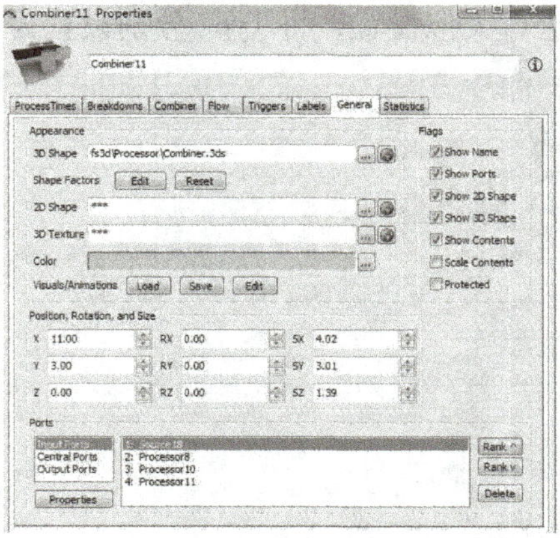

图 4－10　检查端口顺序

⑤装盘后的产品被堆垛机运到货架上，货架层数是 5，层高为 2；货架货物按照客户到达的前后顺序，依次从第一排第一列安放。具体设置见图 4－11、4－12、4－13。

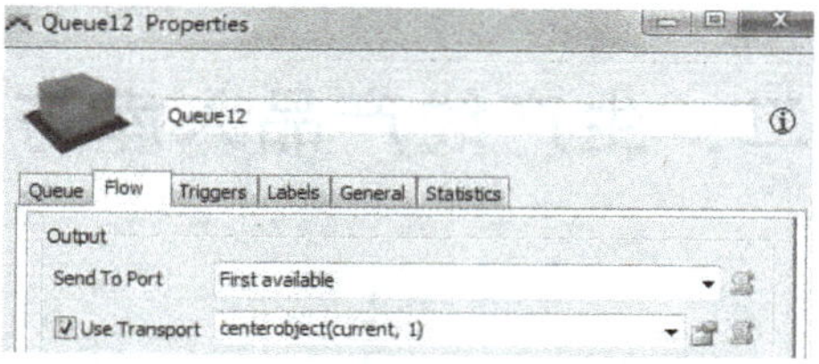

图 4－11　产品被堆垛机运到货架

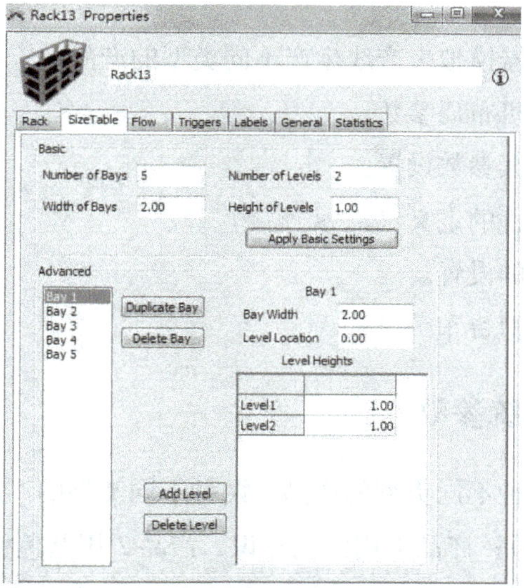

图 4－12　货架层数是 5，层高 2

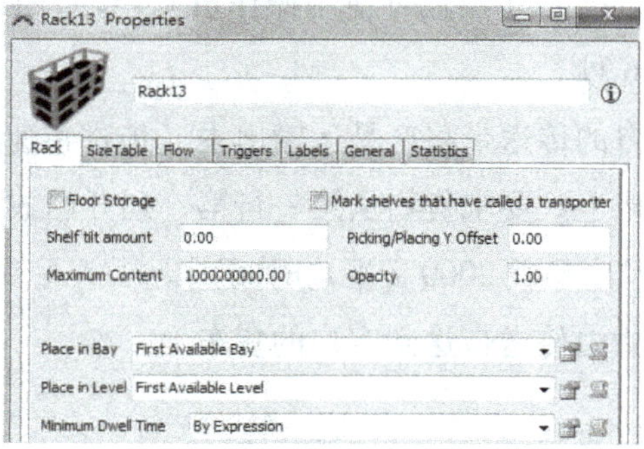

图 4－13　产品放置顺序为第一排第一列

Rack15 按图 4－11 和图 4－12，进行相同设置。

⑥运行。

第2节　实验二：生产线产品入库与出库仿真优化

一、实验目的

①学习如何使用发生器模拟生产线生产不同类型的产品。

②学习如何配置传送机布局参数。

③学习使用堆垛机及其参数设置。

④学习入库、出库流程的定义（a、s连接）。

⑤学习使用货架参数的设置。

⑥学习使用吸收器模拟货车。

二、系统描述与系统参数

①两条生产线生产两种不同类型的产品，两种不同类型的产品将按照正态分布时间间隔到达（均值20，方差5）；产品1用红色标识，产品2用紫色标识。

②两种产品被送到暂存区1和暂存区2。每个暂存区的产品由一个操作员协助搬运产品到检测装置上，并先预置产品（预置时使用操作员），预置时间为2秒。预置结束后进入检测过程，检测时间为6秒。

③检测完成后通过各自的传送带将产品运输出去（传送带速度为2米/秒），在传送带末端由堆垛机放到两排货架上。要求货物从第一行第一列开始放置，最小停留时间服从指数分布［位置参数是0，尺度参数2000（平均时间）］。

④从货架上取出的货物由传送带送到客户的货车上。

三、建模步骤

1. 模型布局

模型布局如图4－14所示。

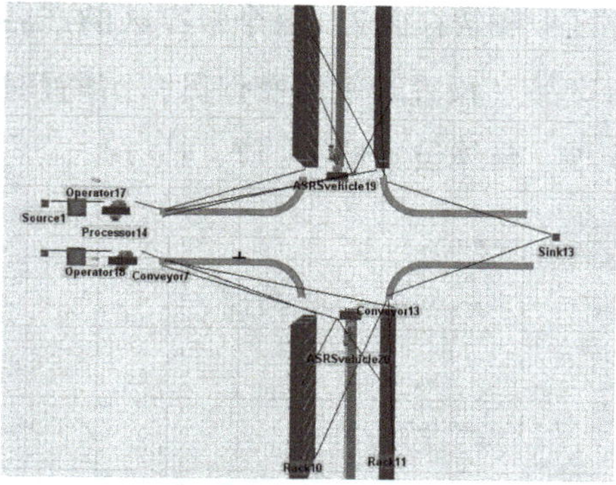

图 4－14　模型布局图

2. 参数设置

①两条生产线生产两种不同类型的产品，两种不同类型的产品将按照正态分布时间间隔到达（均值 20，方差 5）；产品 1 用红色标识，产品 2 用紫色标识。具体设置见图 4－15、4－16。

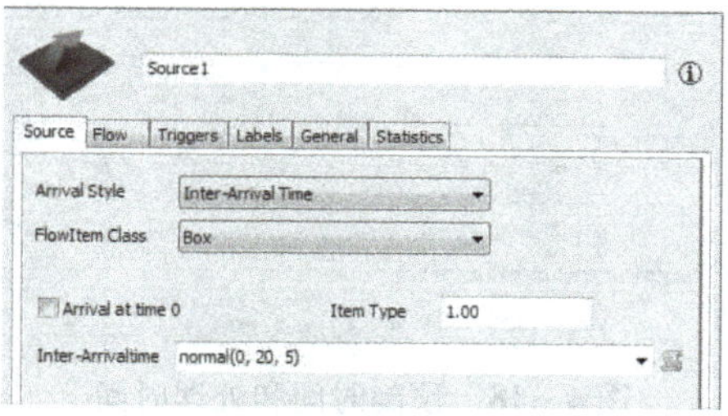

图 4－15　产品到达

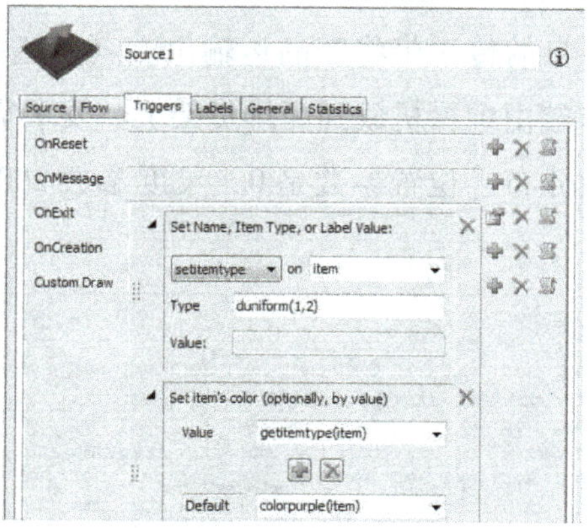

图 4－16　产品类型和颜色

对另一发生器进行相同设置。

②两种产品被送到暂存区 1 和暂存区 2。每个暂存区的产品由 1 个操作员协助搬运产品到检测装置上，并先预置产品（预置时使用操作员），预置时间为 2 秒。预置结束后进入检测过程，检测时间为 6 秒。具体设置见 4－17、4－18。

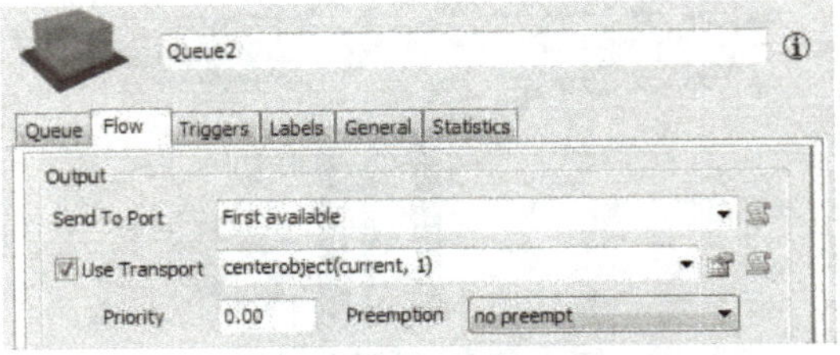

图 4－17　使用操作员

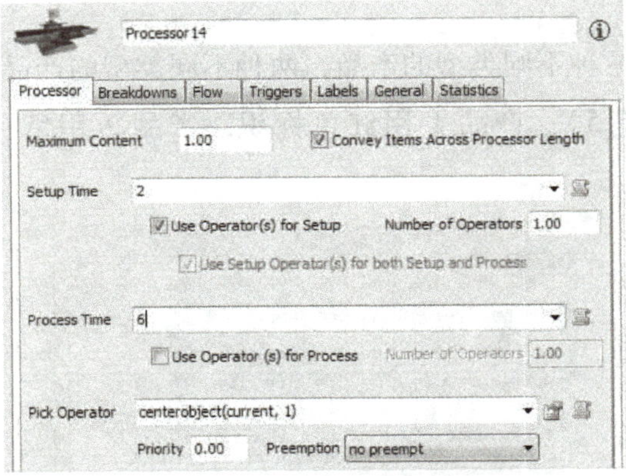

图 4－18　预制时间和处理时间

对 Queue 3、Processor 16 进行对应设置。

③检测完成后，通过各自的传送带将产品运输出去（传送带速度为 2 米/秒，具体设置见图4－19），在传送带末端由堆垛机放到两排货架上。要求货物从第一行第一列开始放置，最小停留时间服从指数分布［位置参数是 0，尺度参数 2000（平均时间），具体设置见图4－20］。

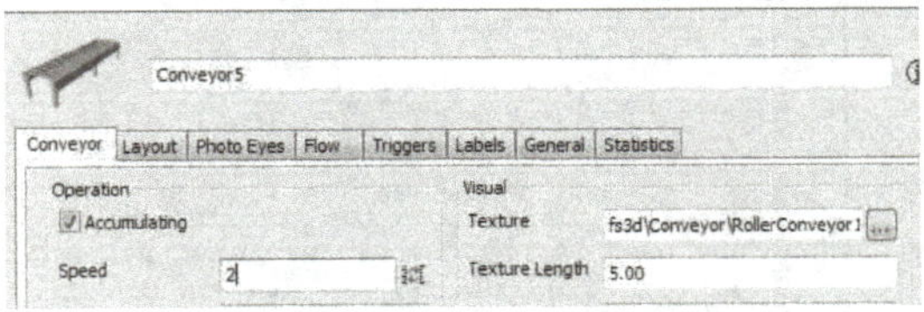

图 4－19　传输速度

对其他传送带进行同样设置。

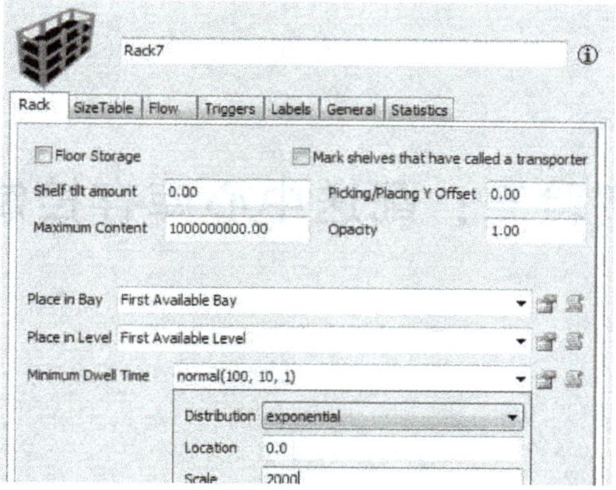

图 4 – 20　最小停留时间

对其他货架进行相同设置。

参照实验一，完成使用堆垛机以及货物放置要求的设置。

④运行。

第 3 节　实验三：配送中心库存控制仿真优化

一、实验目的

①学习如何根据库存数控制产品出入库的参数设置。

②学习如何分析统计数据，并计算出该配送中心的即时库存成本和利润。

③学习如何根据既定目标，对现有模型进行改善。

二、问题描述与系统参数

配送中心从三个供应商进货，向三个生产商发货。

①供货商（三个）：当三个供应商各自供应的产品在配送中心的库存小于 10 件时开始生产，库存大于 20 件时停止生产。供应商 1 和供应商 2 分别以 4 小时/件的效率向配送中心送产品，供应商 3 提供一件产品的时间服从 3 ~6 小时均匀分布。

②配送中心发货：当三个生产商各自的库存大于 10 件时停止发货。当生产商 1 的库存量小于 2 时，向该生产商发货；当生产商 2 的库存量小于 3 时，向该生产商发货；当生产商 3 的库存量小于 4 时，向该生产商发货。

配送中心成本和收入：进货成本 3 元/件；供货价格 5 元/件；每件产品在配送中心的存货成本为每 100 小时 1 元。

③生产商（三个）：三个生产商均连续生产。生产商 1 每生产一件产品需要 6 小时；生产商 2 每生产一件产品的时间服从 3 ~9 小时的均匀分布；生产商 3 每生产一件产品的时间服从 2 ~8 小时的均匀分布。

三、建立模型

1. 模型布局

该配送中心的库存控制仿真模型布局如图 4 –21 所示。

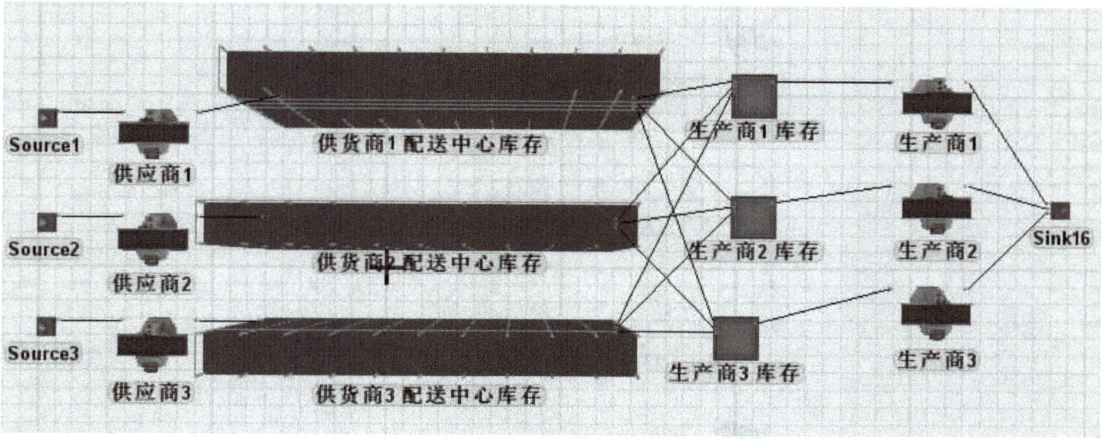

图 4－21　模型布局图

注：为便于大家理解，模型中的实体名称已经进行了相应修改，设置方式这里不进行赘述。

2. 参数设置

①供货商（三个）：当三个供应商各自供应的产品在配送中心的库存小于 10 件时开始生产，库存大于 20 件时停止生产。供应商 1 和供应商 2 分别以 4 小时/件的效率向配送中心送产品，供应商 3 提供一件产品的时间服从 3～6 小时均匀分布。具体设置见图 4－22。

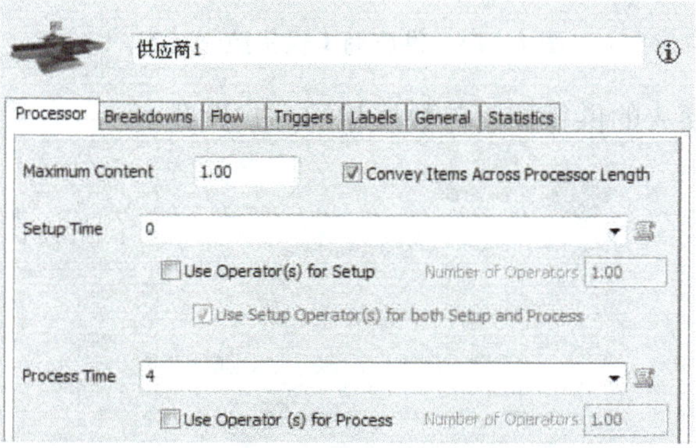

图 4－22　供应商 1 供应产品的时间分布设置

供应商 2 和供应商 3 的产品供应时间分布，按相同方式设置。

②配送中心发货：当三个生产商各自的库存大于 10 件时停止发货。当生产商 1 的库存量小于 2 时，向该生产商发货；当生产商 2 的库存量小于 3 时，向该生产商发货；当生产商 3 的库存量小于 4 时，向该生产商发货。具体设置见图 4－23、4－24、4－25、4－26。

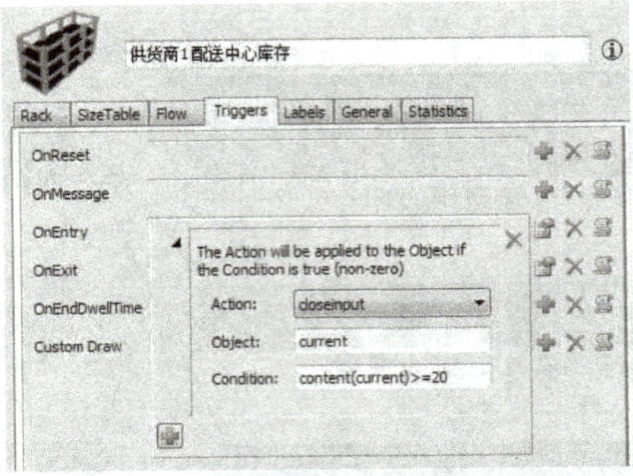

图 4－23　供应商 1 供货控制（1）

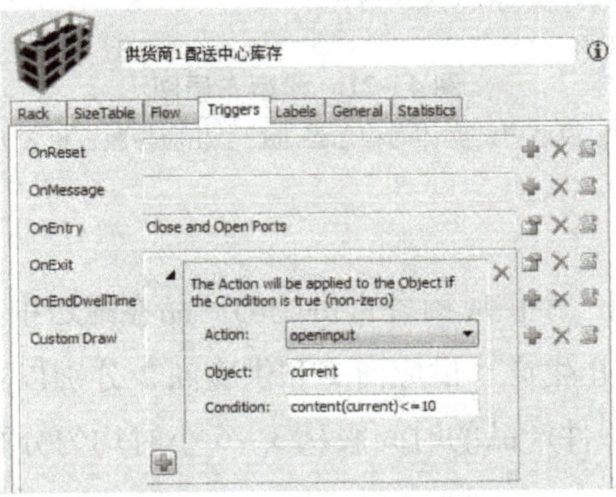

图 4－24　供应商 1 供货控制（2）

供应商 2 和供应商 3 的供货控制参数按相同方式设置。

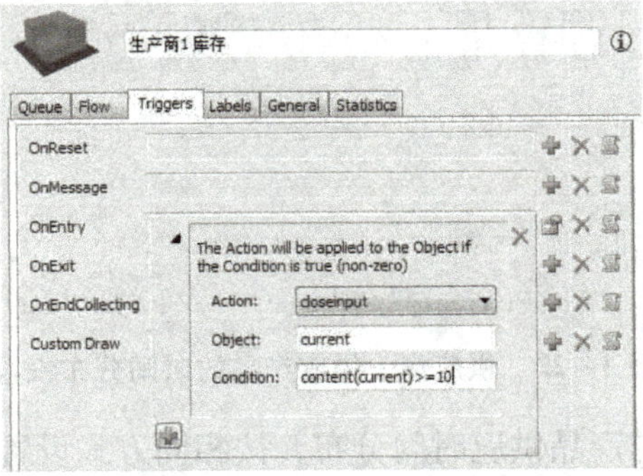

图 4－25　配送中心发货至生产商 1 库存控制设置（1）

生产商 2 库存和生产商 3 库存的来货控制参数按相似方式设置。

③生产商（三个）：三个生产商均连续生产。生产商 1 每生产一件产品需要 6 小时；生产商 2 每生产一件产品的时间服从 3～9 小时的均匀分布；生产商 3 每生产一件产品的

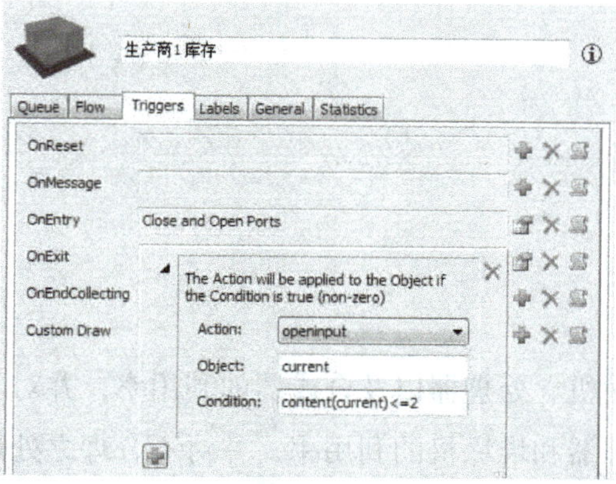

图 4－26　配送中心发货至生产商 1 库存控制设置（2）

时间服从2～8小时的均匀分布。具体设置见图 4－27。

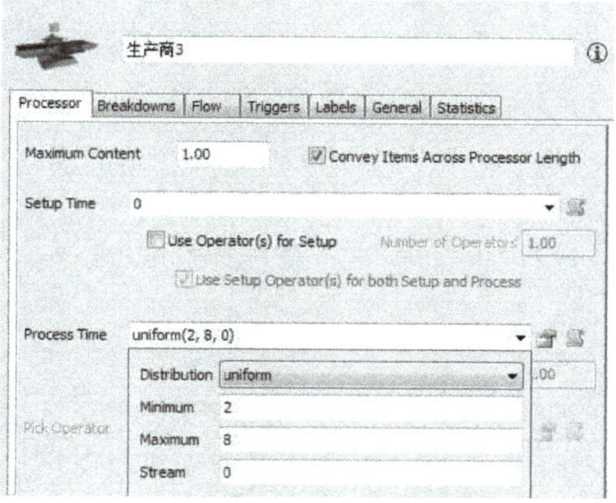

图 4－27　生产商 3 参数设置

生产商 1 和生产商 2 的参数按相似方式设置。

④运行。

本章思考

1. 分析第 1 节中运输机、处理器以及合成器的利用率，并对不合理之处进行优化。

2. 分析第 2 节中处理器和堆垛机的利用率，并对不合理之处进行优化。

3. 统计第 3 节中的仿真数据，并计算出该配送中心的即时库存成本和利润，之后对不合理之处进行优化。

第 5 章

混合流水线系统建模仿真与分析

第1节　混合流水线系统概述

一、混合流水线的概念

多对象流水线生产有两种基本形式。一种是可变流水线，其特点是：在计划期内，按照一定的间隔期，成批轮番生产多种产品；在间隔期内，只生产一种产品，在完成规定的批量后，转生产另一种产品。另一种是混合流水线，其特点是：在同一时间内，流水线上混合生产多种产品。按固定的混合产品组组织生产，即将不同的产品按固定的比例和生产顺序编成产品组，一个组一个组地在流水线上进行生产。

二、混合流水线的特点

1. 混合流水线是多品种、小批量、流水化生产的一种生产方法

混合流水线是一种装配流水线，是适用于多品种、小批量生产的一种生产组织方法。但它是借用大量生产方法，即流水生产方法组织多品种、小批量生产并形成流水化，从而形成的一种生产方法。多品种、小批量组织生产的难度大，经济效益低。采用了大量流水生产方法，组织混合流水线，可使多品种、小批量生产的经济效益大大提高。在多品种、小批量生产条件下采用混合流水线，要具备一个条件，就是在混合流水线上装配的品种虽然很多，但都是相似的产品，而且它们所采用的零部件的标准化、通用化程度比较高。如果标准化、通用化程度不高，将增大组织混合流水线的难度，甚至是不可能的。

一般说来，多品种流水线有两种组织形式：可变流水线和混合流水线。我们大多对可变流水线比较熟悉，而对混合流水线不太熟悉。可变流水线与混合流水线主要有以下三点不同。

（1）流水线上品种的搭配方式不同

可变流水线上，各品种是成批轮番搭配的。混合流水线上，各品种是单个混合搭配的，取消了批量的概念。两种搭配方式分别见图5－1、5－2。所以，混合流水线在任何时

刻都有两种以上的产品在同时进行装配，而可变流水线只能有一种产品在生产。

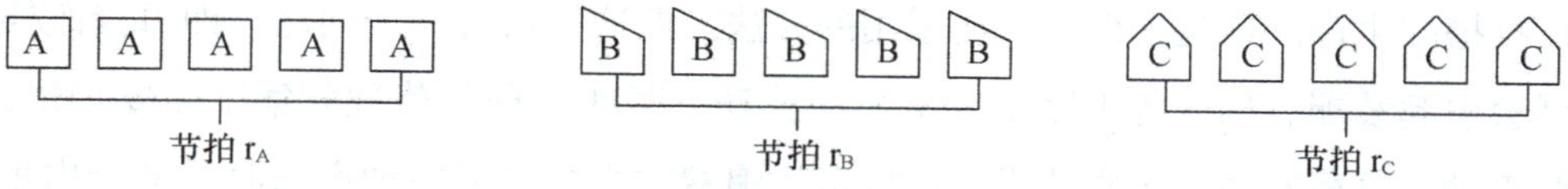

图5－1 可变流水线的搭配方式

注：节拍 r_A、r_b、r_C 是随品种的改变而改变。

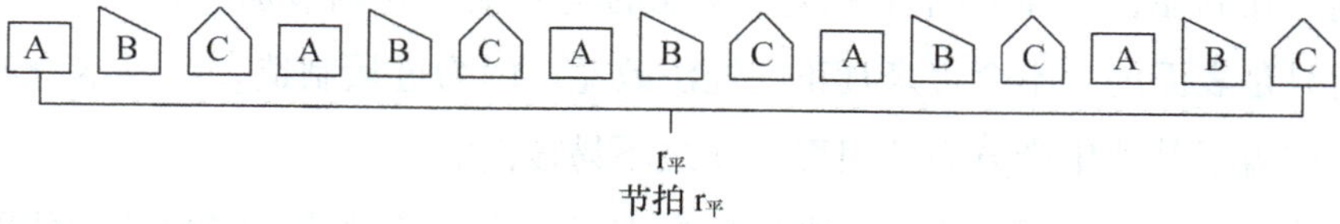

图5－2 混合流水线品种搭配方式

注：固定节拍（各品种的平均节拍）。

（2）流水线节拍的可变性不同

可变流水线节拍随品种而变，每一品种都按自己的节拍组织生产。混合流水线节拍是固定的，线上各品种都按统一节拍组织生产。所以，混合流水线也叫固定节拍多品种混合流水线，可变流水线也叫可变节拍多品种成批生产流水线。

（3）工序同期化的程度不同

可变流水线要求工序同期化程度较高，即线上每一品种的各工序定额时间都要与该品种的节拍相等或成整数倍。这样，才能组织连续式装配流水线。混合流水线工序同期化程度很低，但却能实现按产量、品种工时组织全面均衡化生产，可同时做到在制品占用量相当低且工人工时利用率相当高。

2. 组织混合流水线的目的在于提高多品种、小批量生产的经济效益

多品种、小批量生产一般是直接根据订单组织生产。为了满足用户提出的交货期、品种、数量等方面的要求，企业要实行多品种搭配生产、混合流水装配。多品种搭配生产、混合流水装配可使厂内生产对产品销路的变化具有更好的灵活性和适应性，但这还不是组织混合流水线的最主要目的。因为要满足交货期，不一定必须按图5－2的方式一台台地混合搭配，也可以进行小批量搭配。组织混合流水线的主要目的，在于消除生产中的浪费，降低成本，提高多品种、小批量生产的经济效益。

均衡生产是提高生产经济效益的前提条件，也是它的基础。多品种、小批量生产的难度，在于难以实现均衡生产，尤其难以实现产量、品种工时全面均衡化生产。需要找出使多品种、小批量生产实现均衡化的方法。一个简单的方法，是将相同规格的产品集中起来进行成批搭配生产。这是一般工厂所采用的方法。但这样做有一个问题，即每当改换品种时，就会引起装配、加工各工序工人负荷的波动。某些工种负荷过分集中需要加班加点，而某些工种又负荷不满甚至没活干，造成窝工浪费。当换上另一种产品时，又会出现相反的情况。这就导致生产线要经常调整，生产难于均衡。为了使每一工种都有活干，常常不得不大量制造在制品，用加大储备来换取装配的均衡生产并调节加工各工序的忙闲不均。但这种均衡只是表面的，不会带来真正的经济效益。因为过量制造，不仅本身就是一种浪费，而且还掩盖了其他生产方面的浪费，使之不易被消除。

因此，需要改变装配线上集中成批搭配的方式，要打破批量，实行各品种单台混合搭配。如图 5－2，在整个搭配过程中形成多个投入循环，每经过一个循环就出产 A、B、C 三台产品；同时通过流水线平衡，又使各工序工人负荷达到饱满。这样，在各个投入循环之间就能做到产量、品种工时都实现均衡化生产。实行混合流水线装配不仅可以促使上道加工阶段有效地按照装配需要的时间、品种、和数量进行零件和生毛坯的生产，而且在改换品种时，各个工作之间的负荷不会出现波动。厂内实行严格的按需生产，可减少在制品储备量，防止过量制造。实行混合流水装配以后，工人可按工序实行专业化装配。专业分工不仅大大提高了装配效率、节约了装配面积，而且还为装配机械化创造了条件。

第 2 节　混合流水线系统仿真案例

一、问题描述与模型参数

案例描述：一个工厂有 5 个不同的车间（普通车间、钻床车间、铣床车间、磨床车间和检测车间），加工三种类型产品。每种产品都要按工艺顺序在 5 个不同的车间完成 5 道工序。

假定在保持车间逐日连续工作的条件下，仿真在多对象生产中采用不同的投产顺序，用来生产给定数量的三种产品。通过改变投产顺序使产量、品种、工时和负荷趋于均衡，来减少时间损失。

如果一项作业在特定时间到达车间，发现该组机器全都忙着，该作业就在该组机器处排入一个 FIFO 规则的队列的暂存区；如果有前一天没有完成的任务，第二天继续加工。

仿真系统相关数据如表 5－1、5－2、5－3 所示。

表 5－1　　车间配备　　单位：台

	普通车间	钻床车间	铣床车间	磨床车间	检测车间
机器数量	3	3	2	3	1

表 5－2　　加工时间　　单位：分钟

	普通机床	钻床	铣床	磨床	检测
产品 1	5	5	4	4	6
产品 2	4	4	3	4	3
产品 3	4	5	3	4	1

表 5－3　　产品数量

	总数（个）	每批量（个）	时间间隔（分钟）
产品 1	1000	10	3
产品 2	500	5	3
产品 3	200	2	3

图5－3给出了混合流水线系统概念模型。

图5－3　混合流水线系统概念模型

二、建模步骤

双击桌面上的Flexsim图标打开软件，打开编辑界面。

1. 模型实体设计

表5－4　　实体元素图

模型元素	系统元素	备　注
Flowitem	原料	不同实体类型代表不同类型的原料，分别标为1、2、3
Processor	机器	进行不同的参数定义以表征不同机器组中的机器
Queue	机器组暂存区	
Conveyor	传送带	
Source	原材料库	原材料的始发处
Sink	成品库	原料加工后的最终去处

2. 在模型中生成所有实体

从左边的实体库中依次拖拽出所有实体（1个Source，5个Queue，12个Processor，1个Conveyor，1个Sink）放在右边模型视图中，调整至适当的位置，如图5－4所示。

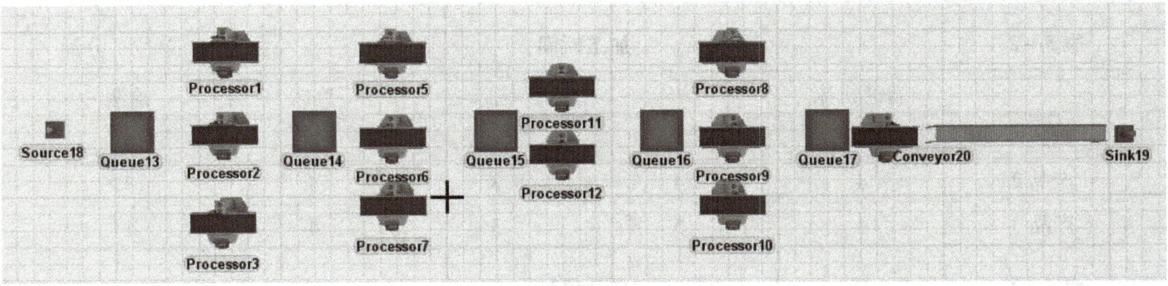

图5－4　拖出所有实体

3. 修改名称

为了更方便地读懂模型，我们通常会修改实体的名称，以符合实际情况。

鼠标左键双击最左边的暂存区，弹出实体属性的对话框，在最上方的名称栏里修改成相应的名称，如图 5-5 所示。

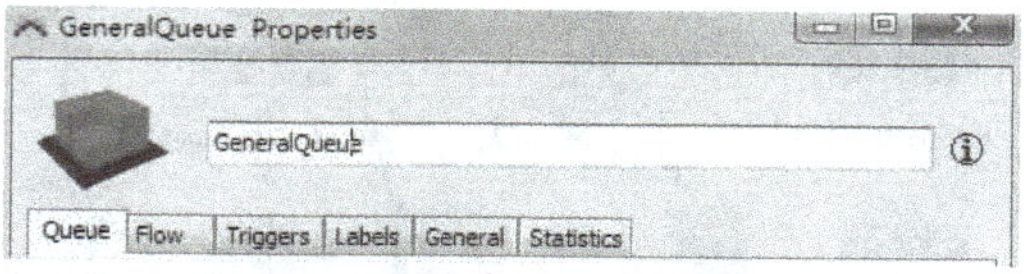

图 5-5 修改名称

点击 OK 后确认修改。

对于其他需要修改的实体，我们也进行同样的操作，参见图 5-6。

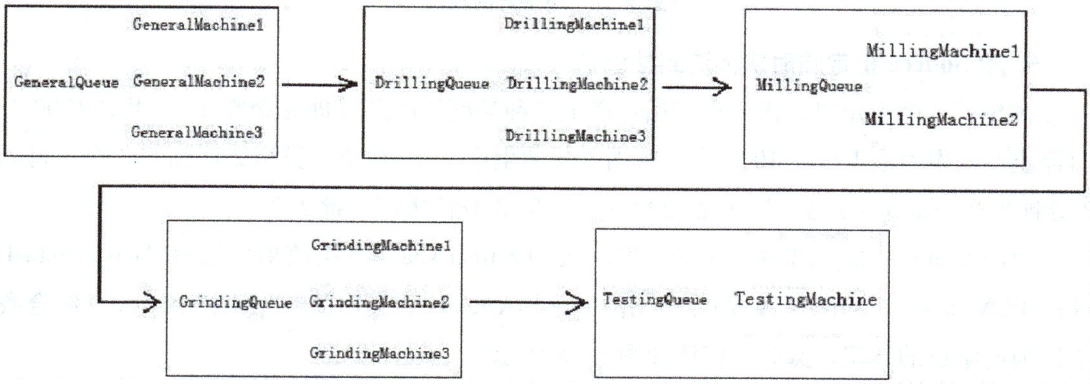

图 5-6 相应的加工名称图

4. 连接端口

下一步是根据流动实体的路径来连接不同实体的端口。

按住键盘上的"A"键，与前面章节的操作一样，按上图中的箭头所指向依次连接各个实体。分别（注意方向）从 Source 连到 GeneralQueue，GeneralQueue 连到 GeneralMachine1，GeneralQueue 连到 GeneralMachine 2，GeneralQueue 连到 GeneralMachine3，GeneralMachine1 连到 DrillingQueue，GeneralMachine2 连到 DrillingQueue，GeneralMachine3 连到 DrillingQueue，DrillingQueue 连到 DrillingMachine1，DrillingQueue 连到 DrillingMachine2，DrillingQueue 连到 DrillingMachine3，DrillingMachine1 连到 MillingQueue，DrillingMachine2 连到 MillingQueue，DrillingMachine3 连到 MillingQueue，MillingQueue 连到 MillingMachine1，MillingQueue 连到 MillingMachine2，MillingMachine1 连到 GrindingQueue，MillingMachine2 连到 GrindingQueue，GrindingQueue 连到 GrindingMachine1，GrindingQueue 连到 GrindingMachine2，GrindingQueue 连到 GrindingMachine3，GrindingMachine1 连到 TestingQueue，GrindingMachine2 连到 TestingQueue，GrindingMachine3 连到 TestingQueue，TestingQueue 连到

TestingMachine，TestingMachine 连到 Conveyor，Conveyor 连到 Sink。完成的模型见图 5－7。

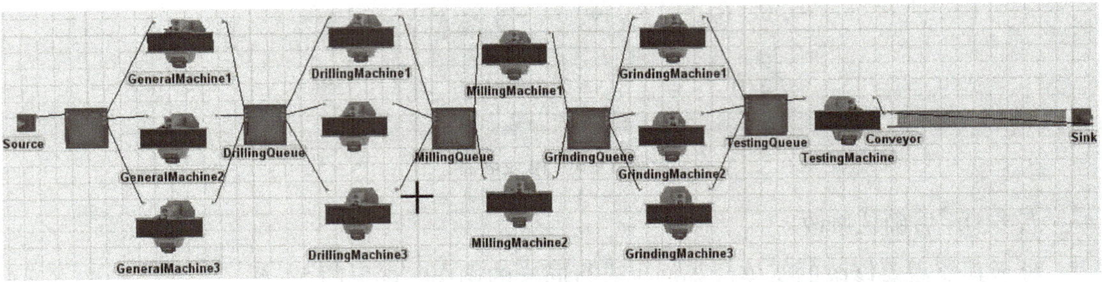

图 5－7　连接好的模型

5. 给 Source 指定临时实体流到达参数

在 Source 的设定里，需要让其循环产生三种类型的产品（即流动实体），共计 1700 个时停止。其中类型 1 产品 1000 个，每隔 3 分钟生产一批 10 个；类型 2 产品 500 个，每隔 3 分钟生产一批 5 个；类型 3 产品 200 个，每隔 3 分钟生产一批 2 个。

双击 Source，在弹出的属性窗口里，从 FlowItem Class 下拉菜单中选择 Arrival Schedule，把 Number of arrivals 改成 4，点击 Refresh Arriyals 后会刷新产生 4 栏 Arrival，结合我们以前所学过的知识，修改后应该如图 5－8 所示。

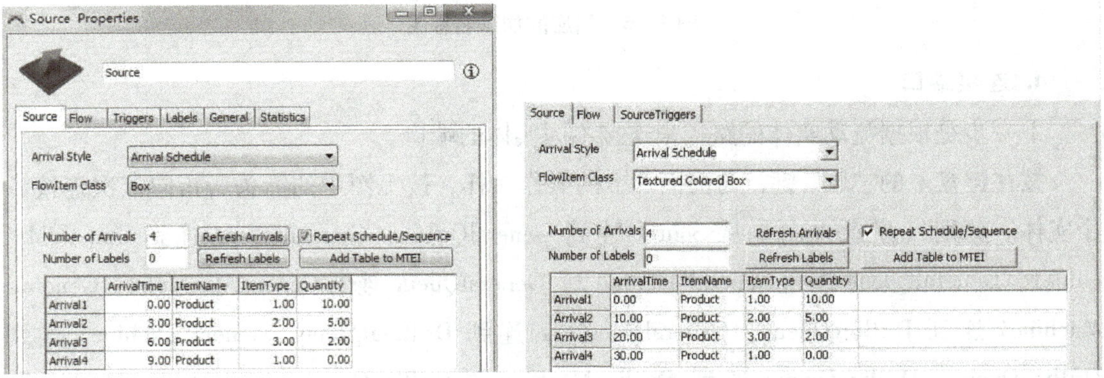

图 5－8　调整产品到达信息

Arrival 1 栏表示在 0 时刻生成 10 个类型 1 的产品，Arrival 2 栏表示在 3 分钟时生产 5 个类型 2 的产品，Arrival 3 栏表示在 6 分钟时生成 2 个类型 3 的产品，Arrival 4 栏表示在 9 分钟时不生成 0 个类型 1 的产品（这是为了在循环产生产品时，不使 Arrival 4 和后一批生成的 Arrival 1 时间重叠）。

注意一定要把右边的 Repeat Schedule/Sequence 选上钩，否则不会循环产生流动实体。

为了在仿真时更好地观察模型，我们给每种不同类型的产品设定一种不同的颜色。在 Source Triggers 的 On Creation 下拉菜单里，我们选择 Set Color by Itemtype，见图5－9。

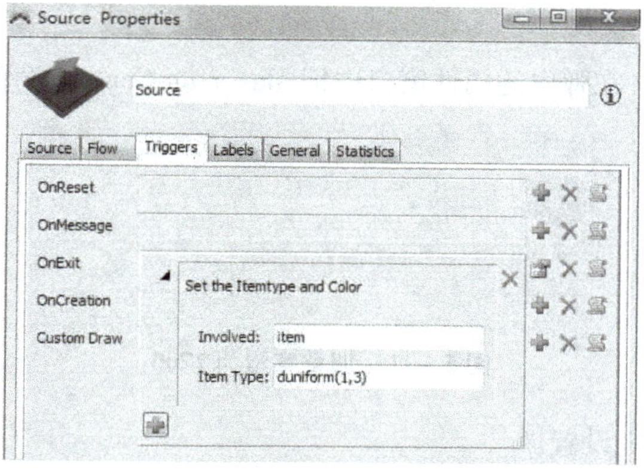

图5－9　为不同类型的产品设置不同的颜色

接下来，我们设定当总共产生1700个产品时，Source 自动停止生成产品。我们在 Source Triggers 栏的 On Exit 里，选择下拉菜单的 Close and Open Ports 选项，在弹出的小窗口里将 true 改成 getoutput（current）＝＝1699（表示当前离开流动实体的前一个流动实体为第1699个），将 closeinput 改成 closeoutput（关闭 Source 的输出口），见图5－10。

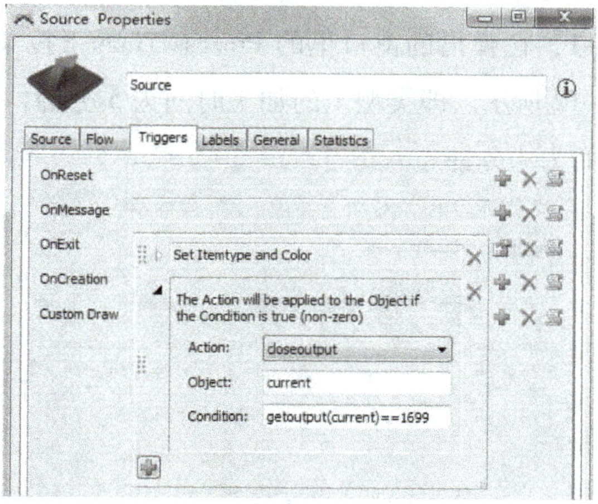

图5－10　设置关闭规则

点击相应的 OK 按钮后，我们就完成了对 Source 的设定。

6. 给暂存区 GeneralQueue 设定参数

为使整个系统正常工作，所有的暂存区必须容纳足够多的产品，以保证前一级加工完的产品不至于因为没有地方可以存放而使得前一级的工作区不能正常工作。

总共需加工 1700 个产品，所以我们可以把所有的暂存区的容量都设为 1700 个，这样就不会发生阻塞了。

双击 GeneralQueue，在弹出的属性窗口中把 Maximum Content 设置为 1700，见图5－11。

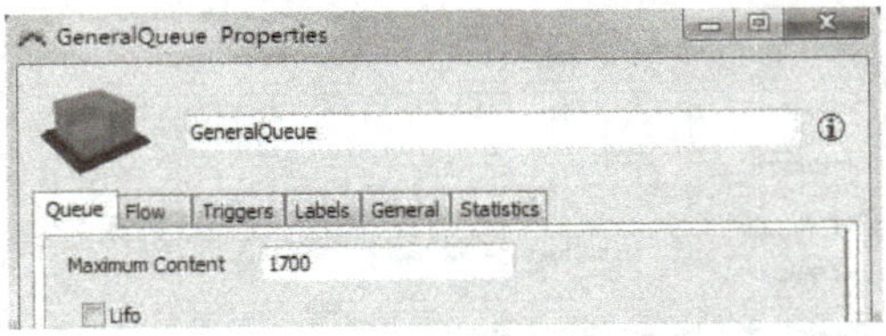

图 5－11　调整容量为 1700

点击 OK 按钮后确定设置。

用同样的操作设置其他几个暂存区 DrillingQueue、MillingQueue、GrindingQueue、TestingQueue，把它们容量都改为 1700 个。

7. 给普通车间处理器组设定参数

先说 GeneralMachine 组。其关键点在于加工时间的设定：类型 1 产品加工时间为 5 分钟，类型 2 产品的加工时间为 4 分钟，类型 3 产品的加工时间为 4 分钟。

双击 GeneralMachine1，在弹出的窗口里的 Process Time 下拉菜单栏里选择 Values By Case，并修改，如图 5－12 所示。即类型 1 的加工时间为 5 分钟，类型 2 的加工时间为 4 分钟，类型 3 的加工时间为 4 分钟。

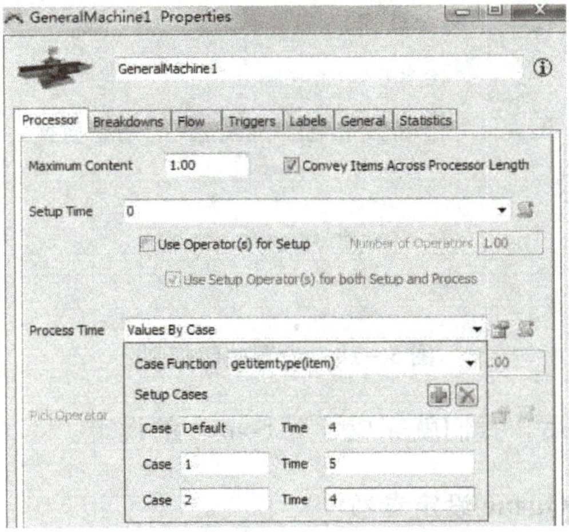

图 5－12　选择、设置加工时间

点击所有 OK 按钮后完成对 GeneralMachine1 的设置。

对 GeneralMachine2 和 GeneralMachine3 进行与上面完全一致的操作设置。

8. 给钻床车间处理器组设定参数

先说 DrillingMachine 组。其关键点在于对加工时间的设定：类型 1 产品的加工时间为 5 分钟，类型 2 产品的加工时间为 4 分钟，类型 3 产品的加工时间为 5 分钟。

双击 DrillingMachine1，在弹出窗口的 Process Time 下拉菜单栏里选择 Values By Case，并修改，如图 5－13 所示。

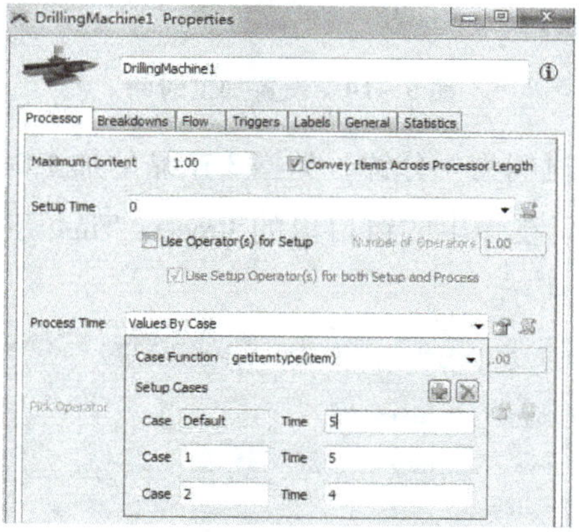

图 5－13　设置加工时间

点击所有 OK 按钮后，完成对 DrillingMachine1 设置。

对 DrillingMachine2 和 DrillingMachine3 进行与上面完全一致的操作设置。

9. 给铣床车间处理器组设定参数

先说 MillingMachine 组。其关键点在于对加工时间的设定：类型 1 产品的加工时间为 4 分钟，类型 2 产品的加工时间为 3 分钟，类型 3 产品的加工时间为 3 分钟。

双击 MillingMachine1，在弹出窗口的 Process Time 下拉菜单栏里选择 Values By Case，并修改，如图 5－14 所示。

点击所有 OK 按钮后，完成对 MillingMachine1 的设置。

对 MillingMachine2 进行与上面完全一致的操作设置。

10. 给磨床车间处理器组设定参数

先说 GrindingMachine 组。其关键点在于对加工时间的设定：类型 1 产品的加工时间为

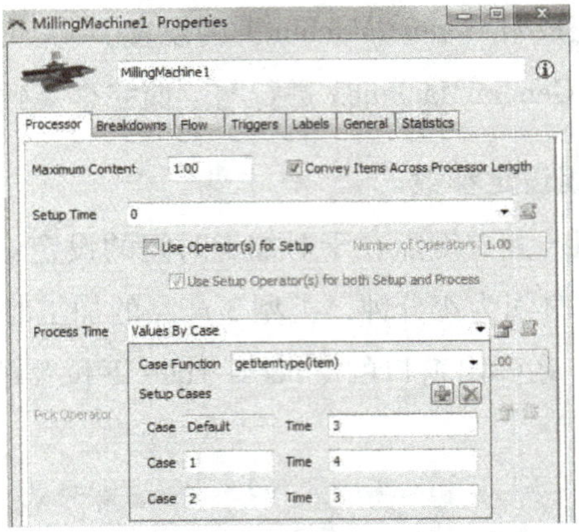

图 5－14　设置加工时间

4 分钟，类型 2 产品的加工时间为 4 分钟，类型 3 产品的加工时间为 4 分钟。

双击 GrindingMachine1，在弹出的窗口里的 Process Time 下拉菜单栏里选择 Values By Case，并修改，如图 5－15 所示。

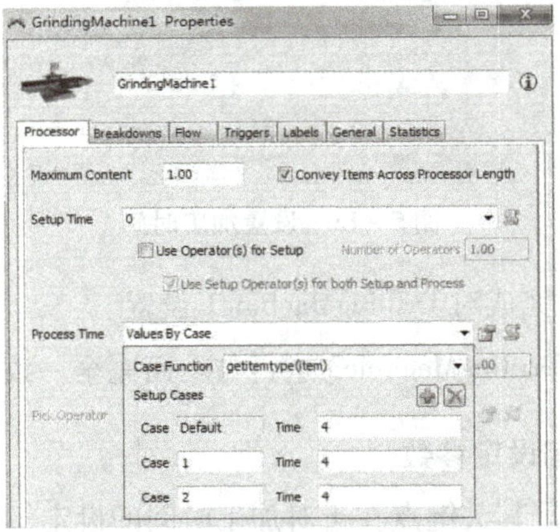

图 5－15　设置加工时间

点击所有 OK 按钮后完成对 GrindingMachine1 的设置。

对 GrindingMachine2 和 GrindingMachine3 进行与上面完全一致的操作设置。

11. 给测试车间处理器组设定参数

最后设置 TestingMachine。其关键点在于对加工时间的设定：类型 1 产品的加工时间为 6 分钟，类型 2 产品的加工时间为 3 分钟，类型 3 产品的加工时间为 1 分钟。

双击 TestingMachine，在弹出窗口的 Process Time 下拉菜单栏里选择 Values By Case 并

修改，如图 5 – 16 所示。

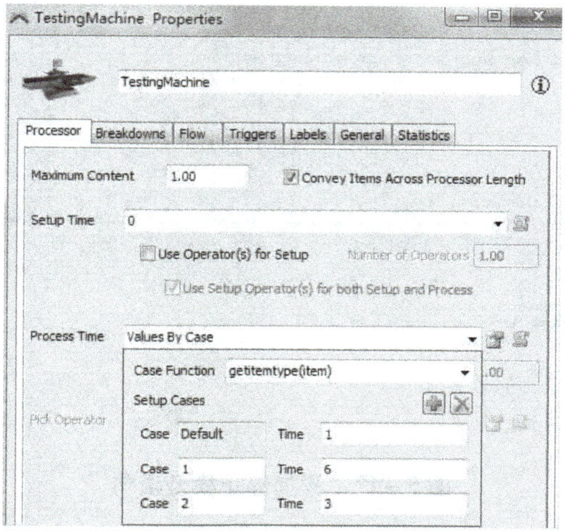

图 5 – 16　设置加工时间

点击所有 OK 按钮后，完成对 TestingMachine 设置。

12. 设置模型停止时间

Flexsim 的默认设置是不会自动停止模型的，而在本案例中，是加工固定总数的产品，所以我们需要进行相应设置，使得在处理完所有产品后，模型自动停止。

本模型中，我们可以在传送带 Conveyor 处设置，使得第 1700 个产品离开传送带进入 sink 时，模型自动停止。

鼠标左键双击 Conveyor，在弹出的属性窗口里选择 Triggers 栏，点击最后的 On Convey End 其右边的 ，弹出其代码编辑窗口，加入如下语言“if（getoutput（current）= = 1699）stop（）;”（即当 Conveyor 送走第 1700 个产品时，模型自动停止仿真），如图5 – 17 所示。

点击相应 OK 后完成设定。

至此，一个完整的模型就全部建立好了。

三、模型运行

1. 编译

按一下主视窗的 Compile 按钮。完成编译过程后就可以运行模型了。

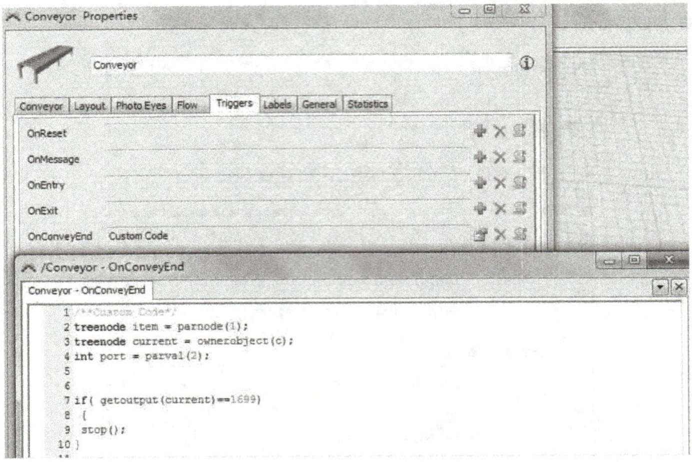

图 5 – 17　添加停止模型语句

图 5 – 18　主视窗上的运行控制按钮

2. 重置模型

为了在运行模型前设置系统和模型参数的初始状态，总是要先点击主视窗底部的 Reset 键。

3. 运行模型

按 Run 按钮使模型运行起来。

仿真进行过程中，可以看到红、绿、蓝三种不同颜色的产品从系统中流过，经过不同机器组的加工，最后离开系统，如图 5 – 19。

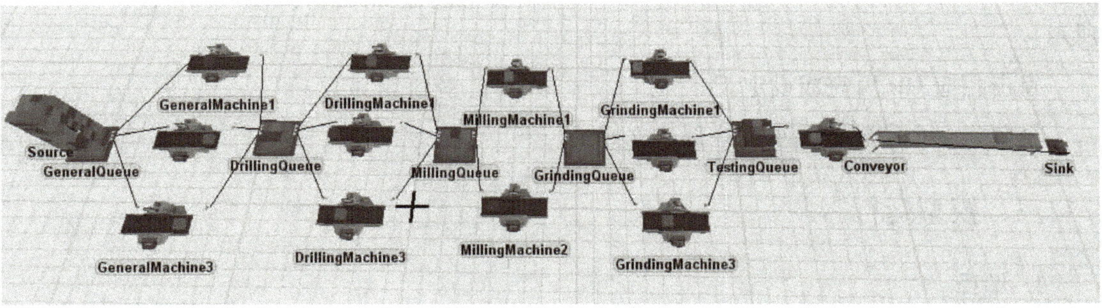

图 5 – 19　仿真场景

4. 加快仿真模型运行速度

如果我们只是关心仿真结果而对仿真的过程不感兴趣，则我们可以加快仿真速度，迅速得到结果。

如图5－20，鼠标左键一直按住比例尺，移动到合适的比例位置，就可以迅速得到结果。

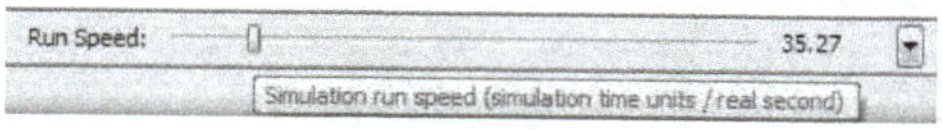

图5－20　仿真速度控制比例条

四、运行结果分析与改进

当仿真运行自动结束后，我们打开 Flexsim 的工具栏里 Stats 目录下的 Standard Report 选项，如图5－21所示。

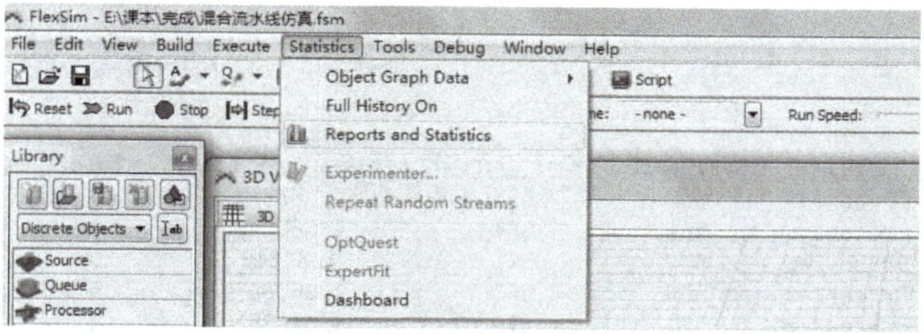

图5－21　打开标准报告栏

我们通过 >> 来增加、<< 来减少需要输出的报告内容，使得报告包含6个方面的数据：idle 是空闲时间，processing 是工作时间，blocked 是产品在设备等待时间，stats_ staytimeavg 是平均停留时间，stats_ input 是输入产品数，stats_ output 是输出产品数。设置完成后，如图5－22所示。

点击 Generate Report 后，生成如图5－23所示表格。

从图5－23中我们可以很方便地看到总运行时间是5757分钟，以及各个设备的输入/输出产品数、处理时间等信息。

由图5－23中还可以发现，TestingQueue 中等待加工的产品等待时间最长。我们可以认为这是整个加工系统的主要瓶颈，如果要提高整体产出率，那么首先需要添加 TestingMachine 机器组的机器。除了 TestingMachine 机器组，GeneralQueue 的平均等待时间也很长，因此也是需要改善的。

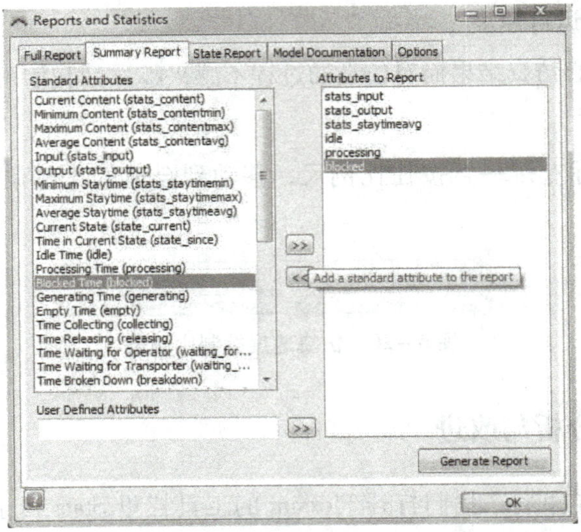

图 5－22　增加或减少所需要生成的报告内容

Flexsim Summary Report							
Time:	5757						
Object	Class	stats_input	stats_output	stats_staytimeavg	idle	processing	blocked
GeneralMachine1	Processor	565	565	4.352212	0	2459	0
GeneralMachine2	Processor	564	564	4.365248	0	2462	0
GeneralMachine3	Processor	571	571	4.30648	0	2459	0
DrillingMachine1	Processor	567	567	4.666667	5	2646	0
DrillingMachine2	Processor	570	570	4.640351	5	2645	0
DrillingMachine3	Processor	563	563	4.694494	5	2643	0
GrindingMachine1	Processor	567	567	4	584	2268	0
GrindingMachine2	Processor	567	567	4	586	2268	0
GrindingMachine3	Processor	566	566	4	586	2264	0
MillingMachine1	Processor	850	850	3.343529	8	2842	0
MillingMachine2	Processor	850	850	3.338824	10	2838	0
TestingMachine	Processor	1700	1700	3.371765	15	5732	0
GeneralQueue	Queue	1700	1700	780.118824	0	0	0
DrillingQueue	Queue	1700	1700	93.799412	0	0	0
MillingQueue	Queue	1700	1700	96.352353	0	0	0
GrindingQueue	Queue	1700	1700	0.087059	0	0	0
TestingQueue	Queue	1700	1700	1433.848235	0	0	0
Source	Source	0	1700	0	0	0	4854
Sink	Sink	1700	0	0	0	0	0
Conveyor	Conveyor	1700	1700	10	0	0	0

图 5－23　所生成的报告

本章思考

1. 按照混合流水线系统仿真的步骤，改变 1、2、3 类型产品的投产顺序，输出相应的仿真报告，并对比各项相关数据，从中选出最佳方案。

2. 除了在本文混合流水线系统案例中所讲的主要瓶颈，其实系统还存在很多可以改善的地方，请指出并说明理由。

3. 在优化的过程中适当添加工作组机器，并找到一种比较完善的生产配备方案。

4. 采用 Experimenter 或者 Optquest 找到最优方案。

第 6 章

仓储系统建模仿真与优化

第1节　仓储概述

仓储作业是指从商品入库到商品发送出库的整个仓储作业全过程，主要包括入库流程、在库管理和出库流程等内容。

一、入库作业

商品入库作业的整个过程包括商品接运、商品入库验收、办理入库交接手续等一系列业务活动，其中入库包括商品接运、入库商品验收、货物检验、办理入库手续等作业。

1. 商品接运

商品接运是指仓库对于通过铁路、水运、公路、航空等方式运达的商品，进行接收和提取的工作。接运的主要任务是准确、齐备、安全地提取和接受商品，为入库验收和检查做准备。接运的方式主要有车站码头提货、铁路专用线接车、自动提货和库内提货等。

2. 入库商品验收

验收是指仓库与配送中心在物品正式入库前，按照一定的程序和手续，对到库物品进行数量和外观质量的检查，以验证它们是否符合订货合同规定的一项工作。

商品验收过程包括商品验收准备工作、核对凭证、确定验收比例、实物检验、记录及问题的处理等阶段。

验收准备包括人员、资料、器具、货位、设备等的准备。其中人员及设备准备包括各项检验、验收人员的准备及装卸搬运机械、设备的准备。器具准备包括准备相应的检验工具，并做好事前检查，以及收集、熟悉验收凭证及有关资料。最后进行货位准备，即为确定验收入库时商品的存放货位，准备堆码苫垫所需材料。

进口物资或上级业务主管部门指定需要检验质量者，应通知有关检验部门会同验收。核对凭证入库商品必须具备下列凭证：货主提供的入库通知单和仓储合同；供货单位提供的验收凭证，包括材质证明书、装箱单、磅码单、发货明细表、说明书、保修卡及合格证等；承运单位提供的运输单证，包括提货通知单和登记货物残损情况的货运记录、普通记录以及公路运输交接单等。

3. 货物检验

货物检验包括数量检验、质量检验和包装检验。

（1）数量检验

按商品性质和包装情况，数量检验分为三种形式，即计件、检斤和检尺求积。

①计件法：按件数供货或以件数为计量单位的商品，在做数量验收时应清点件数。

②检斤法：按重量供货或以重量为计量单位的商品，做数量验收时应称重。

③检尺求积法：检尺求积是对以体积为计量单位的商品，例如木材、竹材、沙石、金属等，先检尺，再据密度求体积后的数量做验收工作。

凡是经过数量检验的商品，都应该填写磅码单。在做数量验收之前，还应根据商品来源、包装好坏或有关部门规定，确定对到库商品是采取抽验还是全验方式。

对于大批量、同包装、同规格，较难损坏的物品，质量较高、可信赖的物品，可以采用抽验的方式检验，抽检比例控制在 5% ~15% 。但是在抽查中若发现不符合要求的物品较多时，应扩大抽查范围，甚至全验。

对于小批量、包装规格不统一、价值大、梅雨季节生产的、技术不稳定、入库前存储时间较长或已发现有部分变质的物品，应全部采用全验的方式。

（2）质量检验

质量检验包括外观检验、尺寸检验、机械物理性能检验和化学成分检验 4 种形式。仓库一般只做外观检验和尺寸检验，后两种检验如果有必要，则由仓库技术管理职能机构取样，委托专门检验机构检验。

（3）包装检验

凡是产品合同对包装有具体规定的，要严格按规定验收。对于包装的干潮程度，一般是用眼看、手摸方法进行检查。

4. 办理入库手续

入库手续主要是指交货单位与库管员之间所办理的交接工作。其中包括：商品的检查核对，事故的分析、判定，双方认定，在交库单上签字。仓库一面给交货单位签发接收入库凭证，并将凭证交给会计、统计入账、登记；一面安排仓位，提出保管要求。

(1) 交接手续

交接手续中包括接受物品、文件和签署单证。其中签署单证指的是向供货单位表明货物已经签收的凭证，若有短缺则会成为货主与供货单位交涉的依据。

(2) 登账

建立“实物保管明细账”（名称、规格、数量、件数、累计数或者结存数、存货人或提货人、批次、金额等），遵循“一物一页”原则。

(3) 立卡

货物入库或上架后，将货物名称、规格、数量或出入状态等内容填在物料卡上，称为立卡。

物料卡又称为货卡、货牌、料签、料卡等，插放在货架上货物下方的货架支架上或摆放在货垛正面明显位置。物料卡按照其作用，可以分为货物状态卡和商品保管卡。货物状态卡表明货物所处的业务状态和阶段，可以分别被设置为待检、待处理、合格、不合格等状态。商品保管卡又可分为标识卡和存储卡，标识卡表明货物名称、规格、供应商、批次等，存储卡主要用于表明入、出库状态。

二、商品存储

1. 定位储存

定位储存是指每一件商品都有固定的储位，在存储时不可互相窜位。针对不同物理、化学性质的货物须控制不同的保管储存条件，或防止不同性质的货物互相影响；重要物品须重点保管；适合多品种、少批量货物的存储。在采用定位储存时，要注意每一项货物的储位容量必须大于其可能的最大在库量。采用定位储存方式易于对在库商品进行管理，提高作业效率，减少搬运次数；缺点是需要占用较多的储存空间。

2. 随机储存

随机储存是根据库存货物及储位使用情况，随机安排和使用储位，各种商品的储位是随机产生的。这种存储方式适合储存空间有限以及商品品种少而体积较大的情况。由于共同使用储位，故可提高存储区空间的利用率，但也会增加货物出入库管理及盘点工作的难度。而且周转率高的货物可能被储放在离出入口较远的位置，增加出入库搬运的工作量；有些可能发生物理、化学影响的货物被相邻存放，易造成货物的损坏或发生危险。

3. 分类储存

分类储存是指对所有货物按一定特性加以分类，每一类货物固定其储存位置，同类货物不同品种又按一定的法则来安排位置的存储方法。有如下特征的物品比较适合分类存储：商品相关性大，进出货比较集中；货物周转率差别大；商品体积相差大。分类储存便于按周转率高低来安排存取，具有定位储放的优点；分类后各储存区域再根据货物的特性选择储存方式，有助于货物的储存管理。分类储存的缺点是储位必须按各类货物的最大在库量设计，因此储区空间的平均使用率仍然低于随机存储。

4. 分类随机储存

分类随机储存是指每一类商品有固定的存放储区，但各储区内，每个储位的指定是随机的。其优点是具有分类储存的部分优点，又可节省储位数量，提高储区利用率；其缺点是货物出入库管理特别是盘点工作较困难。

5. 共同储存

共同储存是指在确切知道各货物进出仓库确定时间的前提下，不同货物共用相同的储位。这种储存方式在管理上较复杂，但储存空间利用更高效，且可节省搬运时间。

三、商品编码

商品编码方式包括顺序编码和赋义编码。顺序编码又称流水号编码，从0或1开始；赋义编码指的是赋予编码一定含义。商品编码的方法包括阿拉伯数字法、英文字母法和暗示法等。

下面就用两个例子来具体讲解编码的含义。

例如FO4915B1：FO表示FOOD，食品类；4915表示4×9×15，尺寸大小；B表示B区，商品存储区号；1表示第一排货架。

例如BY26WB10：BY表示自行车（Bicycle），26表示大小型号为26号，W表示白色（White），B表示小孩型（baby），10表示供应商的代号。

1. 货位编码

在商品保管过程中，根据储位编号可以对库存商品进行科学合理的养护，有利于对商品采取相应的保管措施；在商品收发作业过程中，按照储位编号可以迅速、准确、方便地进行查找，不但提高了作业效率，而且减少了差错。货位编码图见图 6－1。

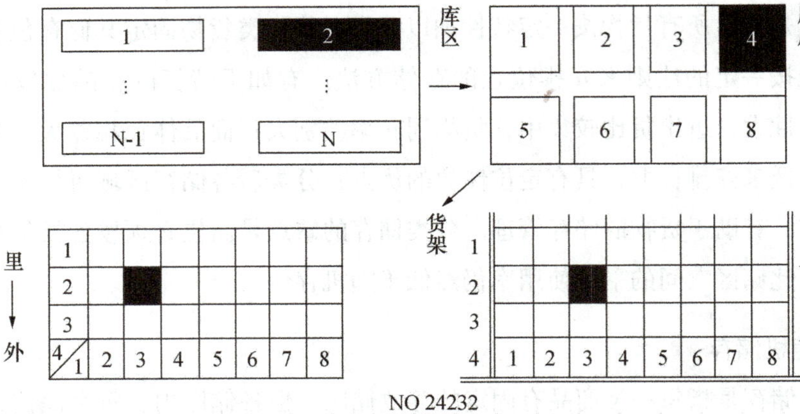

图 6－1　货位编码图

如用地址法进行货位编码可按如下顺序：货场—货区—层次—货架。

通过货位编码能够及时登账和进行计算机输入，同时当货位发生变化时，能够及时改变编码。在进行货位编码的时候为了提高货位利用率，同一货位可以存放不同规格的商品，但需配备区别明显的标志，以免产生误差。

2. 区段法

区段的区域大小据物流量大小而定。区段法商品编码适用于单元化、量大、保管期短的物品。区段法图见图 6－2。

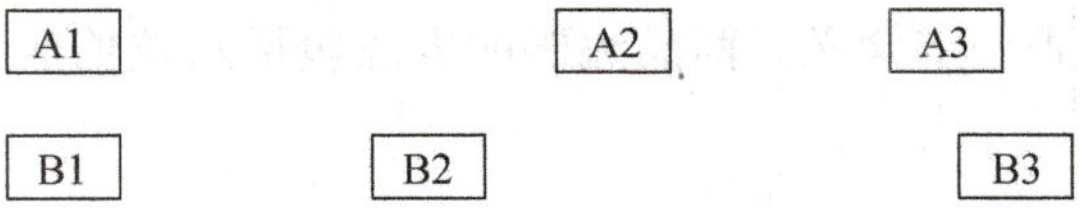

图 6－2　区段法图

四、商品盘点与检查

在仓储作业过程中，商品处于不断地进库和出库过程中，在作业过程中产生的误差经过一段时间的积累，会使库存资料反映的数据与实际数量不相符。为了对库存商品的数量进行有效控制，并查清商品在库房中的质量状况，必须定期对各储存场所进行清点作业，这一过程我们称之为盘点。盘点作业的具体流程见图 6－3。

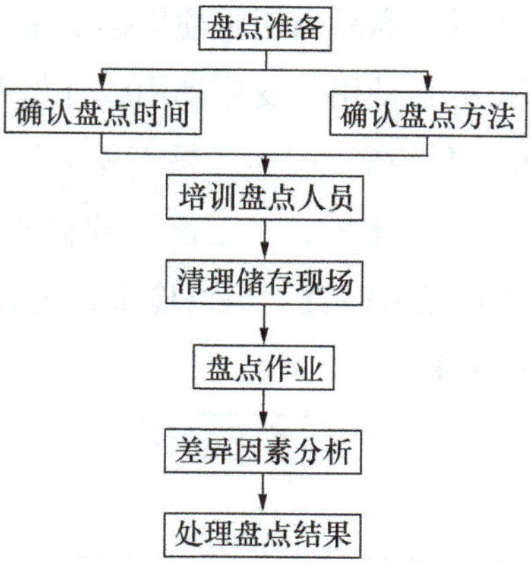

图6-3 盘点作业流程

盘点方法包括账面盘点法和现货盘点法，其中现货盘点法又包括期末盘点法和循环盘点法。

1. 账面盘点法

账面盘点法是将每一种商品分别设立存货账卡，然后将每一种商品的出入库数量及有关信息记录在账面上，逐笔汇总出账面库存结余数。这样做的好处是随时可以从电脑或账册上查悉商品的出入库信息及库存结余量。

2. 现货盘点法

①期末盘点法。一个小组通常至少需要三人，分别负责清点数量并填写盘存单，复查数量并登记复查结果，核对前两次盘点数量是否一致并对不一致的结果进行检查。

②循环盘点法。对价值高或重要的商品通常采用循环盘点法，相比一些普通商品，检查的次数多且监督也严密一些。

在盘点结束之后要对盘点结果进行处理。处理的手段包括：账货差异在允许范围内，由仓库负责人审核、批准核销，超出范围则要查明原因，一般有磅差、保管损耗、计量差错等；对废次品、不良品减价的部分，视为盘亏；针对库存周转率低、所占金额大的商品，应设法降低库存；盘点完成后，对各种结果应及时处理；账外物品（未经正式入账或已核销待运的在库商品）应与库存商品及时区分。

五、商品出库

发运是商品储存阶段的终止，也是仓库作业的最后一个环节，它由仓储部门与交运部门以及商品使用单位直接发生关系。商品出库必须依据由库管或货主开具的商品调拨通知单，其他任何情况下仓库都不得擅自动用、变相动用或外借库存商品。

商品在进行出库作业的同时要做到“三不三核五检查”。“三不”指的是未接单据不翻账，未经审核不备货，未经复核不出库；“三核”即核实凭证，核对账卡，核对实物；“五检查”即对单据和实物要进行品名检查、规格检查、包装检查、件数检查和重量检查。

出库作业的具体流程见图 6－4 所示。

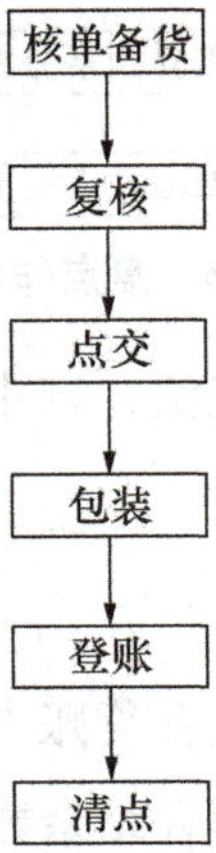

图 6－4　出库作业流程图

第 2 节　仓储设施简介

一、仓库的分类

1. 按使用范围分类

①自用仓库。生产企业、批发商、商店、军队自建的仓库，多属自用仓库。这类仓库一般用来保管或储存自己生产用的原材料、燃料、工具、备用品、待出售的各种商品或军队的战备物资、武器弹药等。生产资料和粮食等国家储备物资也多使用自用仓库。

②营业仓库。面向社会提供仓储服务而修建的仓库为营业仓库。如我国原商业系统、物资系统、外贸系统以及供销合作社系统中的储运公司或物流企业拥有的仓库都属于这一类。这类仓库以出租库房和仓储设备，提供装卸、包装、送货等服务为经营目的，物流功能比较齐全，服务范围也比较广。

③公用仓库。由国家或某一经济部门修建，为社会公众提供服务的仓库为公用仓库，如火车站的货场、港口码头仓库、公路货运站仓库等。其特点是公共性、公益性强，面向各行各业、千家万户。公用仓库的功能比较单一，结构相对简单。

④农业仓库。是指面向农业，专门用于保管和储存粮食、棉花、蔬菜、水果、土畜产品等的仓库。

2. 按功能分类

①流通型仓库。流通型仓库是主要用于商品的保管、分类、中转、配送的仓库，如物流中心、配送中心等。这种类型的仓库以商品的流通中转和配送为主要功能，机械化程度比较高，周转快，保管时间短，功能齐全。

②储存型仓库。这类仓库以物资的长期保管或储备为目的，货物在库时间长，周转速度慢。除了战略储备外，为常年出国工作的高薪阶层存放高档家具、字画等贵重物品，为企事业单位存放重要档案、机密文件等的仓库也多为储存型仓库。

3. 按保管的物品分类

①综合仓库。指储存各种物资、通用商品，为社会广大用户服务的仓库。这类仓库可解决积压物资、季节时差商品以及投机性经营商品的储存。

②原料、产品仓库。生产企业用来储存备用或待用的原材料、燃料以及待销售的成品、半成品的仓库。

③专用仓库。专门储存粮食、棉花、木材、煤炭、军用物资、海产品、水果、皮毛制品等物资的仓库一般为专用仓库。顾名思义，专用仓库要求使用特殊的设施和保管手段，储存的物资在防潮、防火、防腐、防串味、防变质等方面要求严格。

④危险品仓库。用来专门储存油料、炸药、烟花爆竹、化学药品、天然气等易燃、易爆物资的仓库。为了防止意外，一般都将危险品仓库设在远离人群的偏僻地带。

⑤冷藏仓库。指储存肉类、海产品等需要保鲜的食品的仓库。

⑥恒温仓库。储存罐头、食品、水果、蔬菜、鲜花等物品的仓库为恒温仓库。在寒冷、酷热的地区和季节，上述物品均需要在恒温状态下保管。

⑦储备设备。用于粮食、棉花、武器弹药等战略物资的储备，以防自然灾害和突发事件的仓库。这类仓库一般由国家设置，货物在这类仓库中储存的时间较长，并且为保证储存物资的质量需定期更新储存的物资。

⑧保税仓库。指存放保税物资的仓库。为满足国际贸易的需要，设置在一国国土之内，但在海关关境以外的仓库叫保税仓库。外国货物可以免税进出这些仓库而无须办理海关申报手续，并且经批准后，可在保税仓库内对货物进行加工、储存、包装和整理等业务。对于划定的可对货物进行保密的一定区域，则称之为保税区。

4. 按建筑结构分类

①平房仓库。平房仓库一般只有一层建筑，不设楼梯，有效高度不超过 6 米，构造简单，全部仓储作业都在一个层面上进行，货物在库内装卸和搬运方便，各种设备（如通风、供水、供电）的安装和维护比较方便，而且仓库地面能承受较重货物的堆放。

②楼房仓库。指二层以上建筑的仓库。在这种仓库中，上下楼的货物运送靠垂直输送设备（如电梯或倾斜皮带输送机等）。这是一种阶梯形的楼房仓库，它通过库外起重机将货物吊运到各层平台。有的楼房仓库，卡车可以直接开到楼上。楼房仓库比平房仓库占地面积少，在土地价格昂贵的国家数量比较多。而且，楼房仓库可适用于各种不同的使用要

求，如办公室与库房分别使用不同的楼面；分层的仓库结构可将库区自然分开，这有助于仓库的安全和防火等。

③高层货架仓库。又称立体仓库，实质上是一种特殊的单层仓库。它利用高层货架堆放货物，高度一般不超过30米，与之配套的是在库内采用自动化、机械化的搬运设备，由计算机控制。全自动化立体仓库主要有整体式和分离式两种。整体式立体仓库货架兼作外围墙支撑物，建筑物与货架整合一体；分离式立体仓库货架与外围墙分开，相互独立。

④罐式仓库。构造呈球形或柱形，主要储存石油、天然气或液体化工品。

⑤筒仓仓库。指库房为筒状，用于存放散装的小颗粒或粉末状货物的封闭式仓库。粮库、水泥、化肥库等皆属此类仓库。

⑥简易仓库。临时库房、移动料棚、简易棚架等均属简易仓库。

二、常见的仓储设备

1. 轻型货架（Light Duty Rack）

轻型货架是相对托盘货架而言，一般采用人力（不用叉车等）直接将货物（不采用托盘单元）存取于货架内，因此货物的高度、深度较小，故货架每层的载重量较轻。图6-5就展示了一种轻型货架。

如黑色部分代表主架　　如灰色部分代表副架

图6-5　轻型货架

一般而言，轻型货架的立柱采用薄钢板（δ=1~2.5mm）冷弯冲孔而成，其截面呈三角形，故又称“带孔角钢货架”。为提高载重量，也有截面呈开口方形。货架构件间的连接有螺栓连接和插接两种。其特点是结构简洁、自重轻、装配方便，广泛应用于工厂企业、商店、办公室、厨房等。

根据货架两侧、后侧有无挡板及挡板材质的不同，轻型货架可分为开放型，带侧、后挡板型，带侧、后挡板和隔板型，带侧、后挡板和抽屉型。

根据其承载能力不同，轻型货架可分为轻型（L）120 千克/层；中型（M）200～500 千克/层；重型（L）1000 千克/层。

2. 托盘式货架（Pallet Rack）

托盘式货架又称工业货架，一般采用叉车等装卸设备进行作业，它作为机械化、自动化货架仓库的主要组成部分，主要是以托盘为单元方式来保管货物的。

这种货架都是装配式结构，即立柱、主柱片、横梁等之间采用螺栓或插接组成，又称装配式货架。这种货架具有刚性好、自重轻、层高可自由调节、适合规模化生产、成本低、运输和安装便利并易于实现模块化设计等优点，目前已是工业企业各类货架仓库的主流。图 6－6 就展示了一种托盘式货架。

图 6－6　托盘式货架

3. 抽屉式货架

抽屉式货架主要用于存放各种模具等物品，顶部可配置手拉葫芦移动车，便于货物的存取。

抽屉式货架的抽屉底部设有滚轮轨道，这可使抽屉板承载后仍能自如地拉动。中轻型抽屉式货架承载力小于 750 千克/层，重量型抽屉式货架承载大于 750 千克/层。抽屉式货架整体采用拼装结构，运输方便，组装简单、快捷。

中轻型抽屉式货架可用于存放中小型模具，顶部选配手拉葫芦移动车，便于模具的起吊和存取。抽屉板下设滚轮轨道，使重载后依然能用很小的力轻松拉动。通常每层承载量小于800千克。重型抽屉式货架可用于存放特重型模具或货物。图6－7展示了一种抽屉式货架。

图6－7　抽屉式货架

4. 叉车

叉车又称铲车、叉式举货车，是物流领域最常用的具有装卸、搬运双重功能的机具。其优点是机械化程度高，机动灵活性好；能提高仓库容积的利用率；有利于开展托盘成组运输和集装箱运输；可以“一机多用”。

（1）手动液压搬运车

手动液压搬运车是一种小巧方便、使用灵活、载重量大、结实耐用的货物搬运工具，俗称“地牛”。搬运车除了具有托运货物的功能外，还可升降货物。为了便于起降货物，车底盘与轮之间带有液压装置，可以方便地将车推入货箱底座之下，然后用液压将地盘升高，托起货物后便可拖动货物移动；到达目的地后，用液压将底盘降落，货物也随之落地，可以方便地抽出搬运车，省去了人力搬运的复杂过程。图6－8展示了一种手动液压搬运车。

图6－8　手动液压搬运车

（2）平衡重式叉车

平衡重式叉车车体前方装有货叉和门架，车体尾部装有装卸作业车辆，依靠车体与车载平衡，故称平衡重式叉车。这是使用最广泛、用量最大的一个叉车系列。平衡重式叉车又可分为内燃机式和蓄电池式两种。图 6 –9 展示了一种平衡重式叉车。

图 6 –9　平衡重式叉车

（3）前移式叉车

前移式叉车的门架或货叉可以前后移动，它结合了有支撑臂的电动堆垛机与无支撑臂的平衡式叉车的优点。迁移式系列叉车目前已逐渐成为室内高架存取的主要工具。图 6 –10展示了一种前移式叉车。

图 6 –10　前移式叉车

第3节　仓储系统仿真案例

一、问题描述与模型参数

物流中心仓储作业需要用到的实体设备均可在 Flexsim 仿真软件的实体库中找到对应的仿真对象，不需导入绘图工具制作三维文件。

1. 相关参数设置

①三条生产线 1、2、3 代表三种不同类型的产品。三条生产线生产速度分别为：产品 1、3 按照正态分布时间间隔到达（均值 14，标准偏差 5）；产品 2 按照正态分布时间间隔达到（均值 20，标准偏差 5）。产品颜色自定，要求三种产品不同。

②然后三种产品被分别送到三条传送带上，在传送带末端分别设置合成器进行产品的装盘，每类产品每盘都是 4 个。托盘的到达时间间隔服从指数分布，位置参数为 0，尺度参数为 5。

③装盘完成后，送往共同的传送带（三种产品共用一条输送通道）运往巷道式立体货架。要求产品 1 送往第一个巷道式立体货架，产品 2、3 分别送往第二、三个巷道式立体货架。货架传送带末端由堆垛机放到两排货架上。要求货物从第一行第一列开始放置，最小停留时间服从指数分布（位置参数是 0，尺度参数是 2000）。

④从货架取出的货物由传送带送到客户的货车上，要求产品 1 送第一个货车，产品 2、3 依次送往第二、三个货车。

2. 总的布局模型

总的布局如图 6－11 所示。

二、建模步骤

对于产品 1、2 的发生器参数设置，如图 6－12、6－13 所示。

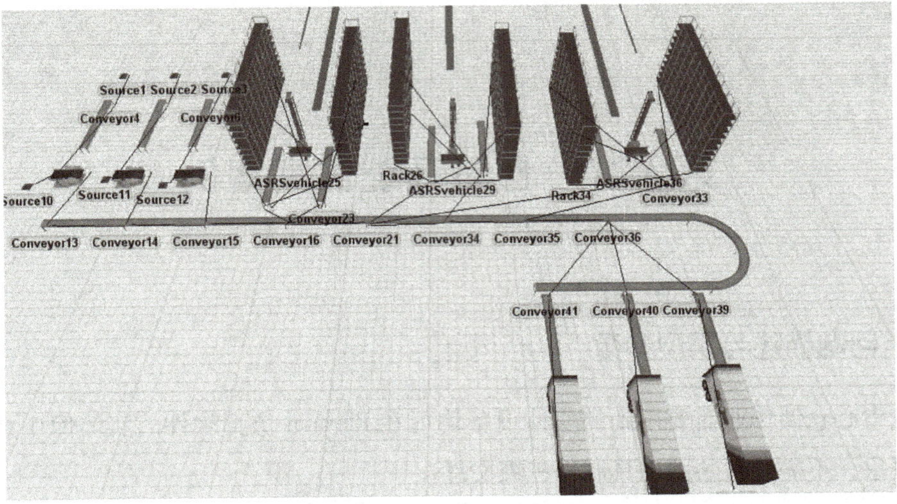

图 6－11　总布局图

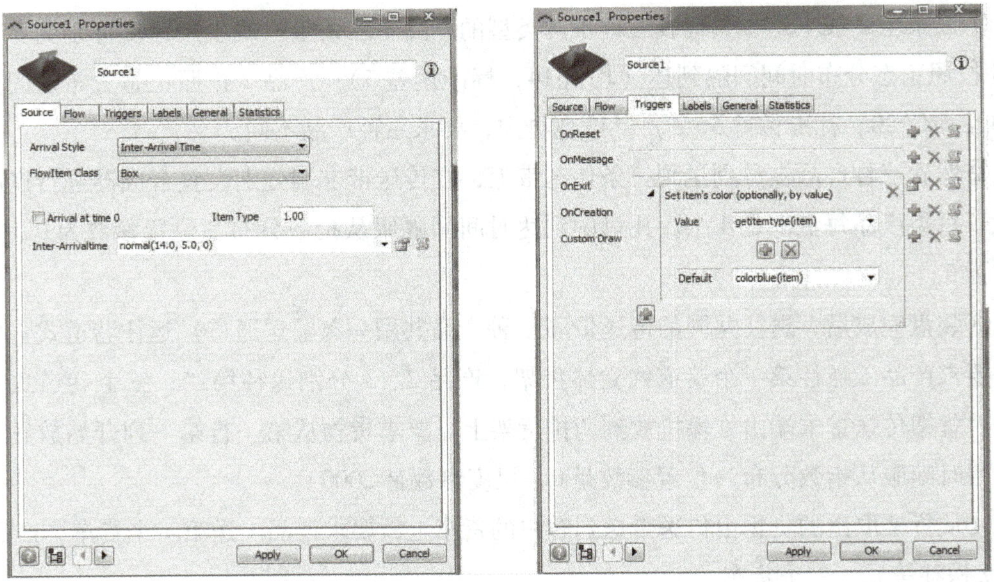

(a)　　　　　　　　　　　　　　　　(b)

图 6－12　产品 1 发生器参数设置

产品 3 的发生器参数设置和产品 1 相同。

当三种物品到达传送带末端时要在合成器上进行产品装盘，这时候需要用到托盘。在传送带末端放置有三个发生器，这三个发生器的作用是用来发托盘。产品 1 的托盘发生器的参数设置如图 6－14 所示。

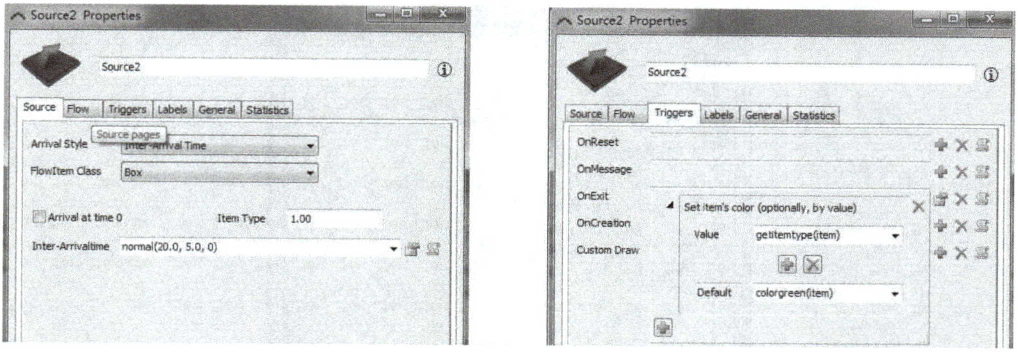

(a) (b)

图 6 – 13　产品 2 发生器参数设置

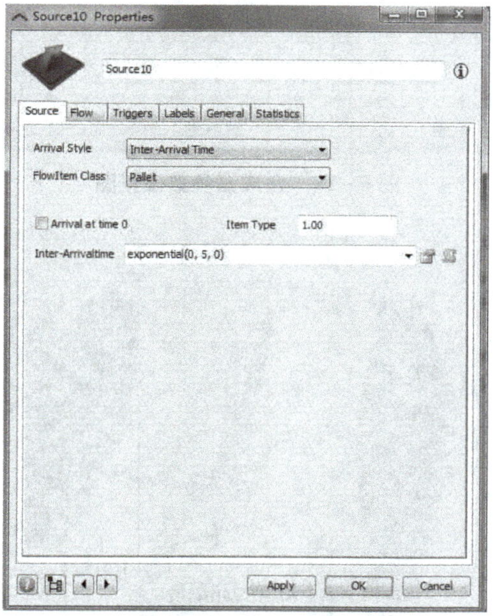

图 6 – 14　产品 1 的托盘发生器参数设置

产品 2、3 的托盘装置参数设置和产品 1 的托盘装置参数设置相同，需要注意的是在设置时 FlowItem Class 中发出的物品应该为托盘，即选择 pallet，在进行连线操作时，首先需要连接托盘发生器和合成器之间的连线，然后再连接物品发生器和传送带之间的连线。

若要求每类产品每盘都是 4 个，则在合成器中进行如图 6 – 15 所示的参数设置图。

当产品装完盘之后，通过传送带进行入库作业操作。在该模型中入库作业和出库作业同时进行，总的运行模型如图 6 – 16 所示。

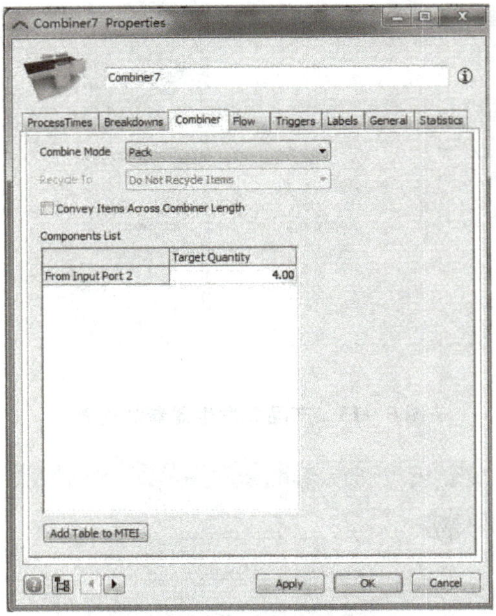

图 6－15　合成器参数设置图

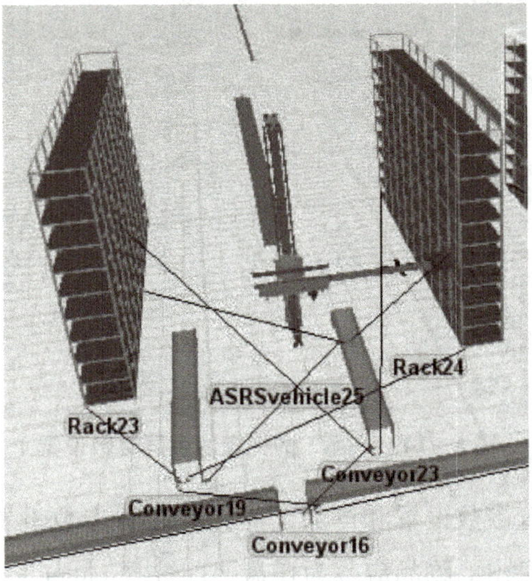

图 6－16　产品 1 的入库、出库组作业图

因为三种产品出入库作业参数设置类似，因此在分析的过程中以产品 1 的参数设置为例。在进行出入库作业中，如图 6－16 所示的传送带 19 是作为入库作业的传送带，将产品 1 传送到仓库中。该传送带的参数设置如图 6－17 所示。

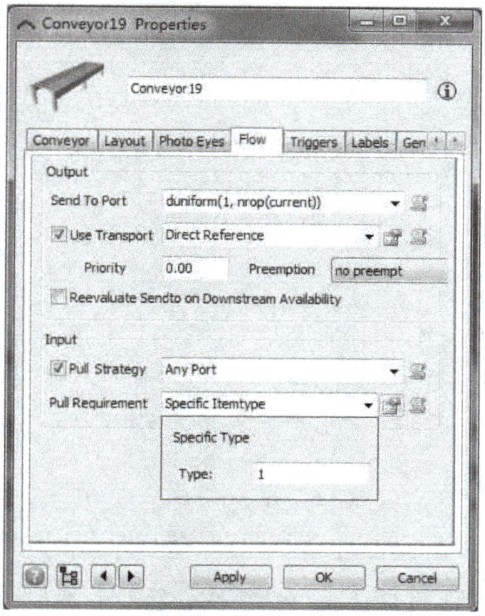

图 6 - 17　传送带参数设置

而对于堆垛机来说，也是作为出库和入库作业的工具，从仓储中心即货架中进行货物的入库和出库作业操作。货架的参数设置图如 6 - 18 所示。

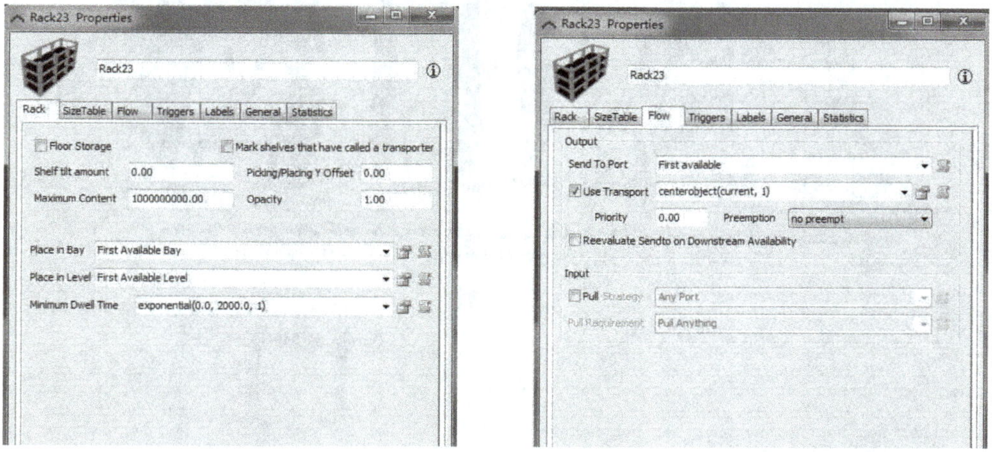

(a)　　　　　　　　　　(b)

图 6 - 18　货架参数设置图

其他两种产品在进行出入库作业参数设置时和产品 1 的参数设置类似。传送带 23 作为货物出库的输送机，连接方向是从货架到传送带 23。从货架中取出的货物由传送带送到客户的货车上，三种产品分别送到不同的车上。对该步骤的参数设置如图 6 - 19 所示。

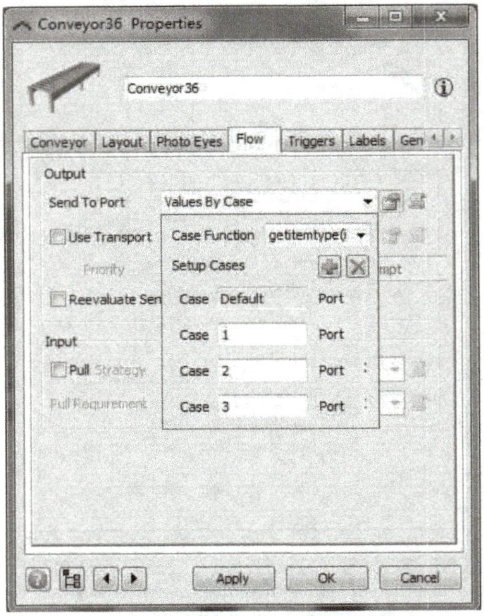

图 6-19 参数设置图

总的运行结果图如 6-20 所示。

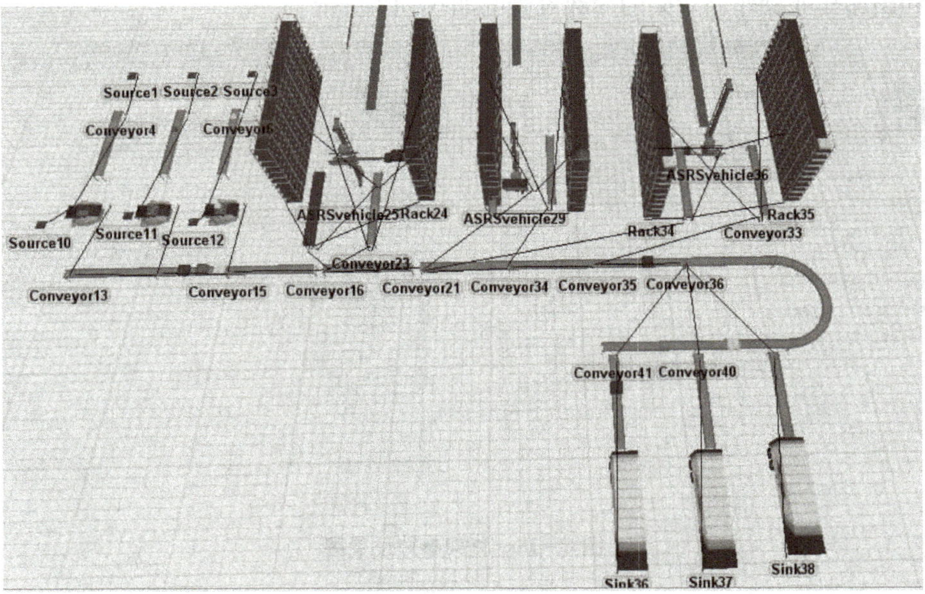

图 6-20 运行模型图

三、运行结果分析与改进

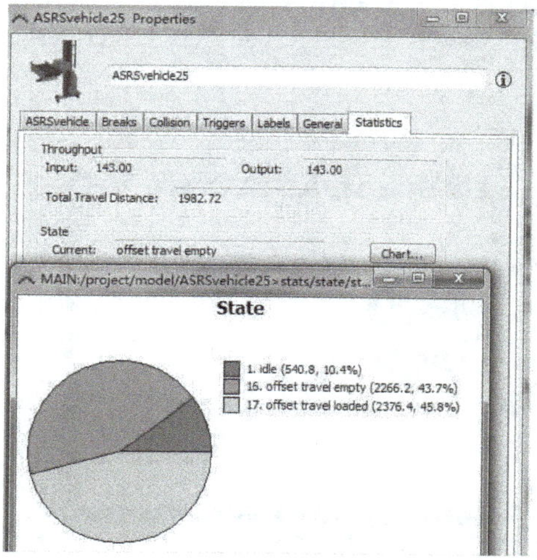

图 6－21　产品 1 的堆垛机分析图

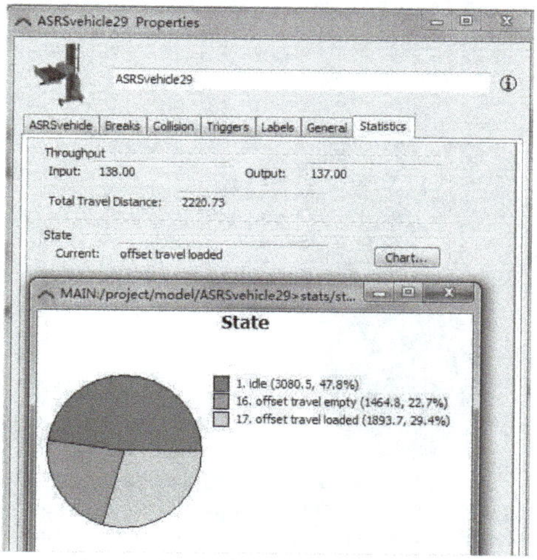

图 6－22　产品 2 的堆垛机分析图

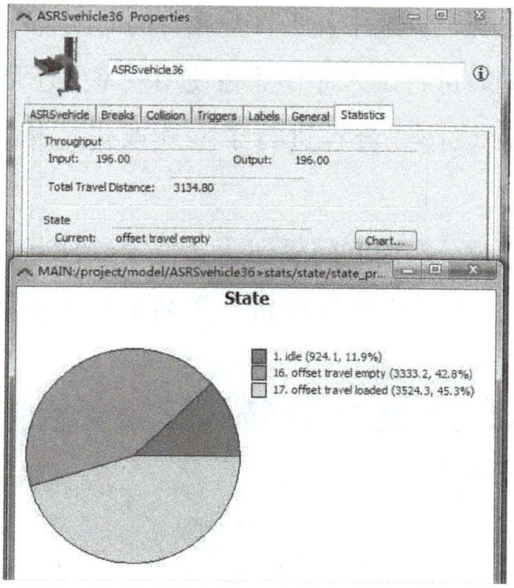

图 6－23　产品 3 堆垛机结果分析图

运行仿真模型，观察仿真过程，并根据输出结果对系统加以分析，可以发现系统在运行过程中存在一些不合理的地方。

从图 6－21、6－22、6－23 堆垛机的效率图中可以看出，堆垛机 2 的空闲时间占据了 43.7%，效率相对比较低。同时，运行一段时间之后，在输送带上产生了货物的堆积现

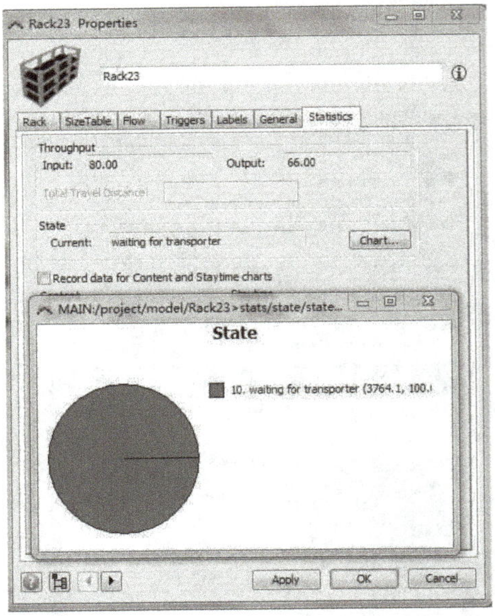

图 6－24　货架 23 的参数分析图

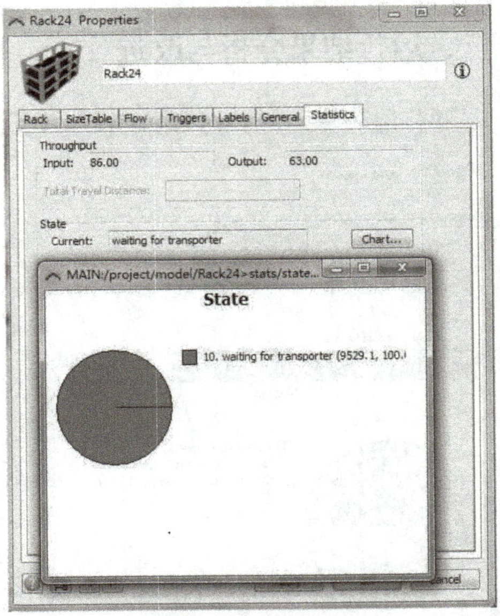

图 6－25　货架 24 的参数分析图

象。并且针对货架分析后发现，货架中几乎百分之百的时间都在等待堆垛机（见图6－24、6－25），因此使用堆垛机同时进行出入库作业在使用效率上还是有待于提高的。

面对这些问题，我们对该作业流程进行了一些改进，并对改进后的流程进行对比分析。

产品 1、2、3 都按照指数分布时间间隔到达（位置参数为 0，尺度参数为 6），改变了产品入库的时间到达间隔，并对此进行分析。产品 1 的发生器到达时间参数设置如图 6－26所示。

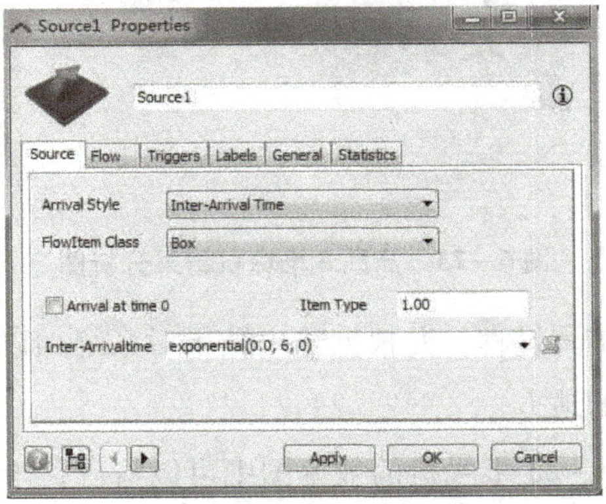

图 6－26　产品 1 的发生器参数设置图

产品 2、3 的发生器参数设置和产品 1 的发生器参数设置相同，改进后的模型运行时间和改进前的运行时间相同，在相同的时间内进行分析，分析结果见图 6－27。

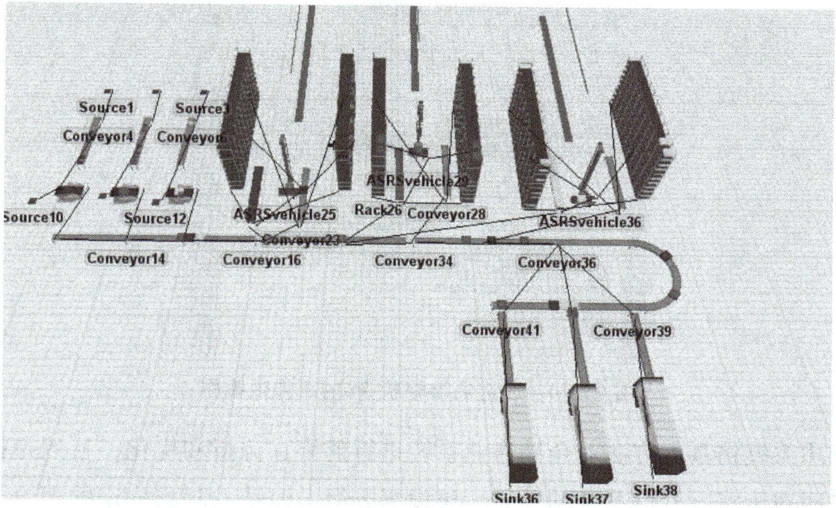

图 6－27　改进后的运行结果分析图

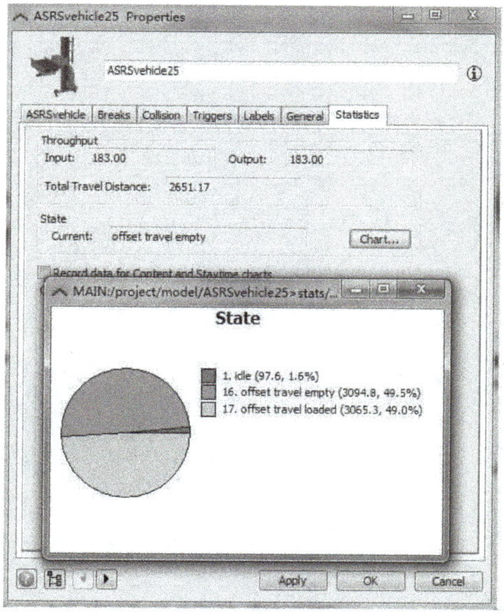

图 6－28　改进后堆垛机 25 的运行效率图

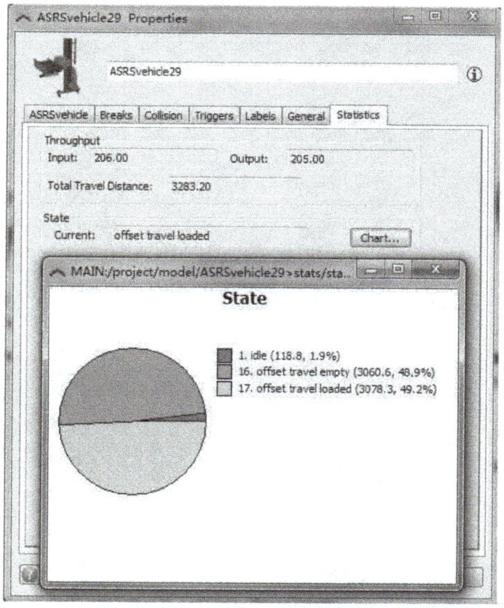

图 6－29　改进后堆垛机 29 的运行效率图

从图 6－30 改进后堆垛机 36 的工作效率图中可以看出，堆垛机的空闲时间相对于改进前提高了很多，大大提升了堆垛机的利用率，但是在货物入库时发生了堆积现象，因此我们在优化的过程中不能仅仅改变货物入库时间间隔。仓储作业系统是物流系统的重要组

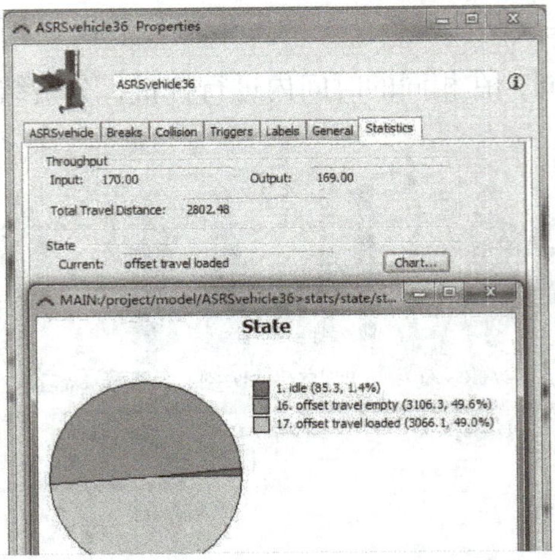

图 6-30　改进后堆垛机 36 的工作效率图

成部分，利用系统仿真的方法对仓储作业系统进行建模、分析和优化，目的是提高仓储作业效率，希望对于实际仓储系统的规划、建设与升级、改造，起到一定的理论支持和借鉴作用。

本章思考

1. 总结仓储系统的作业流程。
2. 根据本文仿真案例，对比优化前的数据与优化后的数据，并形成详细的分析报告。

第 7 章

分拣系统建模仿真与优化

第 1 节　分拣系统

一、分拣概述

分拣是指为进行输送、配送，把很多货物按不同品种、不同地点和单位分配到所设置场地的作业。分拣作业的流程见图 7－1 所示。

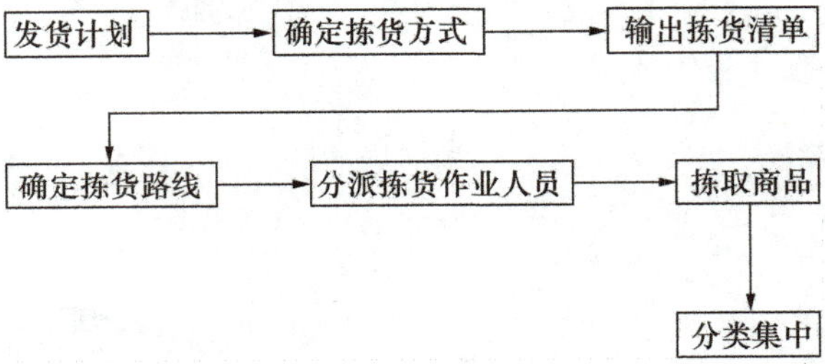

图 7－1　分拣作业流程图

（1）发货计划

发货计划是根据顾客的订单编制而成的。订单是指顾客根据其用货需要向配送中心发出的订货信息。配送中心接到订货信息后需要对订单的资料进行确认、进行存货查询和单据处理，并根据顾客的送货要求制定发货日程，最后编制发货计划。

（2）确定拣货方式

拣货通常有订单别拣取、批量拣取及复合拣取三种方式。

①订单别拣取。订单别拣取是指分拣人员按照每一份订单所列商品及数量，将商品从储存区域或分拣区域拣取出来，然后集中在一起的拣货方式。

订单别拣取作业方法简单，接到订单可立即拣货，作业前置时间短，作业人员责任明确。但在商品品项较多时，拣货行走路径加长，拣取效率较低。故订单别拣取适合订单大小差异较大、订单数量变化频繁、商品差异较大的情况，如对化妆品、家具、电器、百货、高级服饰等的拣取。

②批量拣取。批量拣取是将多张订单集合成一批，按照商品品种类别进行加总后再实施拣货作业，然后依据不客户或不同订单进行分类集中的拣货方式。批量拣取可以缩短拣取商品时的行走时间，增加单位时间的拣货量。同时，由于需要订单累积到一定数量时才做一次性的处理，因此会有停滞时间产生。批量拣取适合订单变化较小、订单数量稳定的配送中心和外形较规则、固定的商品出货。其次，需进行流通加工的商品也适合批量拣取；这样的商品批量加工后再分类配送，有利于提高拣货及加工效率。

③复合拣取。为克服订单别拣取和批量拣取方式的缺点，配送中心也可以采取将订单别拣取和批量拣取组合起来的复合拣取方式。复合拣取适用于根据订单的品种、数量及出库频率，确定哪些订单适应于订单别拣取、哪些适应于批量拣取，从而分别采取不同商品的拣货方式。

（3）输出拣货清单

拣货清单即配送中心将客户订单资料进行计算机处理，生成并打印出拣货单的环节。拣货单上标明储位，并按储位顺序来排列货物编号。作业人员的此种拣货方式不仅缩短了拣货路径，同时也提高了拣货作业效率。

（4）确定拣货路线及分派拣货人员

配送中心根据拣货单所指示的商品编码、储位编号等信息，能够明确商品所处的位置，确定合理的拣货路线，从而安排拣货人员进行拣货作业。

（5）拣取商品

拣取的过程可以由人工或机械辅助作业或自动化设备完成。手工方式拣取的通常是小体积、少批量、搬运重量在人力范围内拣出货频率不是特别高的物品；对于体积大、重量大的货物，可以利用升降叉车等搬运机械进行辅助作业；对于出货频率很高的物品，可以采用自动拣货系统。

（6）分类集中

经过拣取的商品根据客户或送货路线不同进行分类集中。有些需要进行流通加工的商品还需根据加工方法进行分类，加工完毕再按一定方式分类出货。

多品种分货的工艺过程较复杂，难度也大，容易发生错误，必须在统筹安排形成规模效应的基础上，提高作业的精确性。

在物品体积小、重量轻的情况下，可以进行人力分拣，也可以采取机械辅助作业，或利用自动分拣机将拣取出来的货物进行自动分类与集中。

二、分拣作业方法

分拣作业的分拣方法包括“人到货”分拣方法和“货到人”的分拣方法。

1. “人到货”分拣方法

这是一种传统的分拣方法。这种方法是分拣货架不动即货物不运动，通过人力拣取货物，如图 7－2 所示。

图 7－2 “人到货”分拣方法图

在“人到货”的分拣方法中，分拣货架是静止的，而分拣人员带着流动的集货货架或容器到分拣货架即拣货区拣货，然后将货物送到静止的集货点。该分拣方法的原理如图 7－3所示。

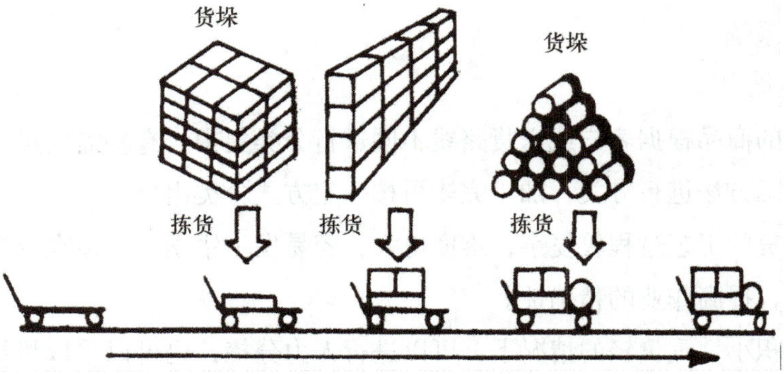

图 7－3 “人到货”分拣原理图

对“人到货”的拣选方式，最短路径的确定可通过运筹学的方法得到。

通道式货架拣选路径如果订单大而少、所需货种很多，可通过封闭式的路径找到所需的货位，避开不需拣选货位，如图7－4（a）所示；如果订单多、货种少，可采用图7－4（b）所示的并行路径。

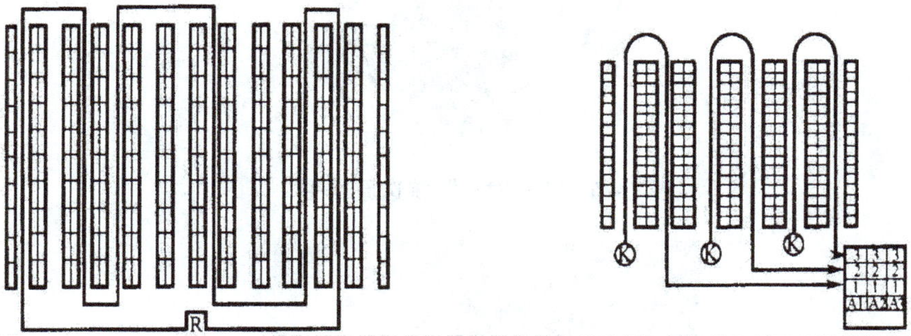

（a）通道式货架拣选路径　　（b）通道式货架并行拣选路径

图7－4　“人到货”拣选路径图

“人到货”的拣选方法主要有两大特点。

特点一：采取按单拣选、一单一拣、类似仓库出货的方式，如图7－5所示。该方式可使现行方式不须做太大改变就可以实施；配货工艺准确程度高，不容易发生货差等错误。

图7－5　按单拣选作业图

特点二：工艺机动灵活。

①由于一单一拣，各用户的拣选互相没有牵制，可按用户要求调整配货先后次序，原理如7－6所示。

②对紧急需求可以集中力量快速拣选，有利于配送中心开展即时配送，增强对用户的保险能力。

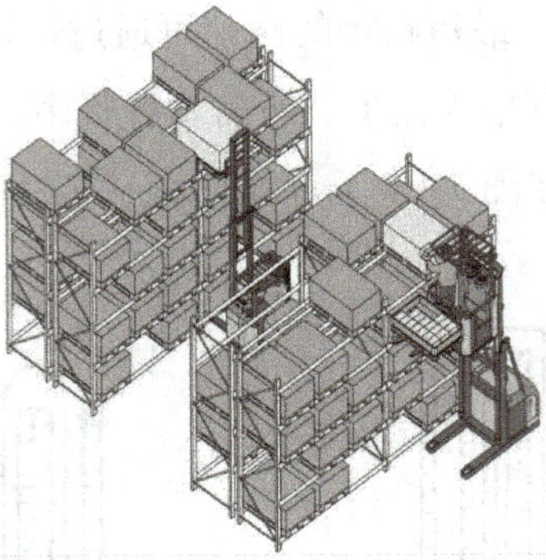

图 7-6 “一对一”拣选原理图

图 7-7 “人到货”方式分拣现场图

③拣选完一个货单，货物配齐，货物可不再落地暂存而直接放到配送车辆上，有利于简化工序、提高效率。装货作业现场如图 7-8 所示。

图 7-8 装货作业现场图

④对机械化没有严格要求，无论配送中心设备多少、水平高低都可以采取这种工艺。

⑤用户数量不受工艺限制，可在大范围波动。

“人到货”的分拣方式适用于用户不稳定、需求量波动较大、不能建立相对稳定用户分货货位的情况，以及用户需求差异很大需求种类繁多、有共同需求又有许多特殊需求、在需求方面统计和共同取货比较困难的用户。在配送的过程中，如果需要调整先后拣选配货顺序，满足用户配送不同时间（如紧急及时）的需求，用人到货的拣选方式结果会比较理想。

2. “货到人”的分拣方法

这种作业方法是人不动，托盘（或货架）带着货物移动到分拣人员面前，再由不同的分拣人员拣选，拣出的货物集中在集货点的托盘上，然后由搬运车辆送走。“货到人”分拣原理如图 7－9 所示。

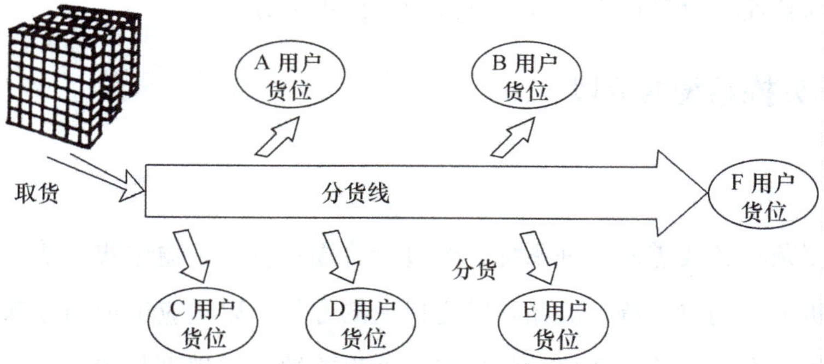

图 7－9　“货到人”拣选原理图

“货到人”拣选式特点为：在收到若干个用户配送请求后，先对用户共同需求做出统计，形成共同批量；同时安排好各用户的分货货位，然后陆续集中取出货物进行反复分货操作，直至最后一种共同需要的货物分放完毕。然而，货到人的配送方式工艺难度高、计划性强，容易发生分货错误。其优点是因集中用户需求后才开始分货，故工艺计划性强，配送时可合理调配、使用车辆并规划配送路线。

“货到人”的分拣方式适用于用户需求共同性很强、差异性小、客户需求数量可有差异但是种类相同，且客户数量多且稳定并对配送时间无严格限制的情况。

“货到人”的分拣方式以追求效率、降低成本为目的，形成了专业性强的配送中心以及稳定的用户和需求。

第 2 节　自动分拣机

自动分拣是货物从进入分拣系统到被送至指定的分配位置，都按照指令靠自动分拣装置来完成。一个自动分拣系统是由一系列各种类型的输送机、附加设施和控制系统等组成，大致可分为合流、分拣识别、分拣分流和分运 4 个分段。

一、自动分拣系统的分段

1. 合流

商品通过多条输送线进入分拣系统，经过合流逐步将各条输送线上输入的商品合并于一条汇集输送机上；同时，调整商品在输送机上的方位，以适应识别和分拣的要求。

汇集输送机具有自动停止和启动的功能。如果前端分拣识别装置偶然发生事故，或商品和商品联结在一起，或输送机上商品已经满载时，汇集输送机就会自动停止，等恢复正常后再自行启动，所以它也能起到缓冲作用。

高速分拣，要求分拣输送机高速运行。例如，一个每分钟可分拣 75 件商品的分拣系统，就要求输送机的速度能达到 75 米/分钟。为此，商品在进入分拣识别装置之前，有一个使商品逐渐加速到分拣系统输送机的速度，以及使前后两商品间保持一定的最小固定距离的要求。

2. 分拣识别

在这分段中，商品接受激光扫描器对其条形码标签的扫描，或者通过其他自动识别方式如光学文字读取装置、声音识别输入装置等，将商品分拣信息输入计算机。

商品之间保持一个固定值的间距，对分拣速度和精度至关重要。即使是高速分拣机，在各种商品间也必须有一个固定值的间距。当前的微型计算机和程序控制器已能将这间距减小到只有几英寸。

3. 分拣分流

商品离开分拣识别装置后在分拣输送机上移动时，根据不同商品分拣信号所确定的移动时间，使商品行走到指定的分拣道口，由该处的分拣机构按照上述移动时间自行启动，将商品排离主输送机，进入分流滑道排出。这种分拣机构在国外经过四五十年的应用研制，已有多种形式可供选用。

4. 分运

分拣出的商品离开主输送机，再经滑道到达分拣系统的终端。分运所经过的滑道一般是无动力的。

二、自动分拣设备

自动分拣机一般由输送机械部分、电器自动控制部分和计算机信息系统联网组合而成。它可以根据用户的要求、场地情况，对条烟、整箱烟、药品、货物、物料等，按用户、地名、品名进行自动分拣、装箱、封箱的连续作业。机械输送设备根据输送物品的形态、体积、重量而设计定制。分拣输送机是工厂自动化立体仓库及物流配送中心对物流进行分类、整理的关键设备之一，通过应用分拣系统，可使物流中心能准确、快捷地工作。

1. 交叉带式分拣机

交叉带式分拣机有多种样式，通常比较普遍的为一车双带式，即一个小车上面有两段垂直的皮带，既可以每段皮带上搬送一个包裹（见图7－10），也可以两段皮带合起来搬送一个包裹。在两段皮带合起来搬送一个包裹的情况下，可以通过在分拣机两段皮带方向的预动作，使包裹的方向与分拣方向相一致以减少格口的间距要求。交叉带式分拣机的优点就是噪音低、可分拣货物的范围广，通过双边供包及格口优化可以实现单台最大分拣能力约2万件/小时；但缺点也是比较明显的，即造价比较昂贵、维护费用高。目前在这方面的主要供应商有FKI、范德兰德、Cinetic、德国伯曼机械、英特诺等；国内的有普天及上海邮通等。

2. 翻盘式分拣机

翻盘式分拣机（见图7－11）是通过托盘倾翻的方式将包裹分拣出去的。该分拣机在快递行业也有应用，但更多的是用在机场行李分拣领域。最大能力可达1.2万件/小时。

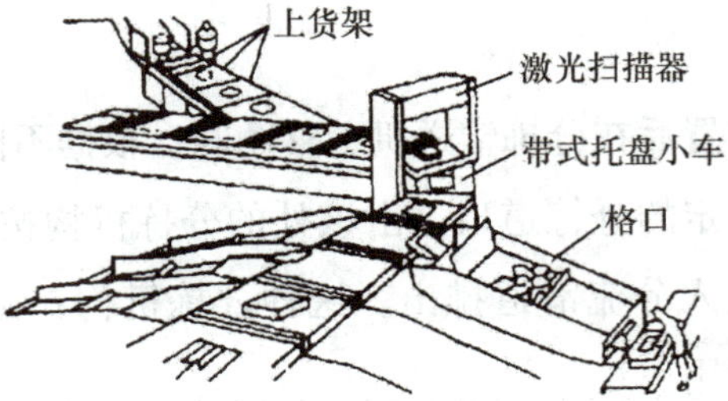

图 7－10　交叉带式托盘分拣机

标准翻盘式分拣机由木托盘、倾翻装置、底部框架组成。倾翻分为机械倾翻及电动倾翻两种。供应商有 FKI、范德兰德、德国伯曼机械等。

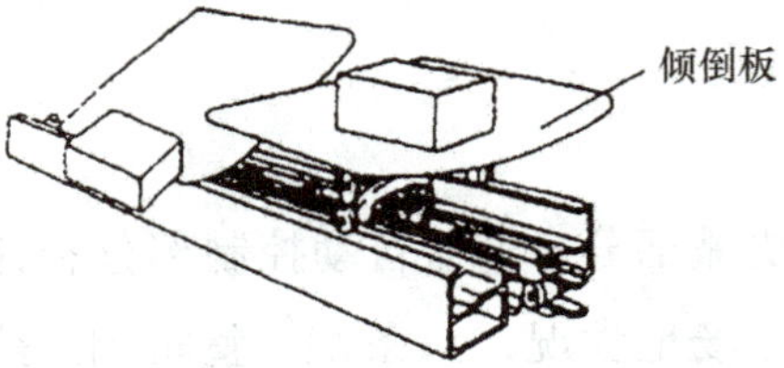

图 7－11　翻盘式分拣机

3. 滑块式分拣机

滑块式分拣机如图 7－12 所示，它也是一种特殊形式的条板输送机。输送机的表面用金属条板或管子构成，如竹席状，而在每个条板或管子上有一枚用硬质材料制成的导向滑块，能沿条板做横向滑动。平时滑块停止在输送机的侧边，滑块的下部有销子与条板下导向杆联结，通过计算机控制，当被分拣的货物到达指定道口时，控制器使导向滑块有序地自动向输送机的对面一侧滑动，把货物推人分拣道口，使商品被引出主输送机。这种方式是将商品侧向逐渐推出，并不冲击商品，故商品不容易受到损伤。它对分拣商品的形状和大小要求不高，故适用范围较广，是目前国外一种最新型的高速分拣机。

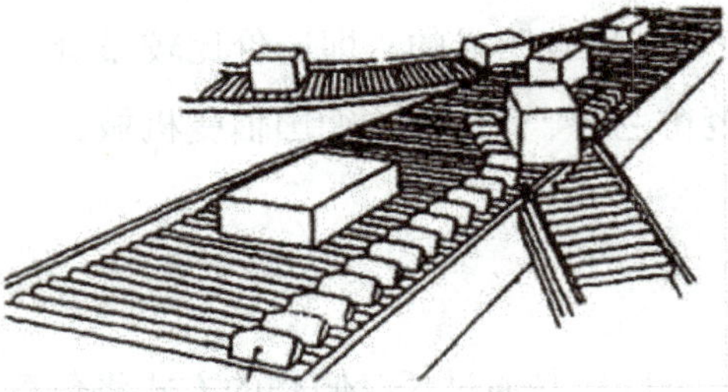

图 7－12　滑块式分拣机

滑块式分拣机也是在快递行业应用非常多的一种分拣机。它可靠、故障率低，故在大的配送中心广受欢迎，比如UPS的路易斯维尔就使用了大量的滑块式分拣机来完成预分拣及最终分拣。滑块式分拣机可以多台交叉重叠使用，以弥补单一滑块式分拣机无法达到能力要求的缺陷。

4. 挡板式分拣机

挡板式分拣机的工作原理是利用一个挡板（挡杆）挡在输送机上向前移动的商品，将商品引导到一侧的滑道排出（见图7－13）。挡板的另一种形式是挡板一端作为支点，可作旋转；挡板动作时，像一堵墙似地挡住商品向前移动，利用输送机对商品的摩擦力推动，使商品沿着挡板表面移动，从主输送机上排出至滑道。平时挡板处于主输送机一侧，可让商品继续前移；如挡板做横向移动或旋转，则商品就排向滑道。挡板一般是安装在输送机的两侧，和输送机上平面不接触，即使在操作时也只接触商品而不触及输送机的输送表面，因此它对大多数形式的输送机都适用。就挡板本身而言也有不同形式，如直线型、曲线型等，也有的在挡板工作面上装有滚筒或光滑的塑料材料，以减少摩擦阻力。

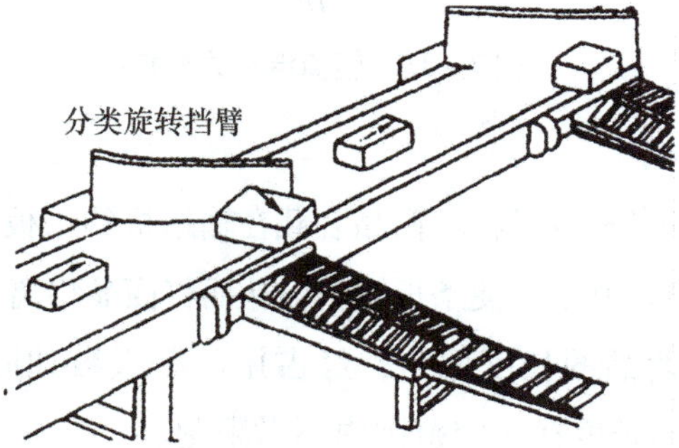

图7－13　挡板式分拣机

5. 胶带浮出式分拣机

这种分拣结构用于辊筒式主输送机上，将有动力驱动的两条或多条胶带或单个链条横向安装在主输送辊筒之间的下方。当分拣机结构接受指令后，胶带或链条向上提升，接触商品底部将商品托起，并将其向主输送机一侧移出。图7－14展示了一种胶带浮出式分拣机。

6. 辊筒浮出式分拣机

这种分拣机多用于辊筒式或链条式的主输送机上，将一个或数十个有动力的斜向辊筒

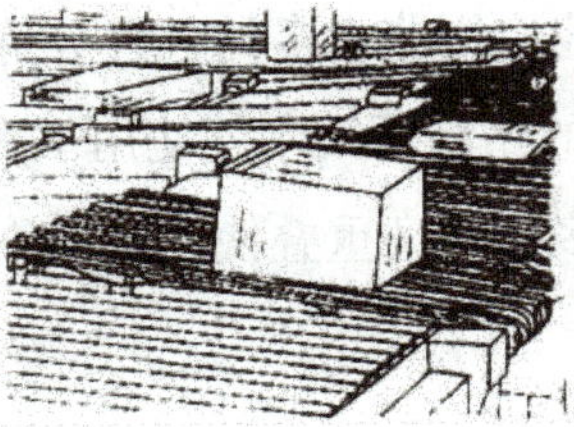

图 7-14　胶带浮出式分拣机

安装在主输送机表面下方，当分拣机构启动时，斜向辊筒向上浮起，接触商品底部，将商品斜向移出主输送机（见图 7-15）。这种上浮式分拣机的原理是采用一排能向左或向右旋转的辊筒，利用气压将商品向左或向右排出。

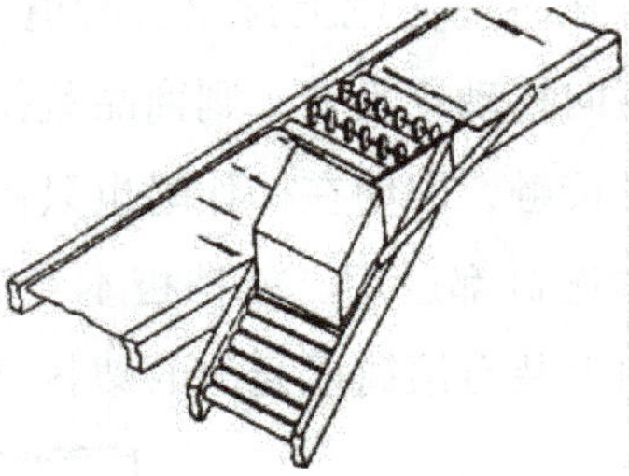

图 7-15　辊筒浮出式分拣机

7. 条板倾斜式分拣机

这是一种特殊类型的条板输送机。商品装载在输送机的条板上，当商品行走到需要分拣的位置时，条板的一端自动升起，使条板倾斜，从而将商品移离主输送机（见图 7-16）。商品占用的条板数随不同商品的长度而定，经占用的条板数如同一个单元，同时倾斜，因此，这种分拣机对商品的长度在一定范围内不做限制。

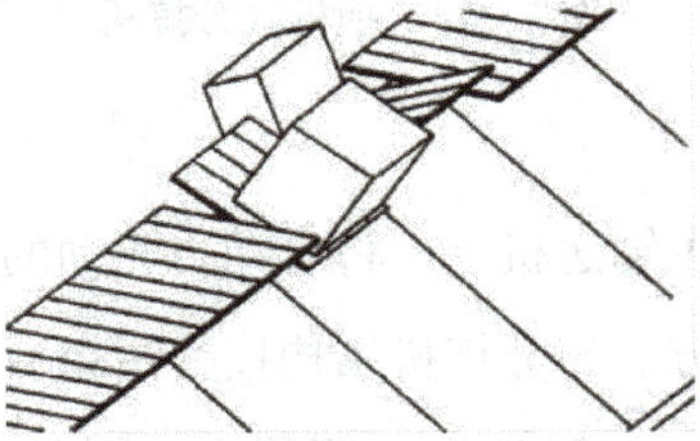

图 7-16　条板倾斜式分拣机

以上就是分拣机的主要类型。根据它们的分类不难看出，每种分拣机都有自己适合的分拣对象，这也是各种分拣机的重要区别。但现在的自动分拣机仍停留在对小物件的分拣上，对于大宗物品仍无法带动。因此，大物件分拣机仍是物流相关专家的研究要点。

第3节　分拣系统仿真案例

一、问题描述与模型参数

1. 问题描述

以A配送中心为例。

分拣作业是A配送中心内部流程的最后一个环节。在这部分中，库管员开票后，登记业务系统记录业务账数，并检查可销库存数量，防止产生开出票后却不能配货的问题。配货前，库管员检查是否有未处理的状态调整单，若有，则先处理状态调整单，再检查拣货区商品数量是否能够满足此次配货。如果不足，则生成补货单，将拣货区商品数量增加到大于等于配货数量，并通知上游部门执行补货作业；配货员按照销售票上所开商品数量进行配货。

分拣环节是将客户订单中不同数量、种类的货物从配送中心的货架取出并集中在一起的过程。分拣的目的在于正确且迅速地集合顾客所订购的商品。在拣选方式上，A配送中心还是采用比较原始的不分区、按单拣选方式，即根据订单到来的顺序安排空闲的工作人员对订单进行分拣。具体的配送流程如图7－17所示。

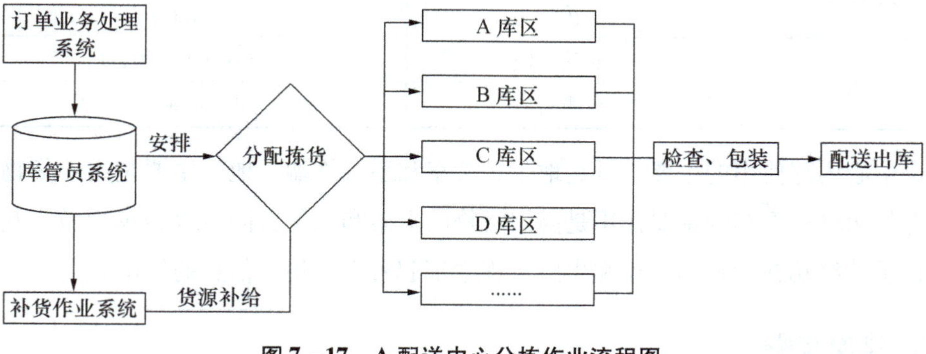

图7－17　A配送中心分拣作业流程图

2. 参数设定

为细化对企业的调查，我们就配送环节中最重要的环节——分拣环节做仿真研究。

现对仓库某配送作业进行模拟。经部门主管介绍，该仓库占地面积1000m^2，分为5个区：补货入口、存货区（货架为该企业主要存货工具）、库管员办公区、分拣包装区、出货码头。配送对象以箱为单位，为避免冗长复杂，故在研究中简化补货、入库检查等内容。

配送的A、B、C三种货品基本资料如表7－1、7－2所示，表7－3列出了分拣人员及订单的相关属性。

表7－1　三种产品的相关数据　单位：箱

产品	初始库存	补货条件	补货速度	颜色
A	200	100	exponential（0，1，1）	红
B	200	100	3	黄
C	200	100	exponential（0，2，1）	蓝

表7－2　订单组合　单位：箱

产品	订单1	订单2	订单3	订单4	订单5
A	4	10	8	0	16
B	2	16	8	20	0
C	12	0	8	0	4

表7－3　其他相关数据

名称	属性	数据
分拣人员	数量	3人
	分拣能力	1箱/人
订单	到达间隔	exponential（0，1，1）
	各类分布	duniform（1，5）

配送中心内部使用的主要工具是地牛、叉车和手持终端。地牛主要是用于货物在配送中心内部的运输；叉车的主要作用是高架货物的上架和取货，同时也会少量做一些货物运输工作；手持终端在货物的入库和出库过程中都起着发出指导信息的作用。

二、建模步骤

1. 实体设置

根据该仓库的实际分拣系统布局，通过Flexsim建立模型（如图7－18所示）。3个货

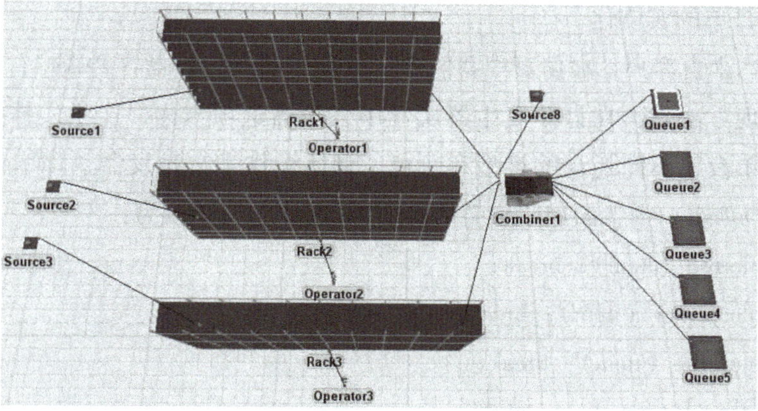

图7-18　仓库分拣区布局

架分别表示A、B、C3种电子产品的存储区，3个发生器分别表示货物的补充，合成器1及发生器4表示订单的派发与分拣作业的过程，5个暂存区分别表示5种订单的出库暂存。具体参数如下：

• 货物到达——A货物到达时间间隔，统计分布 exponential（0，1，1）；B货物到达时间间隔，返回一个时间常量3；C货物到达时间间隔，统计分布 exponential（0，2，1）。

• 货架1、货架2、货架3容量——200箱。

• 订单到达——发生器4统计分布 exponential（0，1，1）。

• 暂存区1、暂存区2、暂存区3、暂存区4、暂存区5容量——2000箱。

• 货物合成——合成时间为10秒。

（1）货架的设置

货架以箱为存储单位。因为货物需求量不在本课题讨论范围，故简化了入库的操作。具体安排有如下两个方法：

• 方法1是设置货架存储量为200箱；

• 方法2是对货架进行入库量控制，分别在货架 OnSet 和货架的 OnExit 触发器内容中编写代码：

```
if（content（current）>=200）
{closeinput（current）;}  /**货架存货为200时，关闭输入端口*/
if（content（current）<200）
{openinput（current）;}  /**货架存货小于200时，打开输入端口*/
```

（2）抽象订单的实体化

订单的下达来自客户，在仿真中我们令订单发生器产生托盘（Pallet），使得抽象的订单实体化。实现方法是：在订单发生器属性中发生器选项卡内，产生实体类型为 Pallet，并根据不同订单设置不同托盘的类型和颜色。具体操作是在触发器选项卡内的“离开出发”（英文为 OnExit）中，添加“设置临时实体颜色”，具体改为：

case 1：colorred （item）；break；

case 2：coloryellow （item）；break；

case 3：colorblue （item）；break；

case 4：colorred （item）；break；

case 5：colorwhite （item）；break；

订单设定完成，下面仅需对出货暂存区进行必要设置，使得订单与出货暂存区对应。具体方法是：将暂存区输入实体类型与上文的不同 case 对应。以类型 1 为例，如图 7－19 所示。设置完成后，订单就会依据出库方向流进对应的暂存区，包装出库。

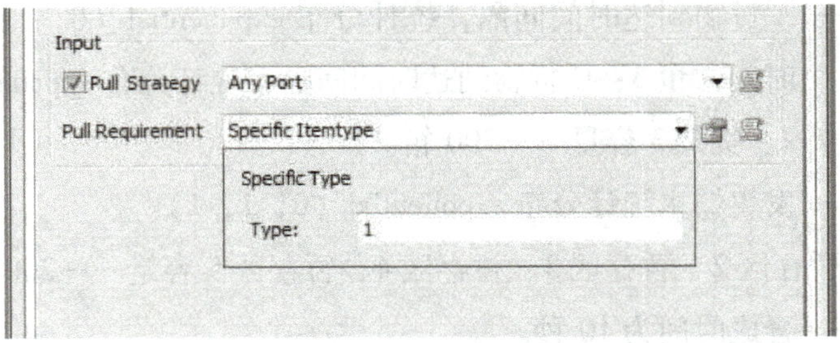

图 7－19　订单的实体化设置

（3）合成器的设置

合成器的三种工作模式中，我们选择 Pack，即装盘。当满足订单后，合成器包装货物，然后输出至出货暂存群。

订单实体化后，托盘即作为驱动合成器（分拣流程）的因素。根据合成器的工作原理，我们规定各个合成器的输入端口 1 为订单发生器的输出端口，这样就完成了“一份订单配货”的分拣逻辑。现在我们可以设置不同订单的配货比例。假设客户订单 1 需求 A 货物 4 份、B 货物 2 份、C 货物 12 份，满足后打包出库，则合成器如图 7－20 所示进行设置。

2. 分拣策略的设置

分拣策略的实现需要使用全局表，全局表可以存储数字型或字符串型数据。模型中任

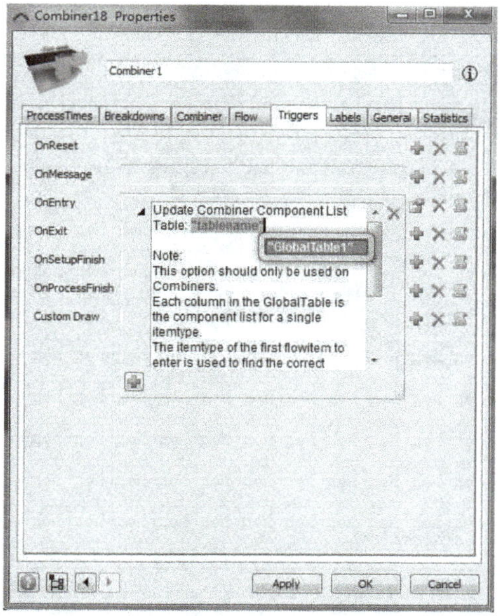

图 7 - 20　合成器全局表参数应用设置

何一个实体都可以用 gettablenum（）、gettablestr（）、settablenum（）、settablestr（）、reftable（）命令来访问这些数据，而且一个模型可以有多个全局表。下面我们从菜单栏的“工具”下拉菜单中点击“添加新全局表”，并按照订单内容添加数据。现实来源：因为有三个品种的货物，所以行数为 3；案例中提到配送中心有五种订单需配送，所以列数是 5，如图7 - 21所示。

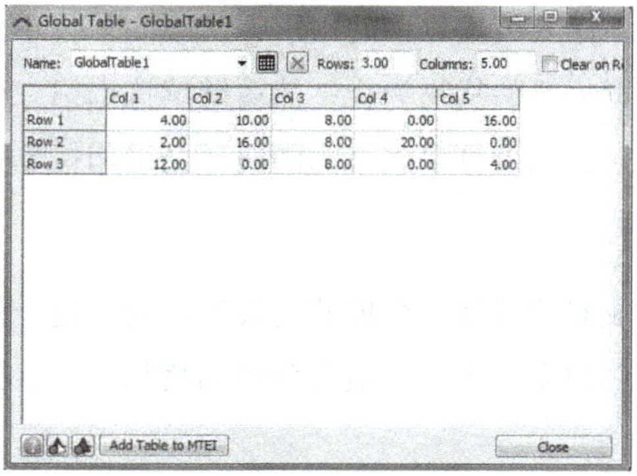

图 7 - 21　全局表的设置

全局表设置完成，我们仅需将合成器属性中“触发器”选项卡的“进入出发一项”，修改出发类型为“更新合成器组件列表”，并把更新的数据来源设置成“全局表”，如图

7－22所示。

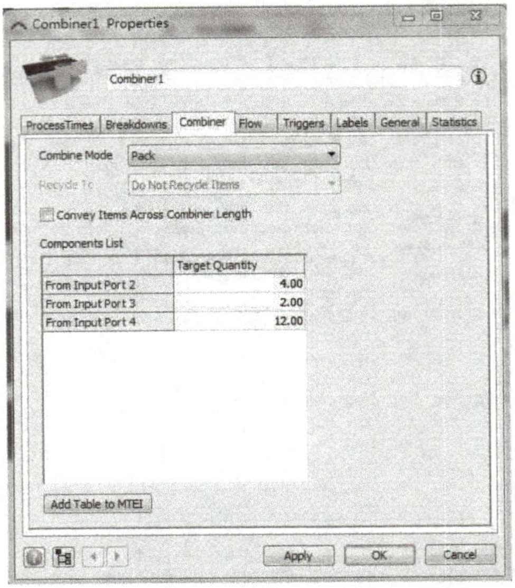

图 7－22 合成器打包参数设置

三、运行结果分析与改进

1. 分区按单拣选

分区按单拣选，即货物从三个货架按订单顺序输出至合成器。打开“货架属性”，选择“临时实体流”选项卡，找到并修改“输出属性”：第一个可用，打开所有端口。这个策略的意义是：各货架的工作人员按订单的需求，从第一个订单到来的时刻对其拣货，直至拣选满足每个人员所负责货架的货物为止，然后继续拣选第二个货架，以此类推（假设订单的到来顺序按订单序号，如果订单到来为随机，则采用按单并行方式）。

2. 分区并行拣选

分区并行只需添加合成器的数量，合成器的设置相同。这个策略的意义是：多份订单到达时，工人可按所有订单的需求统计各负责分区的货物需求，并进行分拣。

3. 不分区按单拣选

不分区按单拣选的设置，需要用到员工分配器。在 Flexsim 中分配器的作用是：员工依赖于临时实体本身而不是货架，从而使员工以“一组”的形式工作。具体实现方法是创建分配器到各个货架间的中间连接，创建分配器到各个员工的普通连接。在使用分配器的基础上，重复分区按单的分拣策略，即可得到不分区的拣选方法。

4. 不分区并行拣选

同不分区按单拣选一样，不分区并行拣选也是用分配器对员工进行控制。具体实现方法是创建分配器到各个货架间的中间连接，创建分配器到各个员工的普通连接。在使用分配器的基础上，当多份订单到达时，工人在所有订单需求统计的基础上，按货物需求进行分拣。

至此，完成了4种分拣策略的仿真模型。编译并分别运行4种分拣策略对应的模型8小时（28800秒）后，输出仿真统计数据。

分区按单方案仿真结果见表7－4和表7－5。分区并行方案仿真结果见表7－6和表7－7。不分区按单方案仿真结果见表7－8和表7－9。不分区并行方案仿真结果见表7－10和表7－11。

表7－4　订单处理数据方案一

方案一：分区按单		空闲时间	总订单量：97	
实体	输出量		处理时间	收集时间
合成器1	2163	0%	3.30%	96.70%
总计（除订单）	2066			

表7－5　工人处理数据方案一

方案一：分区按单						
实体	搬运量	空闲时间	空载时间	负载时间	偏移空载时间	偏移负载时间
工人1	659	54%	11.20%	19.10%	12.20%	2.80%
工人2	984	37.30%	14.20%	26.10%	18.10%	4.20%
工人3	424	70%	7.20%	12.90%	8.60%	1.80%

表7－6　订单处理数据方案二

方案二：分区并行		空闲时间	总订单量：150	
实体	输出量		处理时间	收集时间
合成器1	1683	0%	2.60%	97.40%
合成器2	1681	0%	2.60%	97.00%
总计（除订单）	3214			

表 7 – 7　　工人处理数据方案二

方案二：分区并行						
实体	搬运量	空闲时间	空载时间	负载时间	偏移空载时间	偏移负载时间
工人 1	1154	23%	19.00%	32.30%	20.70%	4.90%
工人 2	1255	18.90%	18.20%	33.80%	23.70%	5.40%
工人 3	807	41%	14.30%	25.00%	16.20%	3.40%

表 7 – 8　　订单处理数据方案三

方案三：不分区按单		空闲时间	总订单量：184	
实体	输出量		处理时间	收集时间
合成器 1	4189	0%	6.40%	93.00%
总计（除订单）	4005			

表 7 – 9　　工人处理数据方案三

方案三：不分区按单						
实体	搬运量	空闲时间	空载时间	负载时间	偏移空载时间	偏移负载时间
工人 1	1348	9%	21.60%	38.00%	25.30%	5.80%
工人 2	1316	10.70%	21.10%	37.50%	25.00%	5.60%
工人 3	1342	10%	21.60%	37.70%	24.90%	5.70%

表 7 – 10　　订单处理数据方案四

方案四：不分区并行		空闲时间	总订单量：208	
实体	输出量		处理时间	收集时间
合成器 1	2329	0%	3.60%	96.40%
合成器 2	2164	0%	3.30%	96.40%
总计（除订单）	4295			

表 7 – 11　　工人处理数据方案四

方案四：不分区并行						
实体	搬运量	空闲时间	空载时间	负载时间	偏移空载时间	偏移负载时间
工人 1	1486	0%	23.80%	41.90%	27.90%	6.30%
工人 2	1487	0.00%	23.80%	41.90%	27.90%	6.40%
工人 3	1487	0%	23.90%	41.90%	27.90%	6.40%

本章思考

1. 简述分拣作业的方法。
2. 根据本文仿真案例，对比优化前后的数据并形成详细的分析报告。

第 8 章

配货系统建模仿真与优化

第1节　配货作业概念和流程

一、配货作业概述

配货作业（Assorting）是指把拣取分类完成的货品经过配货检查过程后，装入容器并做好标示，再运到发货准备区，待装车后发送的流程。

配货作业是配送中心区别于传统仓储作业的明显特征。配送中心作为顺应市场经济发展而产生的新型流通组织，虽然也从事传统储存业的基本业务，但由于增加了配货业务，极大地增强了其自身的灵活性、竞争力和生存力。它变进货储存为按需要组货，变单纯的发货为配组送货，提高了仓库利用率，增加了车辆配载率，使空置、闲置的资源得到了全面的利用。

二、配货作业流程

配货作业流程包括印贴标签、货物分类、出货检查、捆包包装等。当这一系列作业完成之后再将货物运至发货准备区，之后进行堆码和配货信息处理。当信息处理完成之后，将货物配载装车，然后再进行配货信息记录。该流程的关系图如图8－1所示。

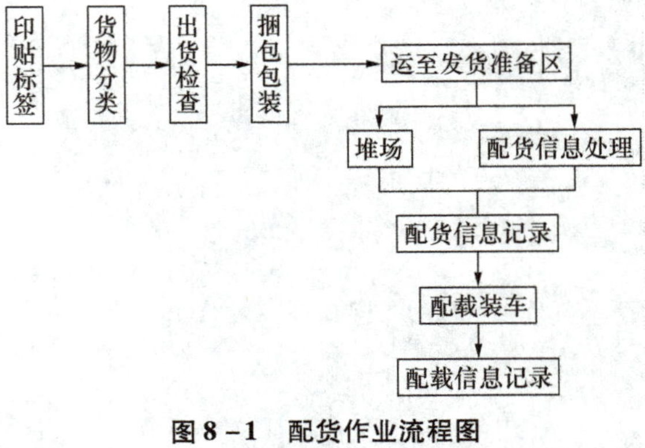

图8－1　配货作业流程图

三、配货作业的内容

配货主要包括分货和配装两个方面。分货是指根据出货单上的内容说明，考虑到出货的优先顺序、储位区域号、配送车辆趟次号、门店、先进先出等因素或原则、方法，把需要出货的商品整理出来，经复核人确认无误后，放置到暂存区，准备装货上车的工作。配装是指集中不同客户的配送货物，进行搭配装载，以充分利用运能、运力的工作。

1. 分货作业

分货作业是在拣货作业完成之后，将所拣选的货品根据客户或配送路线不同进行分类，将其中需要经过流通加工的商品拣选集中后，先按流通加工方式分类并分别进行加工处理，再按送货要求分类出货的过程。分货作业包括人工分货和自动分货两种方式。

（1）人工分货

人工分货指所有分货作业过程全部由人根据订单、拣货单来进行，作业由人、货架、集货设备（货箱、托盘等）配合完成，不借助任何电脑或自动化的辅助设备。

（2）自动分货

自动分货是利用自动分拣机来完成分货工作的一种方式。自动分货系统一般应用于自动化仓库，适用于多品种、业务量大且稳定的场合。

自动分拣机的分拣步骤如下：首先将有关货物及分类信息通过信息输入装置输入自动控制系统；其次自动识别装置对输入的货物信息进行识别；最后自动分类机根据识别结果将货物分类后送至不同的分类系统。

自拣分拣机包含以下 6 个装置：

①搬运输送机。包含 4 种类型，有传送带输送机、滚筒输送机、整列输送机、垂直输送机。

②移动装置。移动装置也称导入口、进入站，其作用是把搬运来的物品及时取出并移送到自动分类机本体上。移动装置通常有直线形和环形两种。

③分类装置。分类装置是自动分类机的主体，按其分出货物的方式可分为 4 种，即推出式分类、浮起送出式分类、倾斜滑下式分类和传送带送出式分类。

④排出装置。其作用是尽早将各货物搬离自动分类机并避免与下批货物相碰撞。

⑤输入装置。输入装置是在自动分类机分类之前，把分类物的信息输入控制系统的装

置。其输入方法常有：键入式输入、条码及激光扫描器输入、光学读取器输入、声音输入装置输入、反向记忆输入、主计算机输入、体积测量器输入、重量器输入等。

⑥控制装置。控制装置是根据分类物的信息，对分类机上的货物进行分类控制的装置。其控制方式有两种：磁气记忆式控制和脉冲发信式控制。

上述 6 项装置相互配合使用。在选择自动分类机时，最好考虑到以下 5 个主要方面：物品数量、物品形状、重量分析、容器尺寸分析和易损坏品分析。如超薄、超重、易变形、易破损、不能倾覆的货物，不能使用自动分类机。

自动分货还包括旋转货架分货。旋转架分货指利用旋转货架完成分货工作，其步骤如下：将旋转货架的每一格位当成客户的出货框；作业人员在计算机输入各客户的代号；旋转货架自动将货架转至作业人员面前，让其将批量拣取的物品放入，进行分类。

2. 配装检查

配装检查最原始的做法是完全依靠人工，即将货品一个个点数并逐一核对出货单，进而查验配货的品质及状态情况。就状态及品质检验而言，纯人工方式逐项或抽样检查确有其必要性，但对于货物号码及数量核对来说，效率太低且存在错误。因此，目前在数量及号码检查的方式上有许多改进，常用的方法有商品条形码检查法、声音输入检查法和重量计算检查法。

（1）商品条形码检查法

条形码是随货物移动的，检查时先用条形码扫描器阅读条形码内容，计算机再自动把扫描信息与发货单对比，从而检查商品数量和号码是否有误。商品条形码检查相对于人工检查效率高且出错率低。

（2）声音输入检查法

声音输入检查法是一项较新的技术。当作业员发声读出商品名称、代码和数量后，计算机接收声音并自动判识，转换成资料信息与发货单进行对比，从而判断是否有误。此方法的优点在于作业员只需用嘴读取资料，手脚同时可做其他工作，自由度较高。但需注意的是，该方法虽然检查效率高，但要求作业人员发音准确，且每次发音字节有限，否则会造成计算机识别困难，进而产生错误。

（3）重量计算检查法

重量计算检查是把货单上的货品重量自动相加起来，再与货品的总重量相对比，从而检查发货是否正确。重量计算检查法可以省去事后检查工作，而且效率及正确率极高。

四、捆包包装

配货作业中的包装主要是指运输包装，其主要作用是为了保护货物并将多个零散包装物品放入大小合适的箱子中，以实现整箱集中装卸、成组化搬运等，同时减少搬运次数，降低货损，提高配送效率。另外，包装也是产品信息的载体，通过在外包装上印贴标签或书写产品名称、原料成分、重量、生产日期、生产厂家、产品条形代码、储运说明、客户名称、订单号等，以便于客户和配送人员识别产品，进行货物的正确装运与交接。通过扫描包装上的条形码，还可以进行货物跟踪。

配送的包装要求结构坚固标志清晰、价格低廉，重点在于搬移管理、保护商品和信息传递。包装的设计不仅要考虑配送过程的要求，例如方便配送人员识别、提高运输效率、方便装卸等；而且要考虑终端用户的要求，例如方便客户接收时的清点，尽量做到简洁、单纯、轻薄、标准、节约等合理化的要求。

五、配装

配装（goods matching）指配送中心按存货客户的指令，根据目的地、发货数量、线路等，对即将发货的物品进行配车并装车的活动。其中 GBT 22126—2008《物流中心通用作业规范》关于配装流程及规范的要求如下：根据订单情况，制订配装作业和车辆调度计划，有效组织人力、物力和运输车辆，保证发货物品能够及时配齐并装车；根据订单与物品类别，规定可以混装或者不可混装的物品；装车物品的堆码、加固要求；配送单证流程及物品转移交接程序。

详细来说，配装就是由于不同客户需要的货物不仅品种、规格不一，且数量差异很大（如某一个客户的商品数量过少，无法装满一个车辆），配送中心就把同一条线路上不同客户的货物组合、配装在同一辆载货车上，或者把不同线路但同一区域的多家客户的货物混载于同一辆车上，进行配送。

在进行配装的过程中，要遵循以下 8 条配装原则。

①轻重搭配：将重货置于底部，轻货置于上部，避免重货压坏轻货，并使货物重心下移，从而保证运输安全。

②大小搭配：到达同一地点的同一批配送货物，其包装的外部尺寸有大有小，为了充

分利用车厢的内容积，可使不同尺寸大小的货物在同一层或上下层合理搭配，以减少厢内留有的空隙。

③性质搭配：拼装在一个车厢内的货物，其化学属性、物理属性不能互相抵触。由于在交运时托运人已经包装好而承运人又不得任意开封，因此，若厢内货物因性质抵触而发生损坏则由托运人负责，由此造成的承运人损失由托运人赔偿。

④一次积载：到达同一地点的适合配装的货物应尽可能一次积载。

⑤合理堆码：根据车厢的尺寸、容积、货物外包装的尺寸来确定合理的堆码。

⑥不许超限：积载时不允许超过车辆所允许的最大载重量、最大长度宽度和高度。

⑦载荷均匀：积载时车厢内货物重量应分布均匀，不能出现明显的左右或前后不均。

⑧防撞防污：应防止车厢内货物之间碰撞、沾污。

六、配装的方法

在配装的过程中为了避免多装造成车辆损坏，通常用吨位满载率作为控制指标。位满载率 = 实际完成周转量 ÷ 在运行承载质量。配送运输车辆的吨位满载率尽量保持在 80% ~ 100%，但是不能超过 100%，否则可能造成车辆损坏。

对于重质货物来讲，不管如何拼装基本都能够达到 100% 的满载率，在配装过程中比较困难的是如何将重质货物和轻质货物混装或者将不同规格包装的轻质货物混装，以达到容积和载重量都得到充分利用的效果。

需要指出的是，要使车辆的配装合理，应该在订单生成和分拣、包装时就有所安排。配送中心通过建立一定的模型并按照模型编写出软件，利用软件进行配载的计算，可以获得良好的效果。

一般来讲，车辆的配装应按照运载特性，遵从以上原则，尽可能地提高满载率。具体方法有以下三种。

①研究各类车厢的装载标准、不同货物和不同包装提及的合理装载顺序，努力提高装载技术和操作水平，力求装足车辆核定吨位。

②根据客户所需的货物品种和数量，调配适宜的车型承运，要求配送中心保持合理的车型结构。

③凡是可以拼装的尽可能拼装，注意做好不同客户货物的标记工作，以防出现差错。

第 2 节　配货作业管理

配货作业的好坏直接影响后续送货作业的质量，在一定程度上代表了一个配送中心的实力和声誉，但另一方面，配货又是一种复杂、工作量大的工作，尤其是在多用户、多品种的情况下更是如此。所以配货作业管理十分重要，其基本任务就是保证配送业务中所需的商品品种、规格、数量在指定的时间内组配齐全并形成装载方案。

配货作业分为拣选式配货和分货式配货。

1. 拣选式配货

拣选式配货又分为以下 5 种。

（1）人工拣选配货

配货作业由人来进行，人、货架、集货设备（货箱、托盘等）配合完成配货作业。在实施时，由人一次巡回或分段巡回于各货架之间，按订单拣货，直至配齐。

（2）人工加手推作业车拣货配货

配货作业人员推车一次巡回或分散巡回于货架之间，按订单进行分拣，直至配齐。该配货方式借助于半机械化的手推车作业，拣选作业量大、单品或单件较重、单品或单件体积较大时，可以减轻配货作业人员的劳动强度。

（3）机动作业车拣货配货

配货人员乘车为一个客户或多个客户拣选配货，车辆上分放着各个客户的拣选容器，拣选的货物直接放入容器，每次拣选配货作业完成后，将容器内的货物放到指定的货位，或直接装卸到配送车辆上。

（4）传动输送带拣选配货

配货人员只在附近几个货位进行拣选配货，传动带不停地运转，分拣配货作业人员或按指令将货物取出放到传动输送带上，或放到输送带上的容器内。

（5）拣选机械拣选配货

自动分拣机或由人操作的叉车、分拣台车巡回于一般高层货架间进行拣选，或在高层重力式货架一端拣选。

采用拣选式配货法，能够保证配货的准确无误，对某个客户来讲可以不受其他因素制约进行快速配货；可以按客户要求的时间调整配货的先后顺序，利于配送中心开展即时配送，增强对用户的保险能力；而且配好的货可以不经分放直接装到送货车上，有利于简化工序、提高效率。

拣选式配货法的适用情况如下：

①客户数量不多，但需要的种类较多，且每种商品需求数量差异较大时；

②不同客户间需求的产品种类有较大的差异时；

③属于客户临时的紧急需求时；

④客户需求大件商品时。

拣选式配货法，主要优点是机动灵活，既可以采取机械化水平较高的工具作业，也可以实施人工操作。拣选工具可以专门配置设计的车辆、传送设备，也可以使用一般作业车辆（汽车、手推车），甚至可以用人力进行拣选。因此这种方法易于实行。尤其是在配送工作开展初期或小型配送中心，客户不多且技术装备较差的情况，使用这种方法既简便又快捷。

2. 分货式配货

分货式配货分为以下 6 种。

（1）人工分货配货

在货物体积较小、重量较轻的情况下，人工从普通货架或重力式货架上一次取出若干个客户共同需求的某种货物，然后巡回于各客户配货货位之间，将货物按客户订单上的数量进行分放。

（2）人工加手推作业车分货配货

配货人员利用手推车至一个存货点，将各客户共同需要的某种货物取出，利用手推车的机动性可在较大的范围内巡回分放配货。

（3）机动作业车分货配货

用台车平板作业车一次取出数量较多、体积和重量较大的商品，然后由配货人员驾车巡回分放配货。

（4）传动输送带加人工分选配货

传动输送带的一端和货物储存点相接，另一端同客户的配货货位相接。传动输送带运行过程中，一端集中取出各客户共同需要的货物，置于输送带上输送到各客户货位，另一端由配货作业人员取下该货位上客户所需的货物。

（5）分货机自动分货配货

分货机在一端取出多客户共同需求的货物，随着分货机上输送带运行，按计算机预先设定的指令，在与分支机构连接处自动打开出口，将货物送到分支机构。分支机构的终点是客户集货货位。

（6）回转货架分货配货

回转货架可以看成若干个分货机的组合，当货物不多又适于回转货架储存时，可在回转货架出货处，一边从货架取货一边向几个客户货位分货，直至配货完毕。

用分货式配货作业（及批量拣货），可以提高配货速度，节省配货的劳动消耗，提高劳动效率。尤其当客户数量很多时，反复拣选会使工作异常重复和烦琐，采用分货作业就可避免这种弊端。

实行分货配货作业时，还需要注意分货配货作业适用的范围：

①客户数量多，且需求的商品种类有限，每种商品的需求数量也不大；

②各客户之间需求的商品种类差别不大；

③客户在配送时间上没有严格的限制；

④客户有比较稳定的需求计划；

⑤需要搬运的货物体积不大。

这种方式计划性较强，若干用户的需求集中后才开始分货，直至最后一种共同需要的货物分放完毕，各用户需求的配货才同时完成。之后可同时开始对各用户进行送货作业，有利于考虑车辆的合理调配、合理使用和规划配送路线。和拣选式配货相比，可综合考虑、统筹安排，实现规模效益。专业性强的配送中心，易形成稳定的用户和需求，货物种类也有限。商业连锁、服务业连锁、巨型企业内部供应配送，都宜于采用此种方式。

第 3 节　配货系统仿真案例

一、问题描述与模型参数

生产线生产 5 种不同类型的产品，5 种不同类型的临时实体。临时实体在到达过程中按正态分布时间到达（均值 20，方差 2）。临时实体类型在 1 ~5 类型间服从均匀分布；之后 5 种产品被送到检测车间的暂存区，然后由三个操作员组成的小组协助搬运产品到检测装置上，并先预置产品（预置时使用操作员）。预置时间 6 秒，预置结束后进入检测过程，检测时间 16 秒。当检测完成后，通过各自的传送带将产品运输出去（传送带速度 2 米/秒），在传送带末端按照客户订单来进行装盘。5 个客户订单以及客户到达时间表如表 8 –1、8 –2 所示：当货物被装盘之后，装盘后的产品先放入暂存（容量为 25，批量为 2），然后产品被叉车以 2 米/秒的速度放到仓储中心的货架上（货架 8 层，8 列）。

表 8 –1　客户订单表

	Customer1	Customer2	Customer3	Customer4	Customer5
Prod1	4	4	4	4	4
Prod2	4	5	6	5	3
Prod3	5	4	3	4	5
Prod4	6	4	5	4	5
Prod5	5	6	4	5	4

表 8 –2　客户到达时间表

	ArrivalTime	ItemName	ItemType	Quantity
Customer1	0	A	1	2
Customer2	1500	B	2	1
Customer3	1800	C	3	3
Customer4	2550	D	4	2
Customer5	3600	E	5	3

货物的总布局模型如图 8－2 所示。

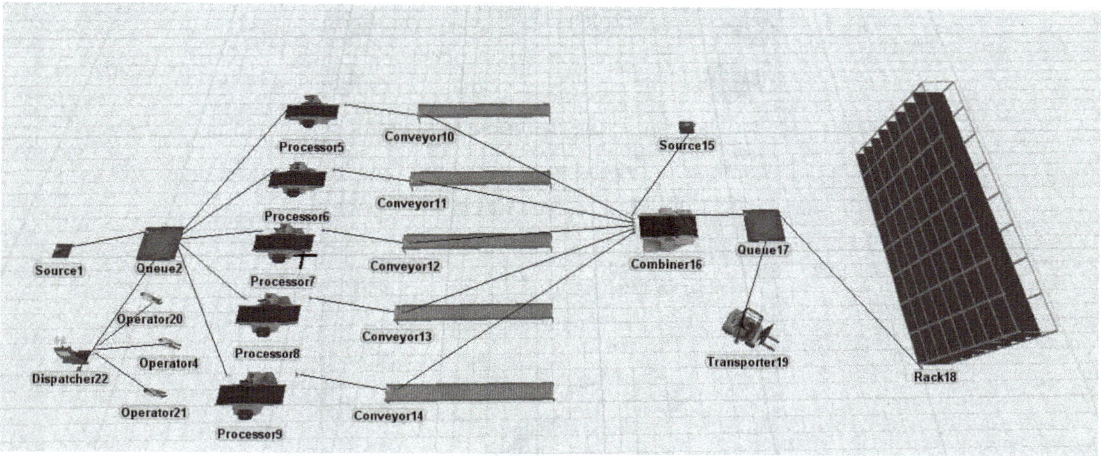

图 8－2　总布局模型

二、建模步骤

对产生 5 种产品的发生器的设置如图 8－3 所示。

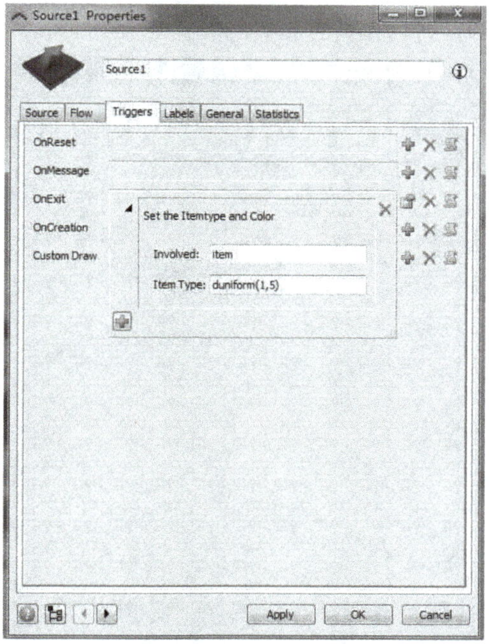

图 8－3　发生器设置图

临时实体到达的过程中服从正态分布（均值 20，方差 2），设置步骤如图 8 -4 所示。

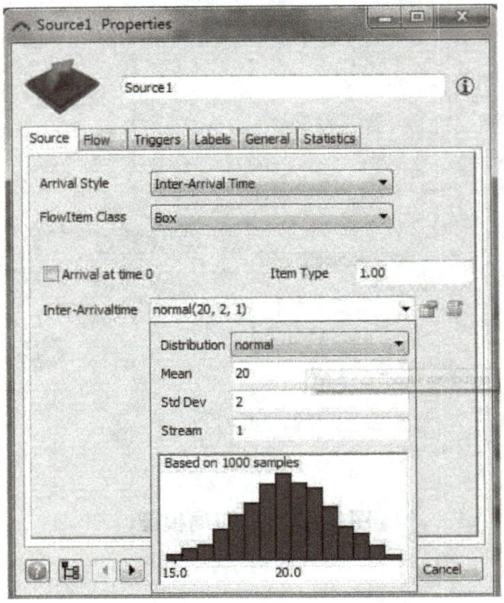

图 8 -4　时间到达分布表

5 种产品从检测区由三个操作员组成的小组协助搬运产品，并且送到检测装置上，其中使用操作员的参数设置如图 8 -5 所示。

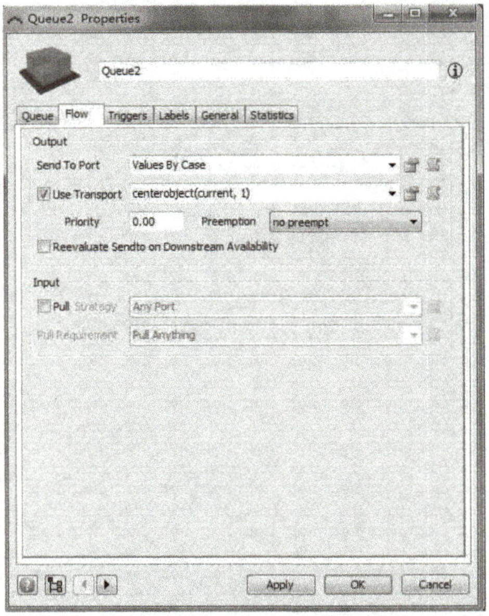

图 8 -5　使用操作员参数设置图

5 种货物在运输的过程中，不同的货物进入不同的处理器，然后进行货物的预置和处理。其中不同的货物进入不同的处理器参数设置如图 8－6 所示。

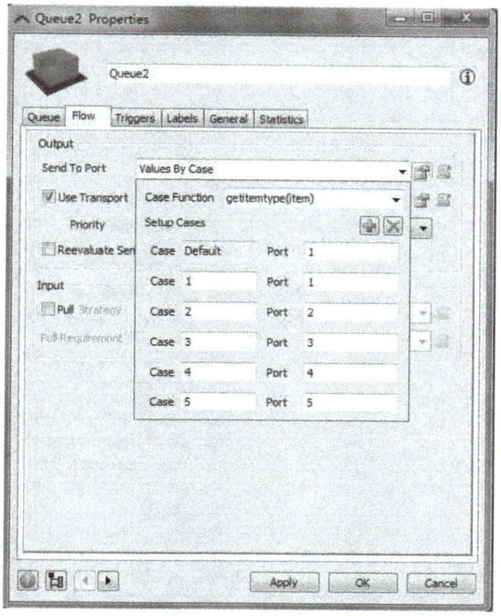

图 8－6　暂存区参数设置图

货物由操作人员从暂存区搬运到处理器，并且先预置产品，之后对产品进行处理。处理器参数设置如图 8－7 所示。

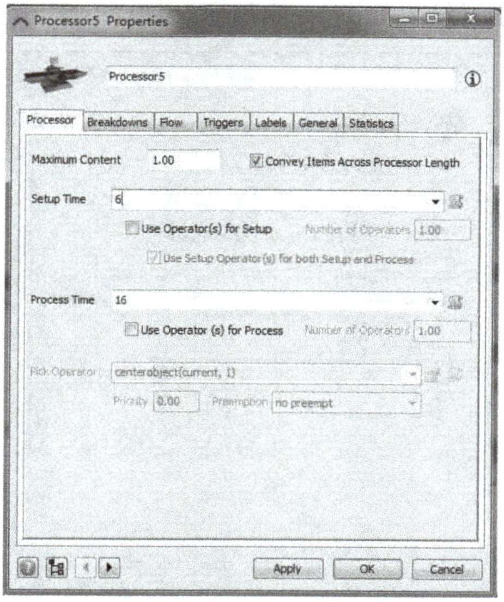

图 8－7　处理器参数设置图

当货物从处理器出来，到达传动带时传送带的速度为 2 米/秒。传送带参数设置如图 8－8所示。

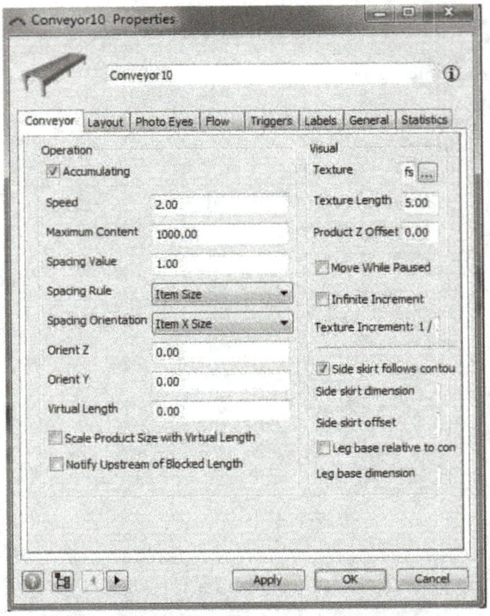

图 8－8　传送带参数设置图

当货物从传送带出来到达合成器时，合成器上存在通过发生器根据顾客的到达时间发出的托盘，并且在合成器的托盘上根据顾客订单进行装盘作业。其中我们需要对发生器发出的托盘进行参数设置，设置结果如图 8－9 所示。

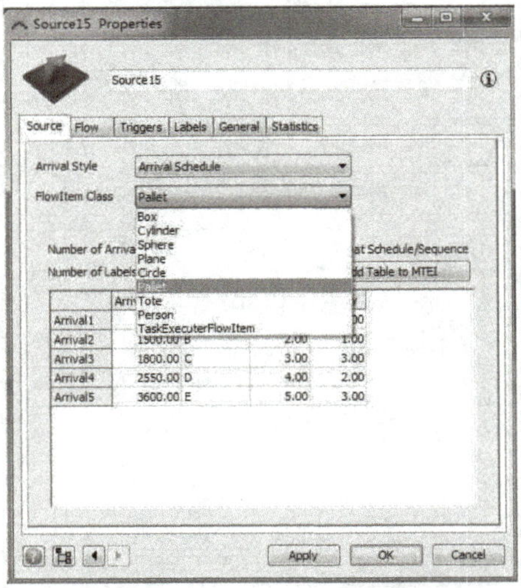

图 8－9　产生托盘参数设置

顾客到达参数时间表设置如图 8－10 所示。

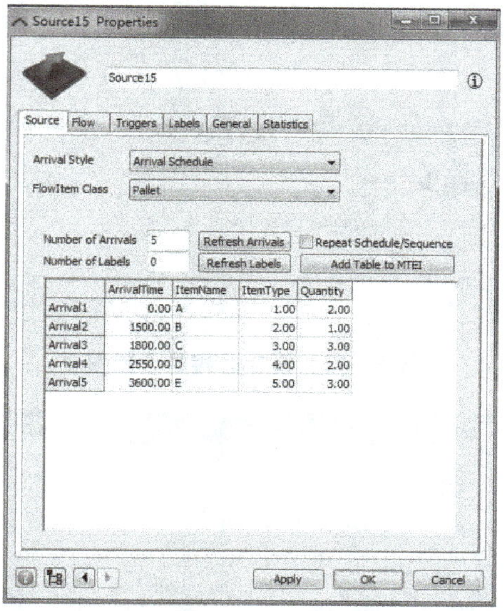

图 8－10　顾客到达时间参数表设置

合成器根据顾客订单对货物进行装盘，其中全局表的设置步骤如图 8－11、图8－12 所示。

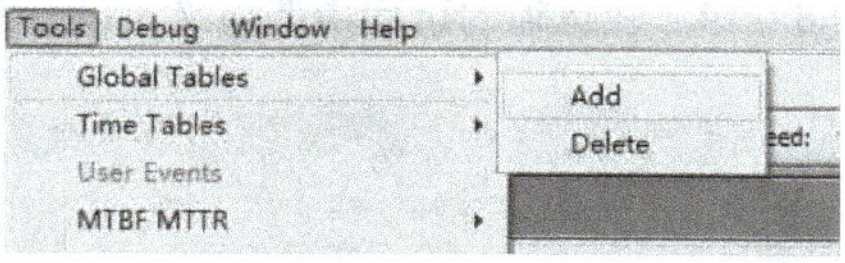

图 8－11　全局表设置

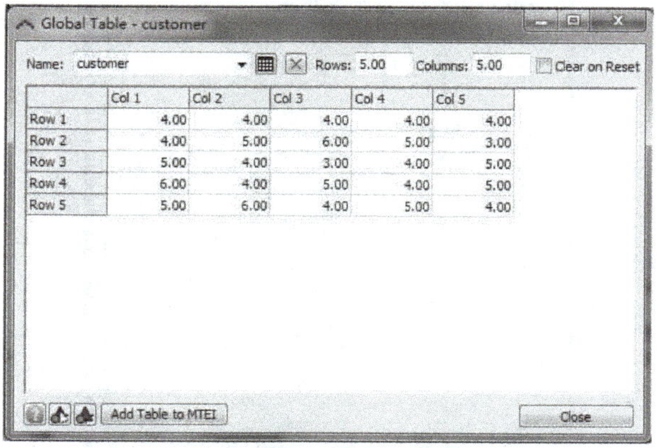

图 8－12　全局表参数设置

装盘后的产品放入到暂存区（容量为25），并用速度为2米/秒的运输机放到仓储货架上（8层8列），参数设置如图8－13、图8－14、图8－15所示。总的运行结果图如图8－16所示。

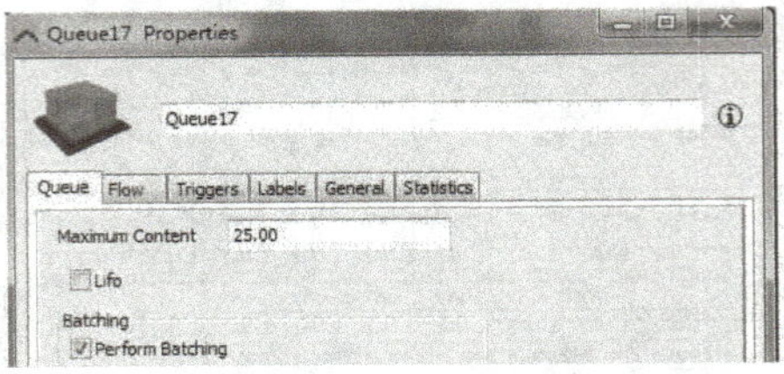

图8－13　暂存区容量设置图

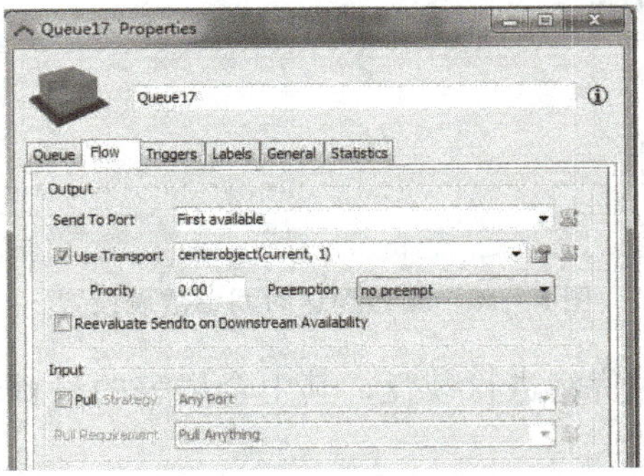

图8－14　在运输的过程中调用叉车设置图

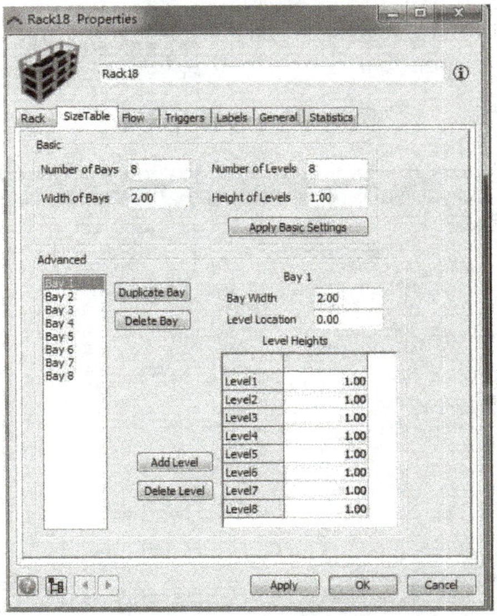

图8－15　货架参数设置图

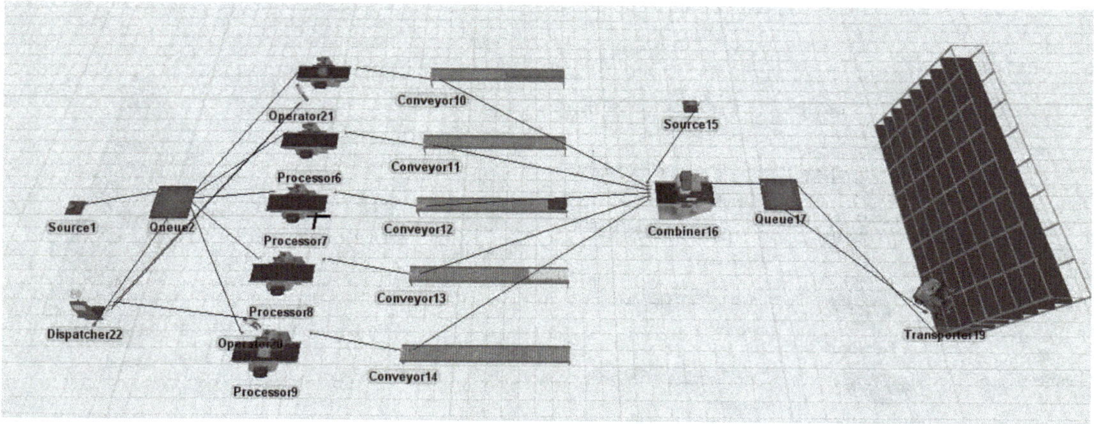

图 8－16　总的运行模型图

三、运行结果分析与改进

对总的运行结果进行分析，其中根据表 8－1 客户到达时间表中每个顾客对货物的需求量可知，在运行结果分析完成之后，货架上一共有 11 盘货物，因此对货架进行分析后结果如图 8－17 所示。

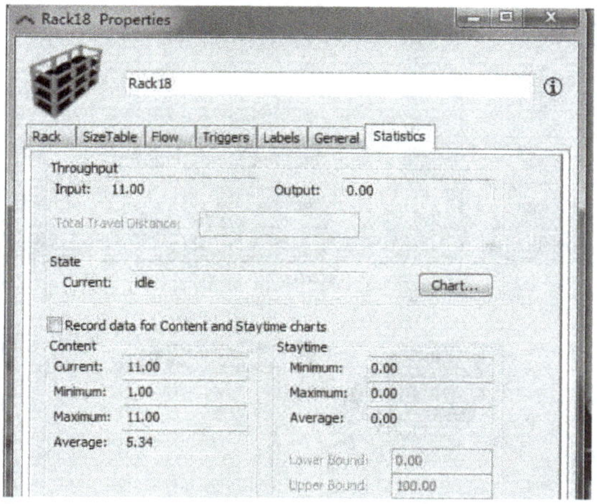

图 8－17　顾客所需货物总量

根据 5 个客户的订单以及 5 个客户到达的时间表可知，顾客 1 所需数量为 2 即 2 个托盘，产品 1 所需数量为 4 即 4 个托盘，产品 2 为 4 个托盘、产品 3 为 5 个托盘、产品 4 为 6 个托盘，产品 5 为 5 个托盘。顾客 2 到顾客 5 所需托盘数量与产品 1 所需托盘数量的分析方法相同，因此在运行终止时，货架上托盘的数量为 11 个。运行结果如图 8－18 所示。

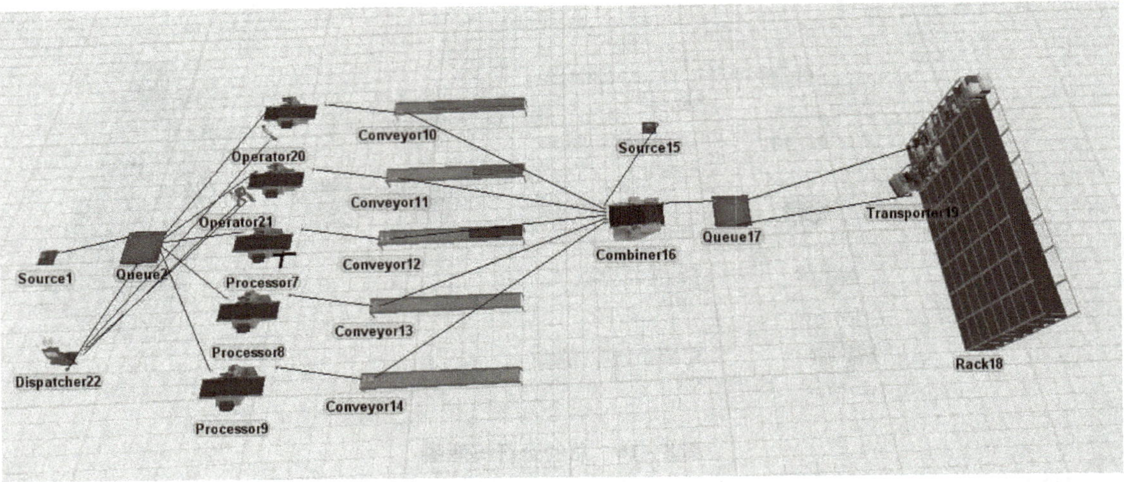

图 8－18　运行结果图

图 8－19 为合成器的分析图。由图 8－19 可知，在合成器工作的过程中出现了大量空余时间，其实质为顾客等待时间。因此该模型在运行过程中存在需要改进的地方，即减少顾客的等待时间。在实际操作时，我们要尽量避免顾客等待时间过长，以提高服务效率和顾客满意度。

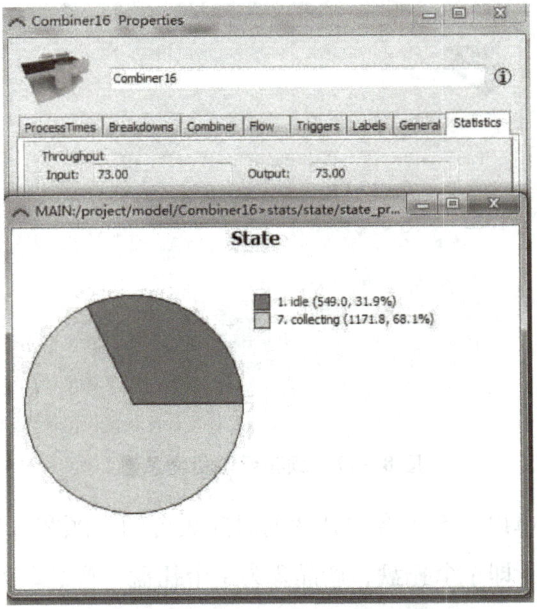

图 8－19　合成器分析图

本章思考

1. 总结配货系统的作业流程。
2. 根据本文仿真案例，对比优化前后的数据并形成详细的分析报告。

第 9 章

自动化立体仓库建模仿真与优化

第 1 节　自动化立体仓库概述

一、自动化立体仓库的概念

自动化立体仓库（AS/RS－Automatic Storage and Retrieval System）又称为自动化高架仓库或自动存储系统，是一种基于高层货架，采用计算机进行控制管理，采用自动化存取输送设备进行自动存取作业的仓储系统。自动化立体仓库由高层货架、托盘或货箱、巷道堆垛机、输送机、AGV 自动导向小车、自动控制及仓库管理系统（WMS）等组成。目前全国自动化立体仓库的保有量在 300 座左右，主要集中在烟草、医药保健品、食品、通信和信息、家具制造业、机械制造业等传统优势行业。由于其具有存储量大、存储效率高、自动化和信息化水平高等优点，故越来越得到人们的认同和普遍使用。

自动化仓库作为物流系统的核心和枢纽，是物流系统实现物流合理化的关键所在。通常，一种产品要从原材料做成成品，再把成品转换成商品送到消费者手中，需经过两个基本物流环节：一是物流生产过程，如加工流水线、自动生产线；二是把商品送到消费者手中的物流流通过程。目前立体仓库系统主要有两大应用领域，一是各种自动化生产线中的在线立体仓库系统，二是各种物资配送中心。货物从一个地方转移到另一个地方，单件运输是不经济的，成批的和大量的组织运输有助于减少成本，而货物的等待就必须要借由仓库来实现。自动化立体仓库在物流中就充当这样一个货物储存的角色。

二、自动化立体仓库的发展过程

仓库的发展，按自动化的程度可分为 5 个阶段：人工仓储技术阶段、机械化仓储技术阶段、自动化仓储技术阶段、集成自动化仓储技术阶段和智能自动化仓储技术阶段。

1. 人工仓储技术阶段

在这一阶段，仓储过程各环节的作业（包括物品的输送、存储、管理和控制等）主要靠人工来完成。这一阶段的优点是可以面对面地接触仓储全过程，且初期的设施设备投资少。

2. 机械化仓储技术阶段

这一阶段的作业特点是作业人员通过操纵机械设备来实现物品的装卸搬运和储存等作业活动。如通过传送带、工业搬运车辆、堆垛机等来移动和搬运物料，采用各种货架、托盘等来存储物料。机械化程度的提高大大提升了劳动生产率和装卸搬运工作的质量，改善了作业人员的劳动条件，且由于使用货架来储存货物，避免了货品之间的相互挤压，改善了货品的储存保管条件。另外，机械化仓储技术使储存空间向立体方向发展，大大提高了存储空间的利用率。这一阶段的仓储机械设备需要投入大量的资金进行购买，且需一定的费用来对其进行科学的管理和维护，故成本相对人工仓储技术阶段要高一些。

3. 自动化仓储技术阶段

这一阶段在仓储系统中采用了自动输送机械、自动导引小车（AGV）、货品自动识别系统、自动分拣系统、巷道式堆垛机等先进技术。

随着计算机技术的发展，信息自动化技术逐渐成为自动仓储系统的核心技术，使得在计算机之间、数据采集点之间、机械设备的控制器之间以及它们与主计算机之间的通信可以及时地进行信息汇总。仓库计算机可以及时地记录订货和到货时间，随时显示库存量，计划人员可以方便地做出供货计划，管理人员可随时掌握货源及需求情况。在这一阶段，信息技术的应用已成为仓储技术的重要内容。

4. 集成自动化仓储技术阶段

将仓储过程各环节的作业系统集成为一个有机结合的综合系统，称为仓储管理系统。在仓储管理系统的统一控制指挥下，各子系统密切配合、有机协作，使整个仓储系统的总体效益大大超过了各子系统独立工作的效益总和。在这一阶段，货品的仓储过程几乎可以不需要人的参与，完全实现了仓储的自动化。

5. 智能自动化仓储技术阶段

人工智能技术的发展推动了自动化仓储技术向智能化方向发展。在这一阶段，系统可以完全自动地运行，并根据实际情况自动向人们提供许多有价值的参考信息。如对市场前景做出科学的预测；根据货品的需求情况对仓储资源的有效利用提出合理化的建议；对系统运行的效果提供科学的评价；根据多个客户的地理位置，提供最优化的运输路线等。总之，目前智能化仓储技术阶段还处于初级发展阶段，在这一技术领域还有很大潜力可控，具有广阔的发展空间。

三、自动化立体仓库的类型

1. 按高层货架与建筑物之间的关系进行分类

①整体式。货架除了储存货物以外，还作为库房建筑物的支撑结构，是库房建筑的一个组成部分，即货架与建筑物形成了一个整体〔见图 9－1（a）〕。这种形式的仓库建筑费用低、抗震，尤其适用于 15 米以上的大型自动仓库。

②分离式。货架与建筑物相互独立〔见图 9－1（b）〕。适用于车间仓库、旧库技术改造和中小型自动仓库。

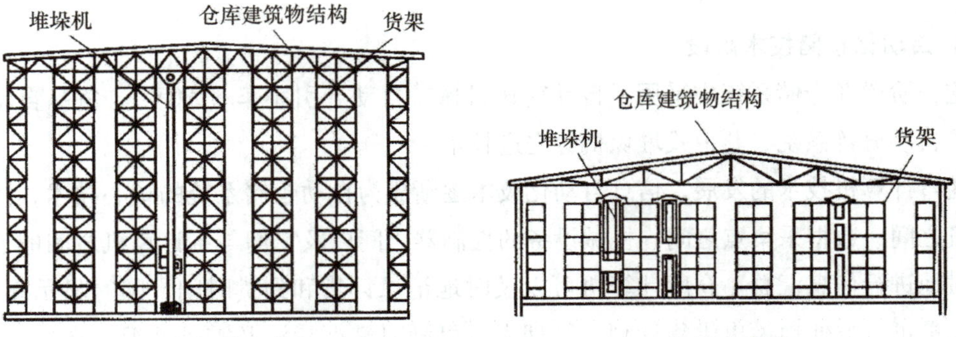

（a）整体式　（b）分离式

图 9－1　立体仓库结构示意图

2. 按货架的结构形式

①单元货格式自动化仓库，如图 9－2 所示。

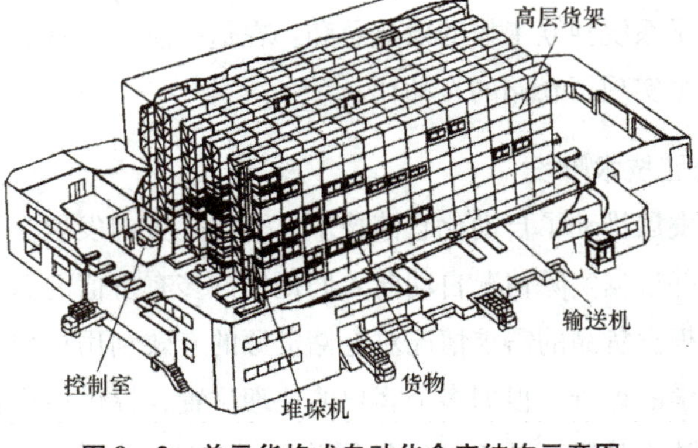

图 9－2　单元货格式自动化仓库结构示意图

②贯通式自动化立体仓库贯通式自动化立体仓库分为重力货架式自动仓库和梭式小车式自动化立体仓库两种类型，其结构组成示意图和货架结构示意图分别见图 9－3、9－4。

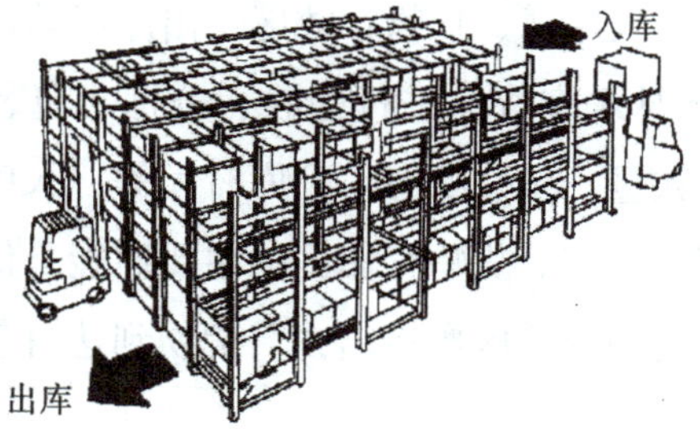

图 9－3　重力货架式自动仓库结构组成示意图

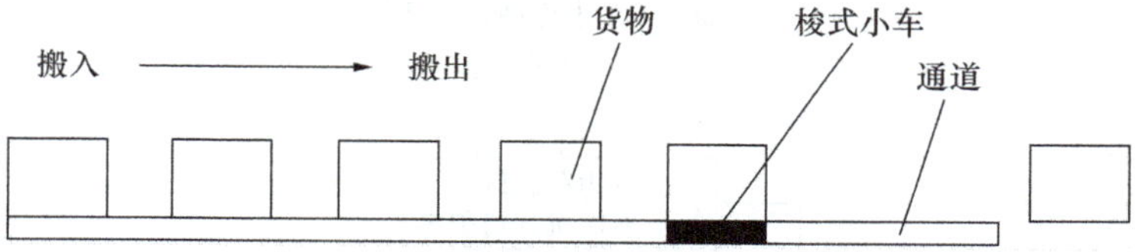

图 9－4　梭式小车式货架结构示意图

③移动货架式自动化仓库移动货架又称为动力货架或流动货架，图 9－5 为在移动货架式自动化仓库中移动式货架的工作示意图。

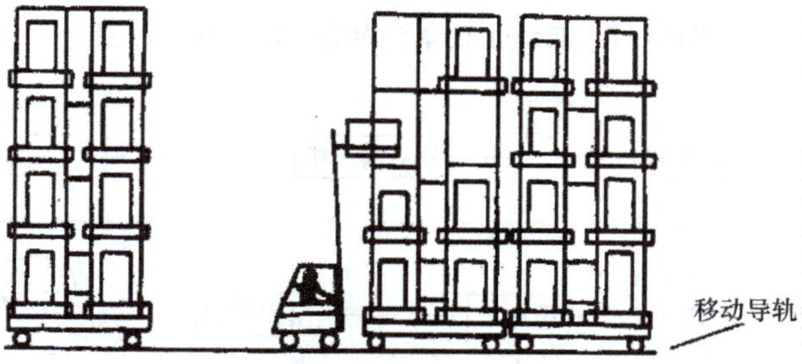

图 9－5　移动式货架的作业方式

④旋转式自动化立体仓库，如图 9－6 所示。

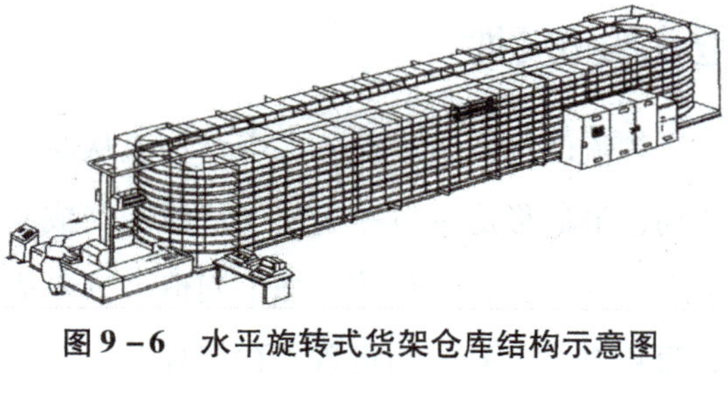

图 9－6　水平旋转式货架仓库结构示意图

四、自动化仓库的作业流程

立体仓库主要由理货区、入库区、货物存放区、出库区等部分组成，其总体结构如图9－7所示。理货区的职能是对入库货物进行验收、分拣、包装、贴标、核查等工作，掌握入库货物的品种、规格、数量、包装状态、到库时间等。入库区的职能是将托盘货物从理货区运送到入库站台，等待入库。货物存储区的主要职能是储存货物。出库区主要是根据出库指令将相应的货物从货物仓储区搬运出去。货物到达自动化立体仓库中的主要作业流程如图9－8所示。

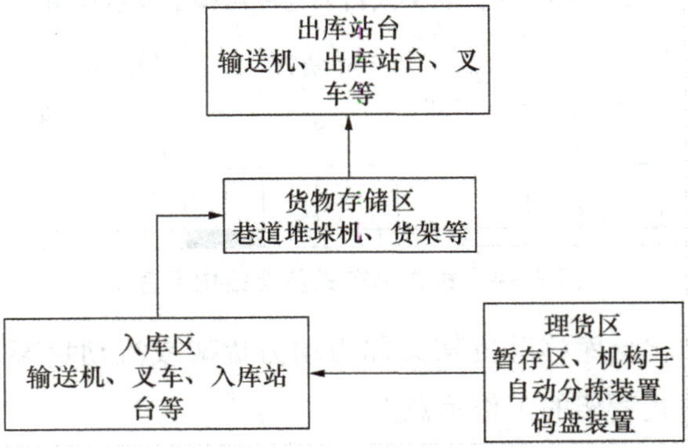

图9－7　自动化立体仓库的总体结构示意图

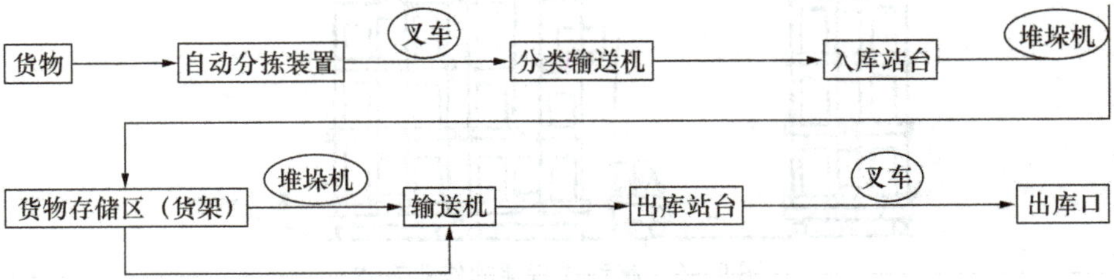

图9－8　自动化立体仓库主要作业流程图

五、自动化立体仓库的重要性

自动化立体仓库是生产物流的重要组成部分。生产物流从原材料采购开始，经过基本制造过程的加工和转移活动，最后形成具有一定使用价值的产成品，并将其运至成品库或用户。物料经历着采购运进、入库验收、存放、加工制造、进入成品库以及成品外运等一系列物料实体运送的动态流转过程，其中均包含了存储环节。

（1）科学储备，提高物料调节水平

作为仓库，它首先应具有储存的功能。在自动化系统的管理和控制下，仓库能对物料进行科学的管理，使之在存储过程中合理利用各种资源，提高处理效率，适应多种存储要求。

（2）有效地衔接生产与库存，加快物资周转，降低成本

作为生产过程的中间环节，仓储应具有原材料、在制品和成品的缓冲存储功能。在自动化和机械化设备处理下，自动化程度提高，各种物料库存周期缩短，从而降低了总成本。

（3）适当加工，合理利用资源，提高效益

许多仓库或多或少地承担一些加工任务，如做一些为存储进行组装、出货前的包装工作等。仓储可以提高原材料利用率，方便用户，提高加工效率和设备利用率，充分发挥各种输送手段的最高效率。通过存储环节，能把生产与需要有机地结合起来，减少生产的盲目性，充分利用已有的资源，从而增强对市场变化的反应能力，减少损失，易于在激烈的市场竞争中获胜。

（4）为企业的生产指挥和决策提供有效的依据

自动化仓库往往也是企业信息系统的重要环节，企业的领导者可根据库存信息制订相应的战略和计划，指挥、监测和调整企业的行动。目前装卸和储运作业即物流作业在国民经济中占用了大批劳动力，而大力提倡物流工作机械化和自动化则可提高劳动生产率且节省劳动资源。我国近几年来在工业发达地区已建立了一定数量的自动化立体仓库。

第 2 节　自动化立体仓库仿真案例

一、问题描述与模型参数

某物流中心采用单元货架式自动化立体仓库，主要由入库分拣区、入库处理区、货物存储区、出库处理区、出库分拣区五大部分组成。年工作日为 250 天，日工作小时为 10 小时。

自动化立体仓库平面如图 9－9 所示。

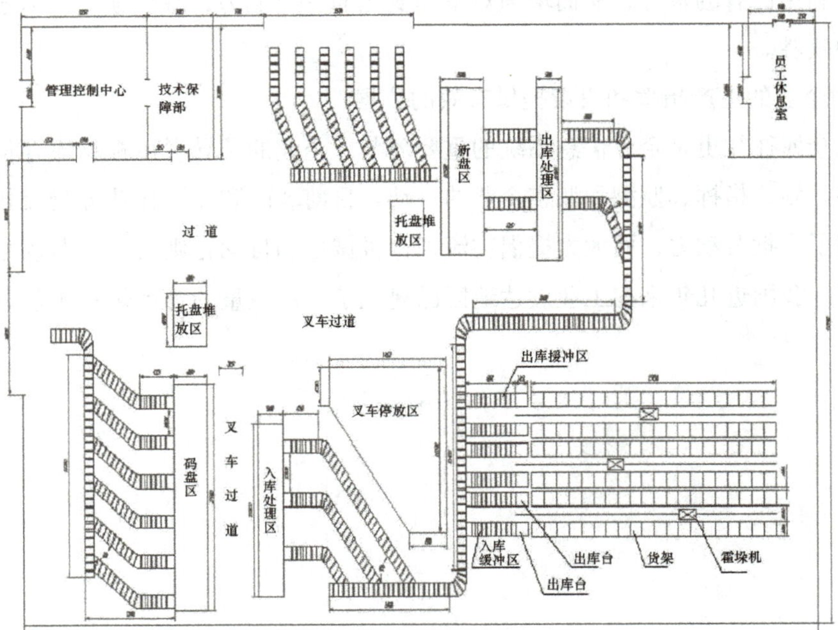

图 9－9　自动化立体仓库平面图

①入库分拣区：模型中的输送机由 12 段组成，其中 6 段弯道分别用来输送需要入库的 6 类货物，每一段的长度为 10 米，速度为 2 米/秒，载货量均设置为 20 托盘。每两排

输送机共用一个操作员。

②入库处理区：处理区主要用来对码盘后的货物进行记录，校核清单。入库处理区有3台，出/入库处理器处理时间（峰值时间）为30秒，在每次处理货物前的预置时间为8秒（常数）。码盘作业器协助操作员进行码盘作业，人工将货物放置在托盘后，整理、打包，作业时间为15秒（常值）。

③货物储存区：货物经过输送带分类，从入库输送带进入入库暂存区，然后分类装入货架，其中类型1、2存储于第一组货架，类型3、4存储于第二组货架，类型5、6存储于第三组货架。货物经过 exponential（0，10000，1）停留后从出库暂存区出库。货位数：20（列）×6（行）×15（层）=1800（个）。

④出库处理区：出库区有2台处理器、2台分解器和2个机器手分别对出库货物进行处理。出库托盘经处理器处理后经过分解器，货物与托盘分离，由输送机将货物逐个送出库。此时分拣器无预置时间、操作时间。

⑤出库分拣区：将货物分类拣选后经由6条输送带输送至吸收器。

二、建模步骤

设计完成的整体布局图如图9－10所示。

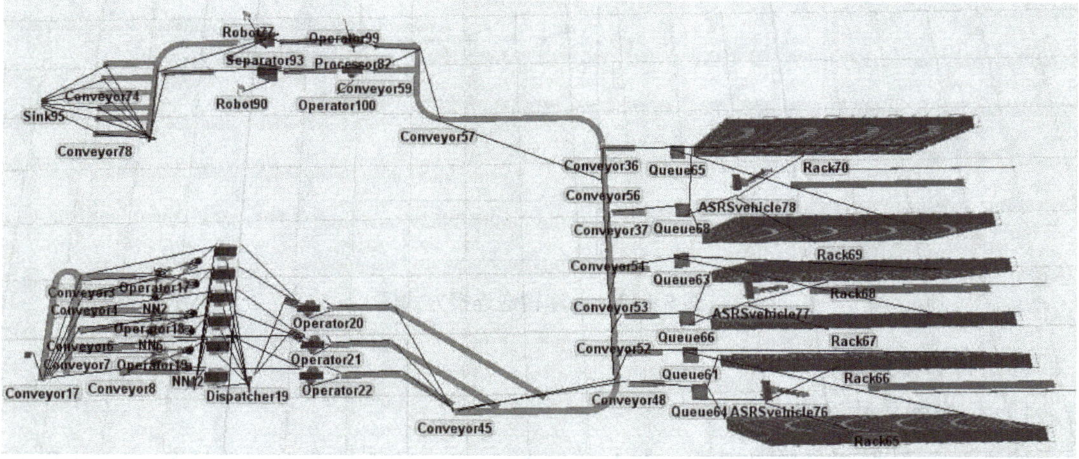

图9－10　整体布局图

1. 入库分拣区模型

①入库分拣区整体布局见图9－11所示。

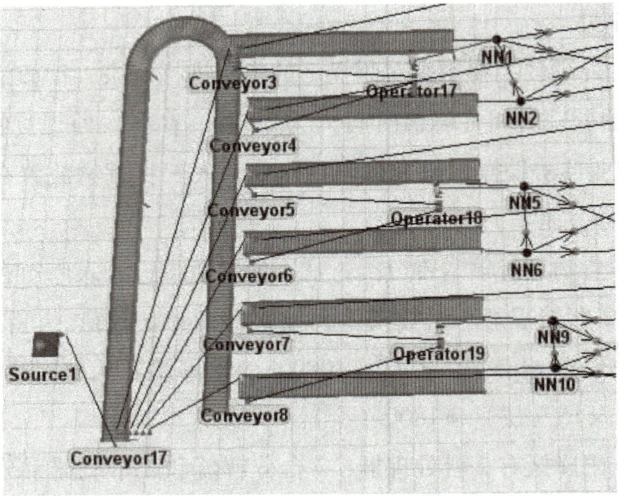

图 9-11 入库分拣区布局图

②入库输送连接方式如图 9-12 所示。

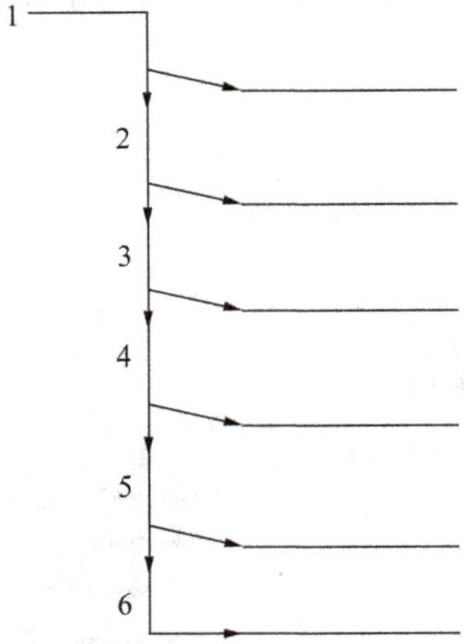

图 9-12 入库输送连接方式图

③实体参数设置。

1）生成器参数设置

双击 Source 打开参数设置页，在 Inter - Arrivatime 的下拉菜单中选择 Statistical Distribution 设置 exponential（0，35，1），设置结果如图 9-13 所示。

如图 9-14，点击最上层的 SourceTriggers，在 OnExit 下拉菜单中选择 Set Itemtype and Color，根据系统设置把 Itemtype 设置为 duniform（1，6）。

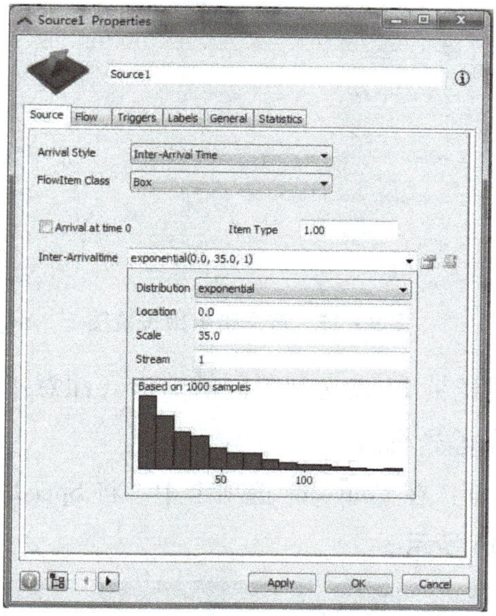

图 9－13　发生器到达时间参数设置图

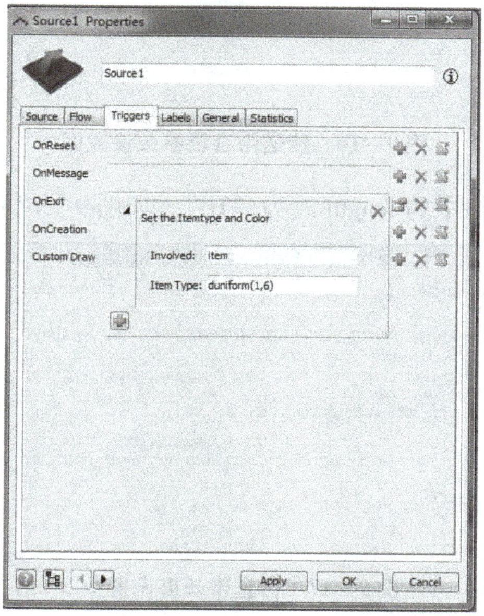

图 9－14　实体种类参数设置图

2）分拣输送带参数设置

a. 输送带 1 设置。点击 Flow，在 Sent To Port 下拉菜单中选择 Cases By Value，设置参数如图 9－15 所示。

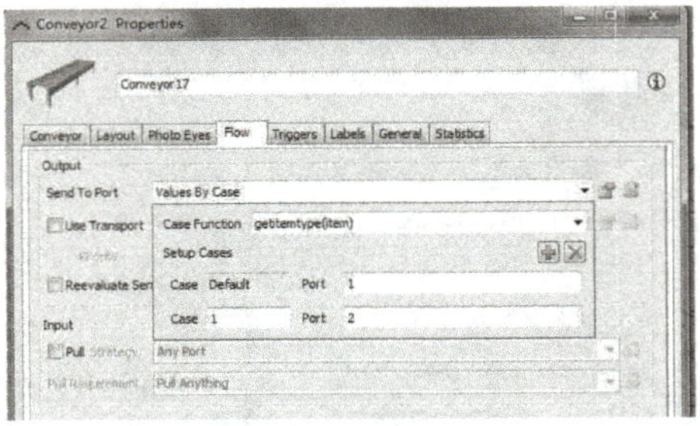

图 9－15　传送带参数设置图

6 种不同的货物通过传送带 17 发送到不同的端口（注意接口连接顺序，应先连接下端的输送机，再连接右端的输送机。）

b. 右端 6 条输送机设置：在 Conveyor 选项卡中，将 Speed 改为“2”，Maximum Content 改为“20”，如图 9－16 所示。

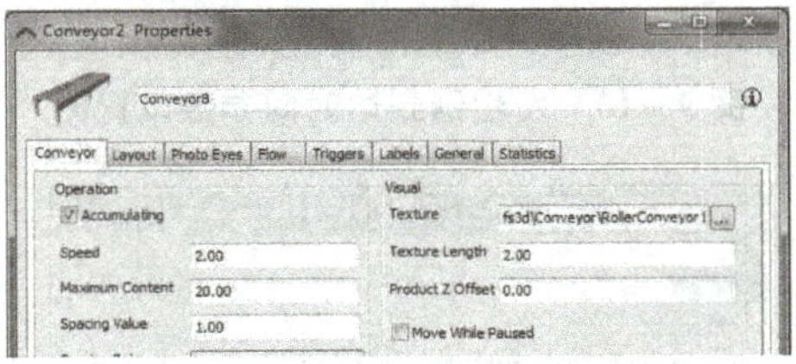

图 9－16　传送带容量参数设置图

点击 Layout 将下面表格中的 length 改为“10”，如图 9－17 所示。

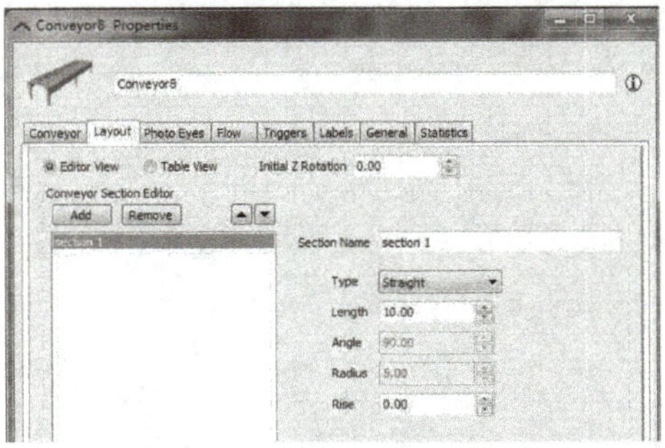

图 9－17　传送带长度设置图

点击 Flow 将 Use Transport 选项前面点击打钩，设置步骤如图 9－18 所示。

右端其他 5 个输送机设置同上。

c. 操作人员设置：双击 Operator，在 Load Time 下拉菜单中选择 By Expression，将参数改为“15”，如图 9－19 所示。

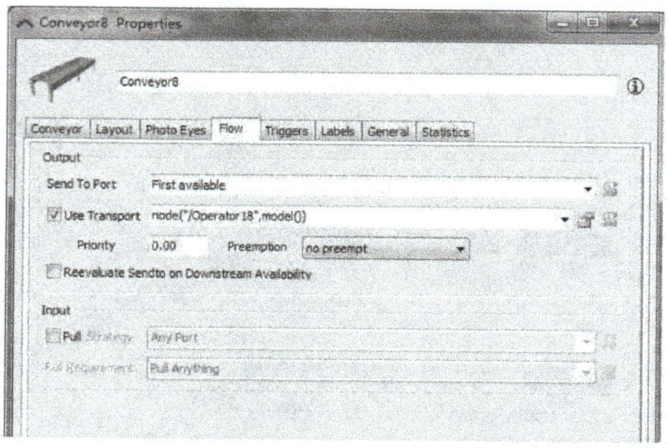

图 9－18　传送带传输的过程中使用运输工具参数设置

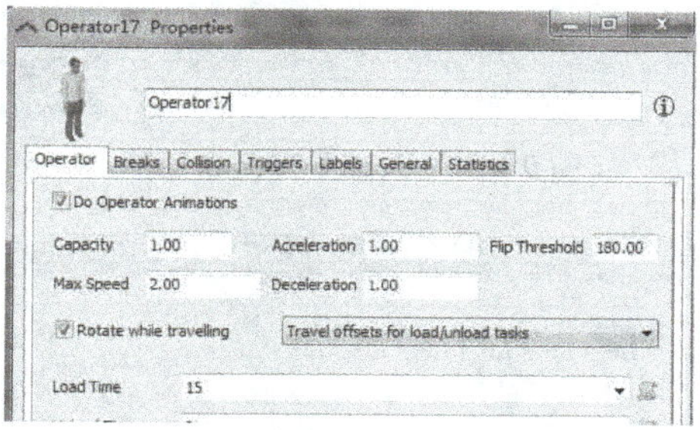

图 9－19　操作员参数设置

操作人员的行走路径如图 9－20 所示。

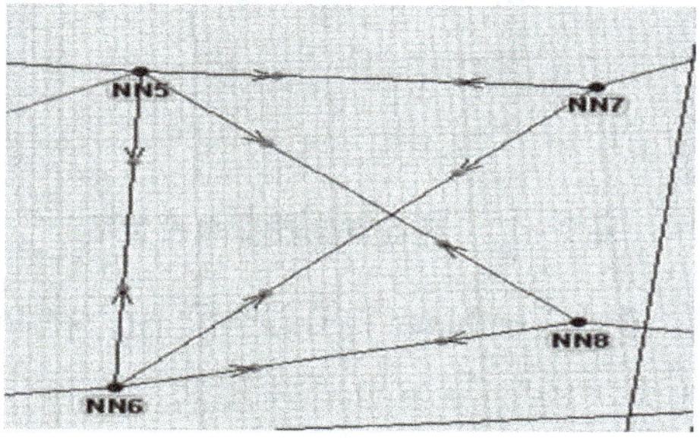

图 9－20　行走路线图

其余两名操作人员的设置相同。

2. 入库处理区

①入库处理区整体布局，如图 9－21 所示。

②参数设置。

1）Source 参数设置：双击第二个 Source 打开参数设置页面，在 FlowItem Class 下拉菜单中选择“Pallet”，如图 9－22 所示。

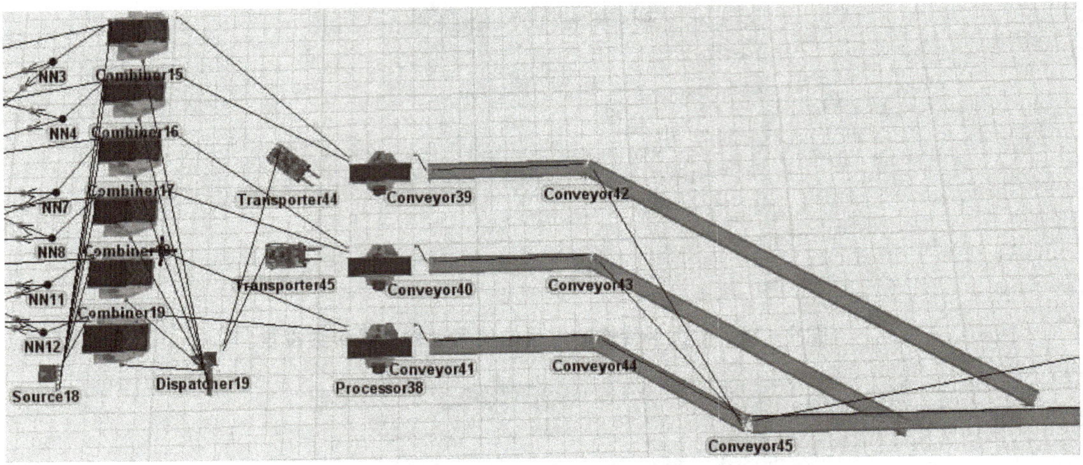

图 9－21　入库处理区布局图

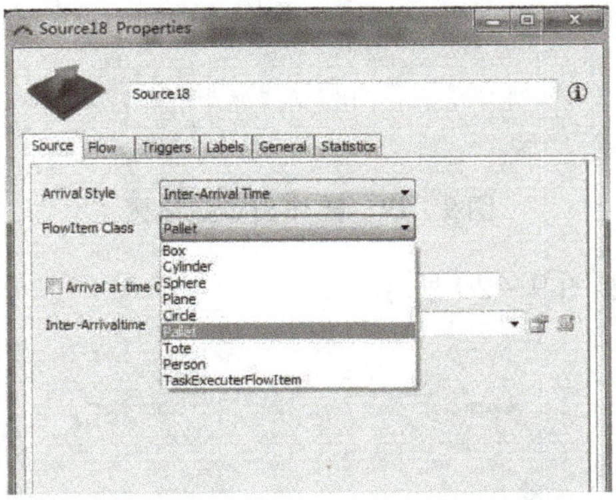

图 9－22　托盘发生器参数设置图

2）Combiner 参数设置：双击 Combiner 打开设置页面，在 Process Times 下拉菜单中选择 By Expression 并将参数改为“10”，如图 9－23 所示。

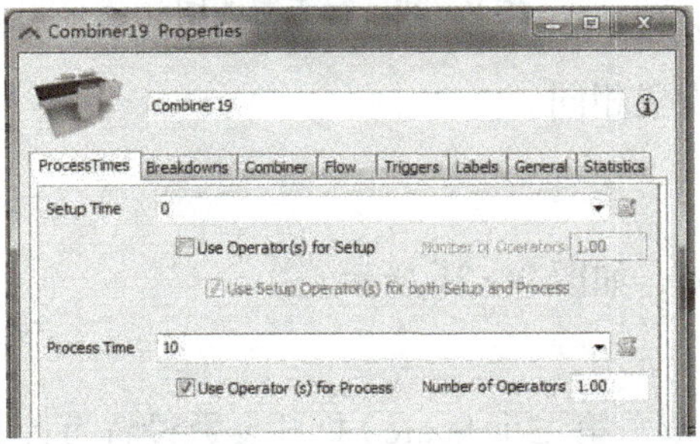

图 9－23　合成器处理时间设置图

点击 Combiner 选项卡，将 Target Quantity 参数改为“4”，如图 9－24 所示。

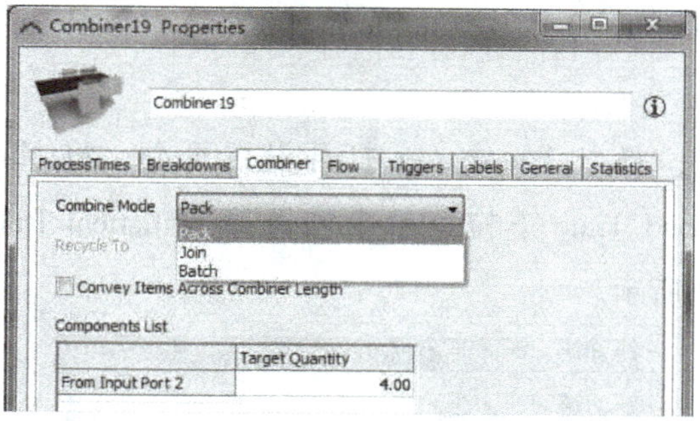

图 9－24　合成器打包参数设置图

点击 Flow，将 Use Transport 选项前面点击打钩 Use Transport，设置步骤如图 9－25 所示。

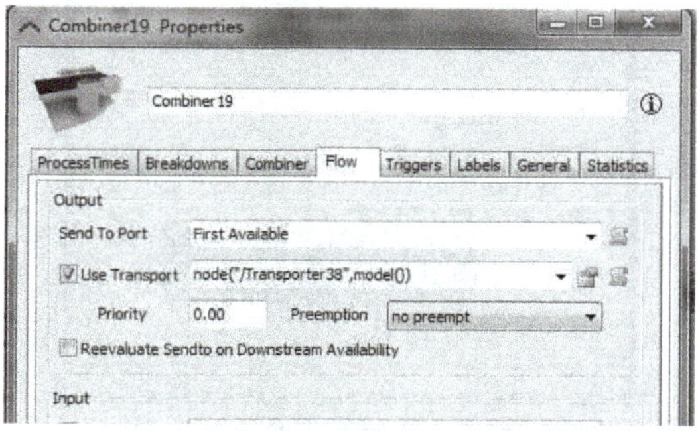

图 9－25　在合成器上使用运输工具参数设置

点击 Processor Triggers，在 OnExit 下拉菜单中选择 Set ItemType 设置为 duniform（1，1），如图 9－26 所示。

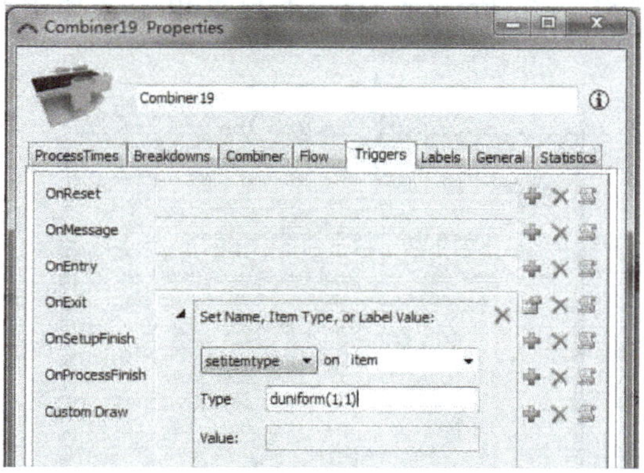

图 9－26　合成器参数设置图

剩余的 5 个 combiner 的参数设置和 combiner 19 的设置类似，只是在 OnExit 命令下的 Type 设置中分别为 duniform（2，2），duniform（3，3），duniform（4，4），duniform（5，5），duniform（6，6）。

3）Transporter 设置：双击 Transporter 打开设置页面，将 Maximum Speed 参数改为“2”；Load Time 和 UnLoad Time 下拉菜单中均选择 Statistical Distribution 设置为 uniform（3，5，1），如图 9－27 所示。

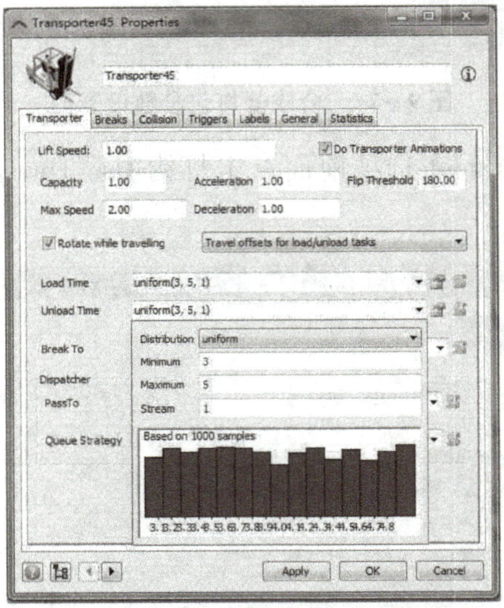

图 9－27　叉车装卸时间参数设置图

其余 Transporter 设置同上。

4）处理器参数设置：双击 Processor 打开设置页面，在 Setup Time 下拉菜单中选择 By Expression 将参数改为“8”，在 Process Time 下拉菜单中选择 By Expression 将参数改为“30”，如图9－28所示。

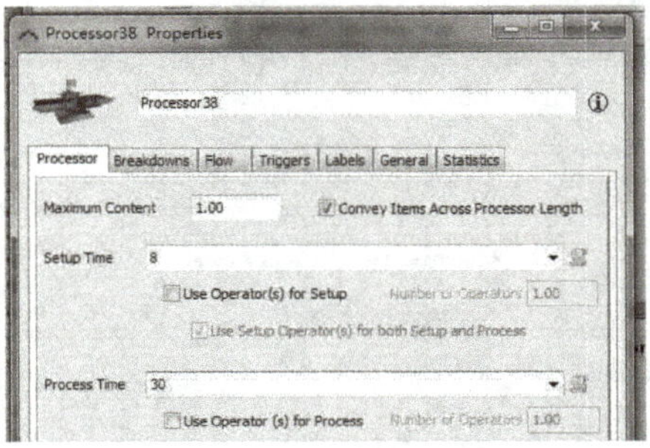

图 9－28　处理器时间参数设置图

点击 Operators，将 Use Operator（S）for Setup 选项前面点击打钩，如图 9－29 所示。

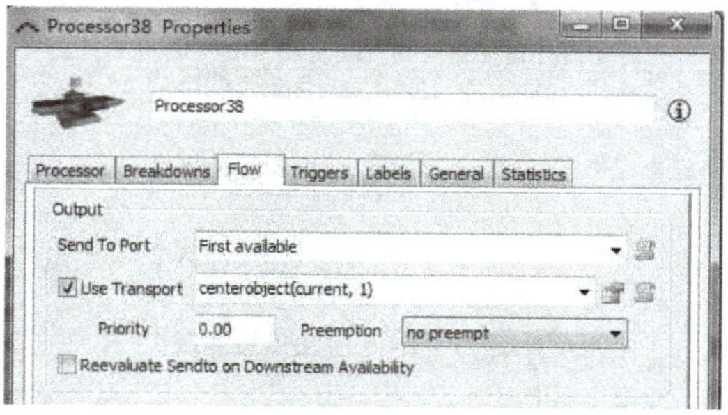

图 9－29　处理器运输工具使用参数设置图

其余 Processor 设置同上。

3. 货物存储区

①货物存储区整体布局，如图 9－30 所示。

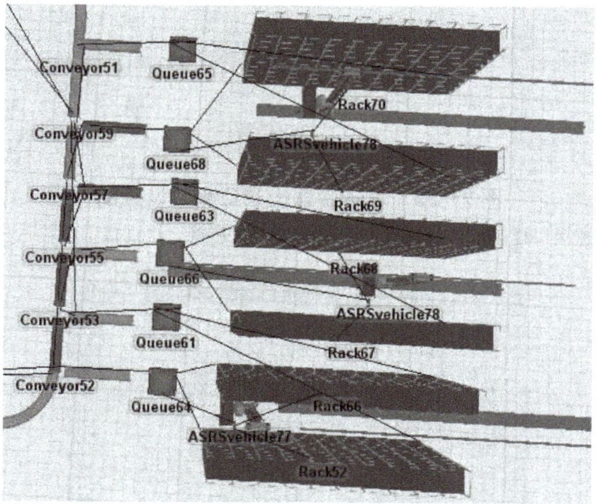

图 9－30　存储区布局图

②存储输送连接方式，如图 9－31 所示。

③参数设置。

1）输送带 1、3、5 设置：点击 Flow，在 Sent To Port 下拉菜单中选择 Cases By Value，输送带 1、3、5 设置参数分别如图 9－32 所示。

2）右端输送机参数设置：双击 Conveyor 打开参数设置页面，将 Speed 参数改为“1”；Maximum Content 参数改为“5”，如图 9－33 所示。

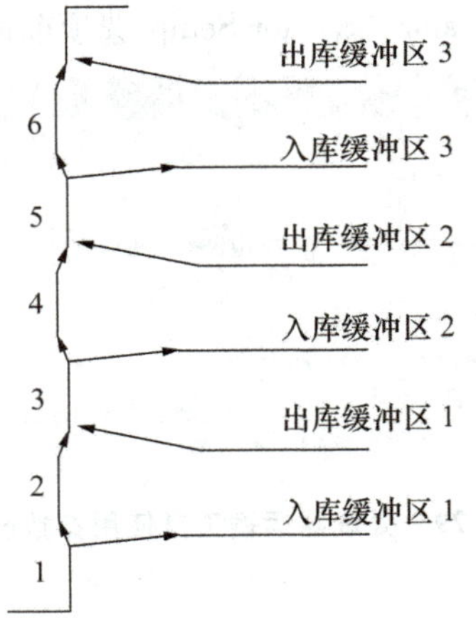

图 9－31　存储输送连接方式图

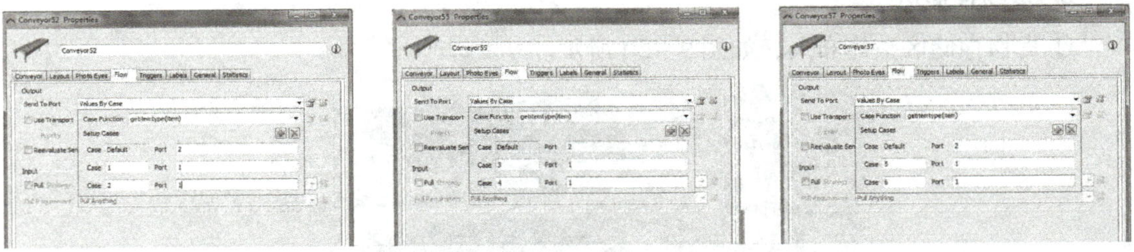

图 9－32　传送带输出端口参数设置图

注：注意接口连接顺序，应先将右端的输送机连接，再连接上端输送机连接。

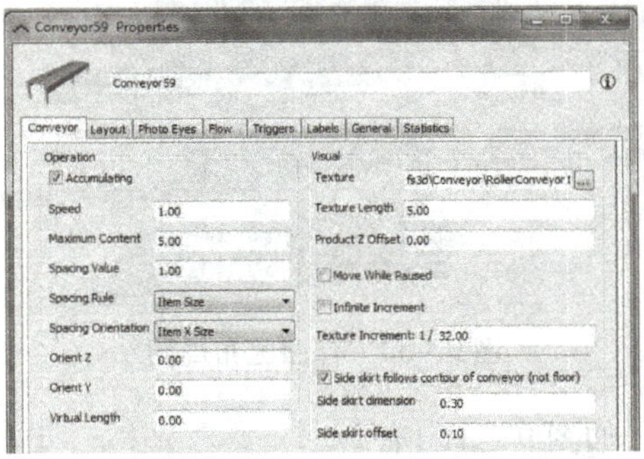

图 9－33　传送带容量参数设置图

点击 Layout，在表格中将 Length 参数改为“6”，如图 9－34 所示。

右端其他传送带设置同上。

3）入库暂存区 1、2、3 设置：点击 Flow，在 Sent To Port 下拉菜单中选择 Cases By Value，入库暂存区 1、2、3 设置参数分别如图 9－35 所示。

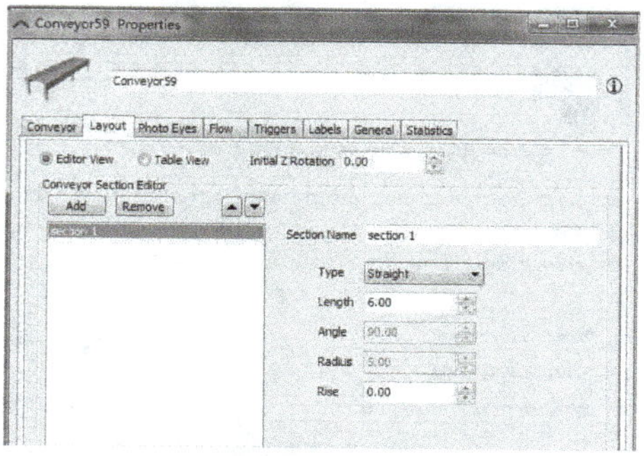

图 9-34　传送带长度参数设置图

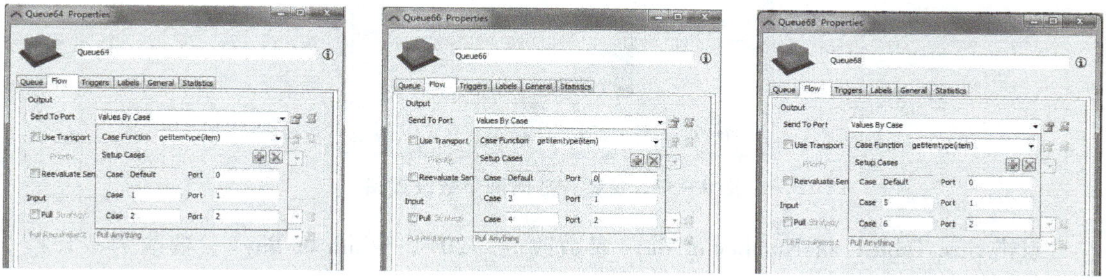

图 9-35　暂存区输出端口参数设置图

4）堆垛机参数设置：双击 ASRSvehicle，将 Maximum Speed 参数改为“2”；在 Load Time 和 UnLoad Time 下拉菜单中均选择将 By Expression 参数改为“5”，如图 9-36 所示。

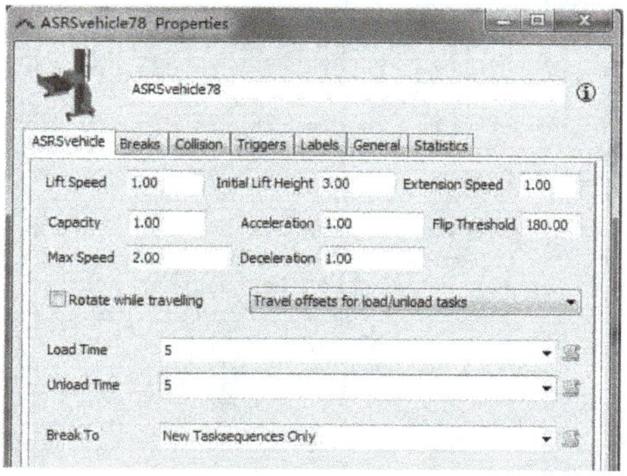

图 9-36　堆垛机参数设置图

其他堆垛机设置同上。

5）货架参数设置：双击 Rock 打开设置参数页面，将 Maximum Content 改为“300”，在 Minimum Dwell Time 下拉菜单中选择 Statistical Distribution，设置 exponential（0，10000，1），如图9-37所示。

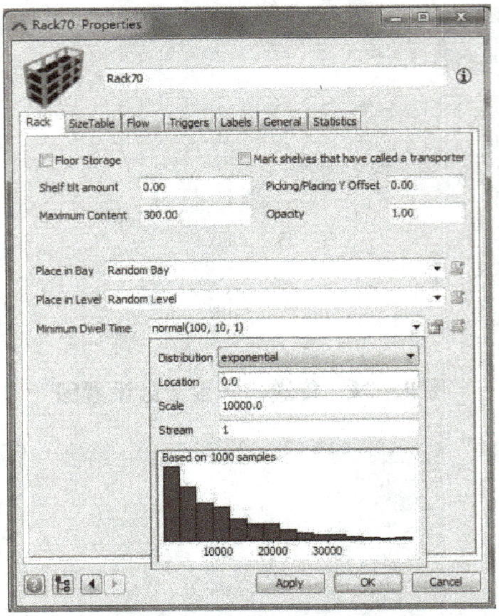

图 9－37　货架存放时间参数设置图

点击 Size Table，将 Number of Bays 参数改为“20”，Width of Bays 参数改为“1.1”，Number of Levels 参数改为“15”，Height of Levels 参数改为“1.46”，点击 Apply Basic Settings，如图 9－38 所示。

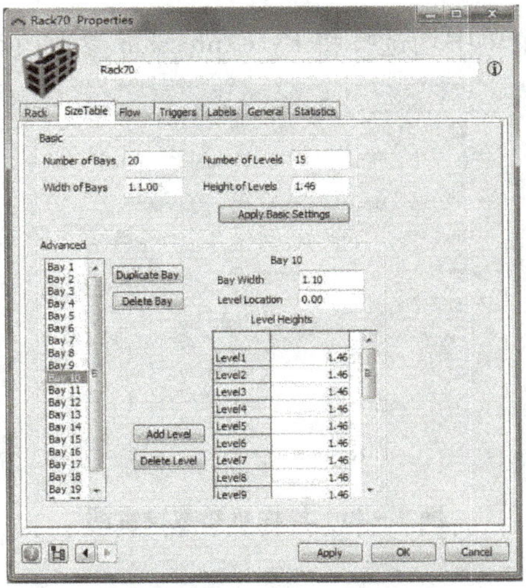

图 9－38　货架层数参数设置图

点击 Flow，将 Use Transport 选项前面点击打钩。设置步骤如图 9－39 所示。

其他货架设置同上。

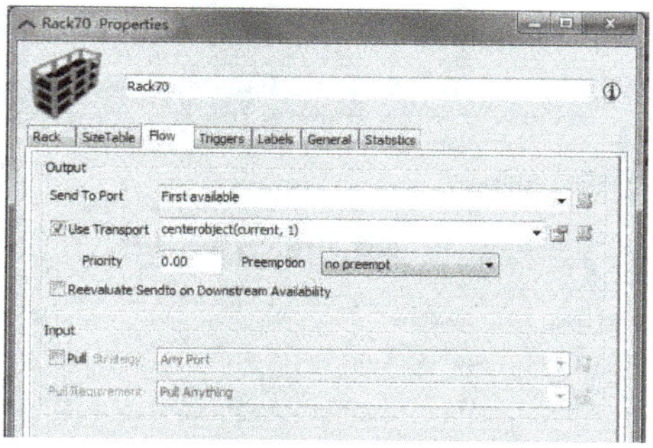

图 9 – 39　货架使用工具参数设置图

4. 出库处理区

①出库处理区整体布局，如图 9 – 40 所示。

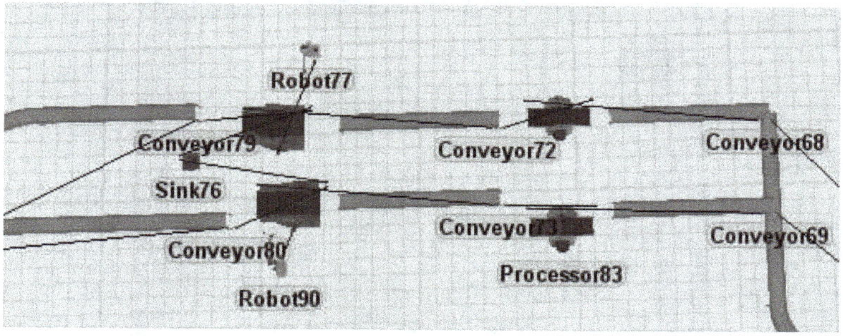

图 9 – 40　出库处理区布局图

②参数设置。

1）处理器参数设置：双击 Processor，在 Setup Time 下拉菜单中选择 By Expression，将参数改为“8”，在 Process Time 下拉菜单中选择 By Expression，将参数改为“30”，见图9 – 41。

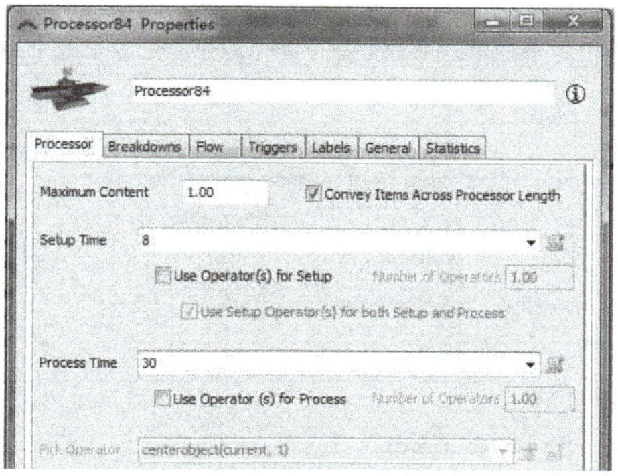

图 9 – 41　处理器处理时间参数设置图

点击 Operators，将 Use Operator（S）for Setup 选项前面点击打钩，如图 9－42 所示。

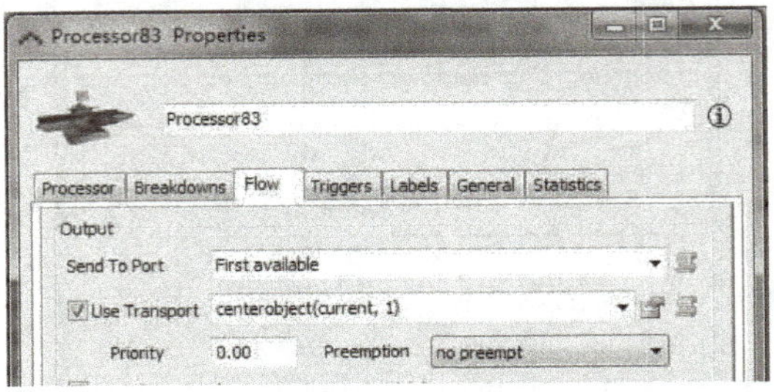

图 9－42　处理器使用工具参数设置图

2）衍生器参数设置：双击 Separator，在 Process Time 下拉菜单中选择 By Expression，将参数改为“10”，如图 9－43 所示。

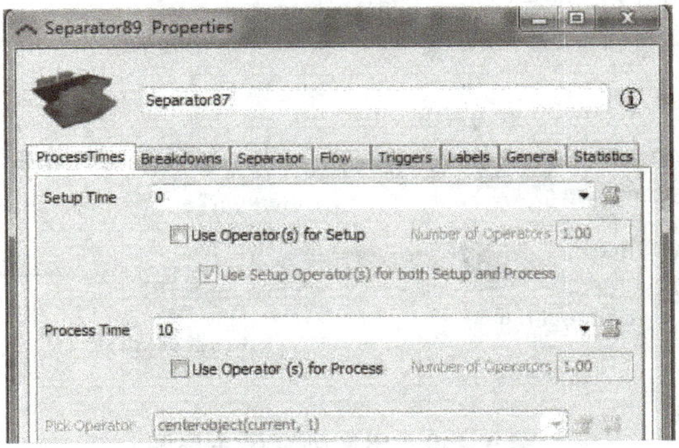

图 9－43　分解器处理时间参数设置图

3）机器手设置：双击 Robot 打开参数设置页面，将 Maximum Speed 参数改为“2”，在 Load Time 和 UnLoad Time 下拉菜单中均选择 By Expression，将参数改为“3”，如图 9－44所示。

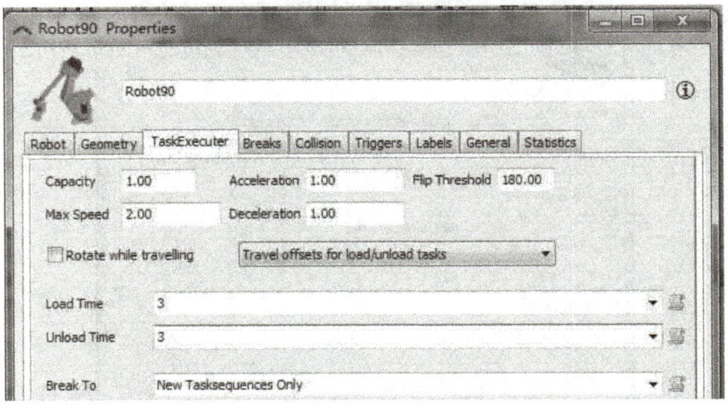

图 9－44　机器手参数设置图（1）

点击 Robot，参数设置如图 9－45 所示。

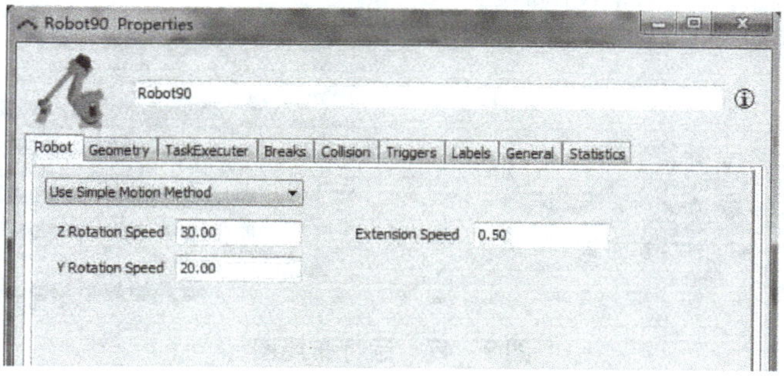

图 9－45　机器手参数设置图（2）

5. 出库分拣区

①出库分拣区整体布局，如图 9－46 所示。

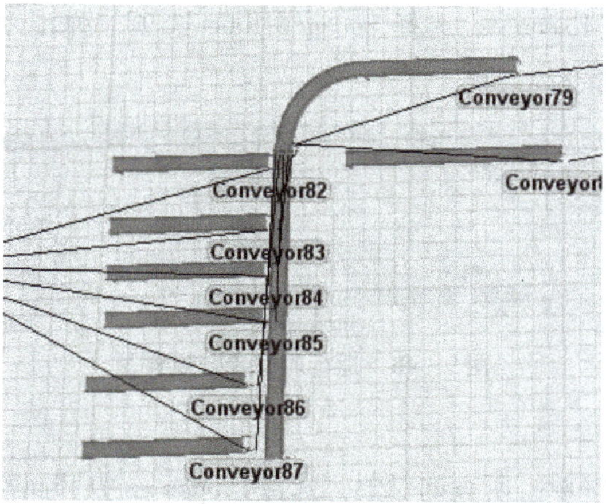

图 9－46　出库分拣区布局图

②参数设置请参照入库分拣传送带的设置。

6. 编译，重置，运行模型

整个模型基本参数设置完毕后，即可进入编译和运行程序。单击主视窗底部的 Compile 按钮，编译过程完成后，就可以进行模型的重置和运行了。

单击主视窗左下角 Reset 按钮，重置模型可以保证所有系统变量都是初始值，并将模型中所流动的实体清除。

单击主视窗底部 Run 按钮。模型运行如图 9－47 所示。

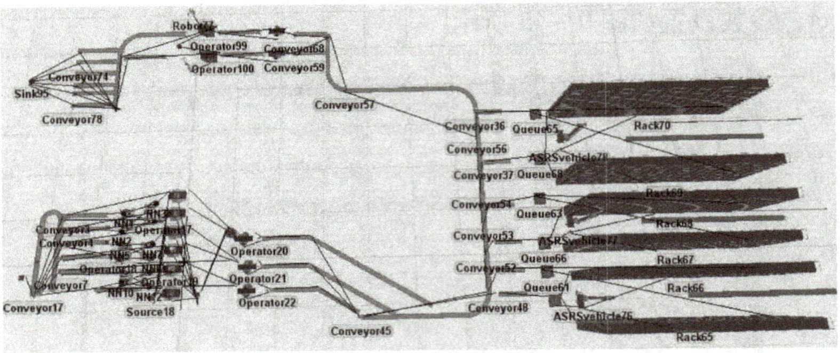

图 9－47　运行布局图

三、运行结果分析与改进

（1）运行时间设置

单击主视窗顶部的 Execute，选择 Set stop time 选项，弹出对话框后将设置时间为“36000”，如图 9－48 所示。

图 9－48　运行时间参数设置图

（2）仿真结果分析

运行完毕后分别右键单击所查询对象，选择 Properties 打开属性页，点击选择 Statistics 项目。根据运行结果可知，出库处理区两个处理器经常处于闲置状态，如图 9－49、9－50 所示。

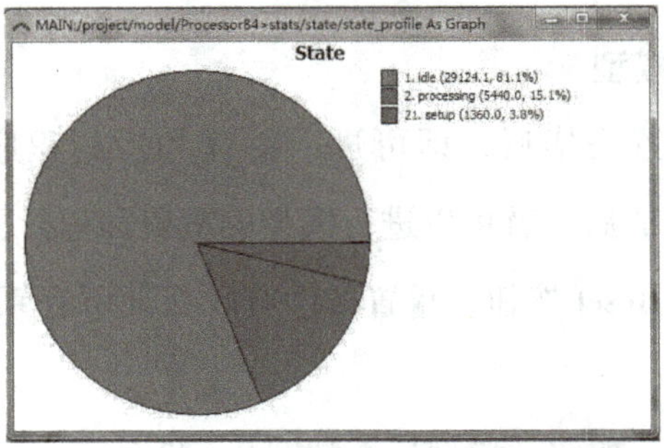

图 9－49　处理器工作状态图

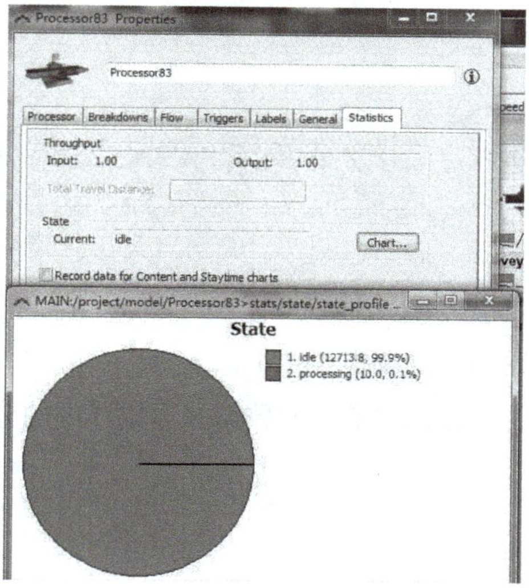

图 9-50　处理器 83 工作状态图

(3) 优化

综上所述，应取消一条处理线路，使资源合理利用。处理后的布局图如图 9-51 所示。

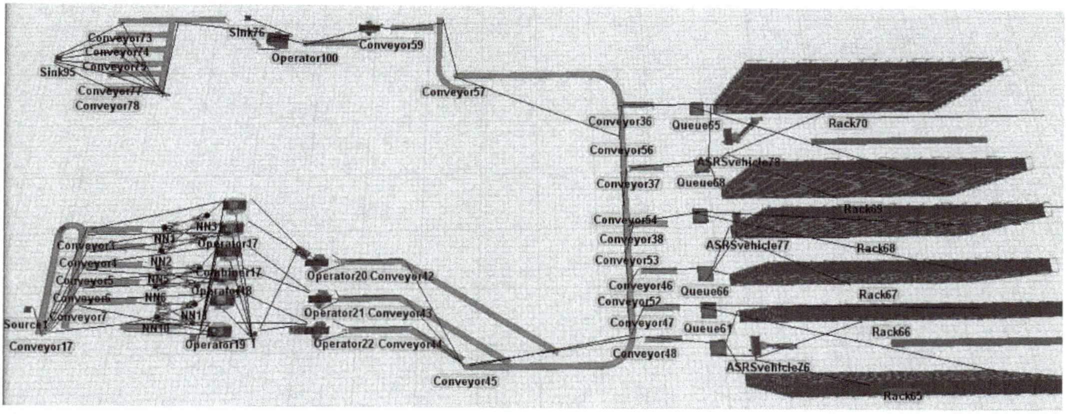

图 9-51　优化后的结果图

本章思考

1. 总结自动化立体仓库的作业流程。
2. 根据本文仿真案例，对比优化前后的数据并形成详细的分析报告。

第10章

现代物流配送中心建模与仿真

第 1 节　现代物流配送中心的概述

一、配送中心的概念

配送中心是一种以组织配送性销售或供应，以执行实物配送为主要职能的末端物流节点设施，它通过有效地组织配货和送货，使资源的终端配置得以完成。目前，对配送中心的定义有多种提法。

《物流企业操作指南》对配送中心的定义是：接受并处理末端用户的订货信息，对上游运来的多品种货物进行分拣，根据用户订货要求进行拣选、加工、组配等作业，并进行送货的设施机构。在对配送中心进行科学完善的基础上，《物流企业操作指南》权威性地指出了配送中心的设计、流程、模式等。

中华人民共和国国家标准物流术语中规定，从事配送业务且具有完善的信息网络的场所或组织，应符合下列条件：主要为特定的用户服务；配送功能健全、辐射范围小；多品种，小批量。

从对配送中心的多种定义上看，其表述虽然不完全一致，但可从中了解配送中心的基本概念。对配送中心的认识需要注意以下 4 个问题。

一是配送中心的任务之一是货物配备。货物配备是配送中心按照客户的要求，对货物的数量、品种、规格、质量等进行的配备。这是配送中心最主要、最独特的工作，全部由配送中心内部的现代化设施完成。

二是配送中心的另一个重要任务是组织送货。组织送货是指配送中心按照客户的要求，把配备好的货物定时、定点、定量地送抵用户。送货方式较多，有的是由配送中心自行承担，有的利用社会运输力量完成，有的由用户自提。从我国国情来看，在开展配送的初期，用户自提的可能性很大，所以对于送货而言，配送中心主要是组织者而不是承担者。

三是配送中心强调了配送活动和销售或供应等经营活动的结合，是一种经营的手段，以此排除了这是单纯的物流活动的看法。

四是配送中心的硬件配备定性为现代流通设施，以和以前的流通设施诸如商场、贸易中心、仓库等相区别。这个流通设施以现代装备和工艺为基础，不但处理商流，而且处理物流、信息流，是集商流、物流、信息流于一身的全功能流通设施。

总的来看，配送中心是以组织配送型销售或供应，执行实物配送为主要职能的流通型节点。配送中心为了能更好地做好送货的编组准备，必然需要进行零星集货、批量进货等资源搜集工作和对货物的分拣、配备等工作。因此，配送中心往往还有比较强的流通加工能力。此外，配送中心还应该执行货物配备后送达用户的使命。如果说集货中心、分拣中心、加工中心的职能还比较单一的话，那么，配送中心则能全面、完整地集中它们的功能。所以，配送中心实际上是集货中心、分拣中心、加工中心功能的综合，可使配送达到更高的水平。

配送中心作为物流中心的一种主要形式，有时和物流中心等同起来了。物流中心是指在比较大的地域组织物流活动、提供物流服务的现代物流设施，是一种具有战略性的物流业务实体。

二、配送中心的类型及功能

配送中心是一种新兴的经营管理型态，具有满足多量、少样的市场需求及降低流通成本的作用。但是，由于建造企业的背景不同，其配送中心的功能、构成和运营方式也有很大区别。因此，在配送中心规划时，应充分注意配送中心的类别及其特点。配送中心按不同的标准可进行不同的分类。

1. 按配送中心的设立者进行分类

（1）制造商型配送中心

制造商型配送中心是以制造商为主体的配送中心。这种配送中心里的物品100%由自己生产制造，以降低流通费用、提高售后服务质量和及时地将预先配齐的成组元器件运送到规定的加工和装配工位。制造商型配送中心从物品制造到生产出来后条码和包装的配合等多方面都较易控制，所以按照现代化、自动化的配送中心进行设计比较容易，但不具备社会化的要求。

（2）批发商型配送中心

批发商型配送中心是由批发商或代理商所成立的配送中心，是以批发商为主体的配送中心。批发是物品从制造者到消费者之间的传统流通环节之一，一般是按部门或物品类别的不同，把每个制造厂的物品集中起来，然后以单一品种或搭配向消费地的零售商进行配送。这种配送中心的物品来自各个制造商，它所进行的一项重要活动是对物品进行汇总和再销售，而它的全部进货和出货都是社会配送的，社会化程度较高。

（3）零售商型配送中心

零售商型配送中心是由零售商向上整合所成立的配送中心，是以零售业为主体的配送中心。零售商发展到一定规模后，就可以考虑建立自己的配送中心，为专业物品零售店、超级市场、百货商店、建材商场、粮油食品商店、宾馆饭店等服务，其社会化程度介于前两者之间。

（4）专业物流配送中心

专业物流配送中心是以第三方物流企业（包括传统的仓储企业和运输企业）为主体的配送中心。这种配送中心有很强的运输配送能力，地理位置优越，可迅速将到达的货物配送给用户。它为制造商或供应商提供物流服务，而配送中心的货物仍属于制造商或供应商所有，配送中心只是提供仓储管理和运输配送服务。这种配送中心的现代化程度往往较高。

2. 按配送中心的服务范围分类

（1）城市配送中心

城市配送中心是以城市范围为配送范围的配送中心。由于城市范围一般处于汽车运输的经济里程，故这种配送中心可直接配送到最终用户，且采用汽车进行配送。所以，这种配送中心往往和零售经营相结合，由于运距短、反应能力强，因而从事多品种、少批量、多用户的配送较有优势。

（2）区域配送中心

区域配送中心是以较强的辐射能力和库存准备，向省（州）际、全国乃至国际范围的用户配送的配送中心。这种配送中心配送规模较大，一般而言，用户和配送批量也较大，而且往往是既配送给下一级的城市配送中心，也配送给营业所、商店、批发商和企业用户。这种配送中心虽然也从事零星的配送，但不是主体形式。

3. 按配送中心的功能分类

（1）储存型配送中心

这类配送中心有很强的储存功能。例如，美国赫马克配送中心的储存区可储存 16. 3

万个托盘。我国目前建设的配送中心多为储存型配送中心，库存量较大。

（2）流通型配送中心

这类配送中心包括通过型或转运型配送中心，基本上没有长期储存的功能，仅以暂存或随进随出的方式进行配货和送货。典型方式为：大量货物整批进入，按一定批量零出。一般会使用大型分货机，其进货直接进入分货机传送带，分送到各用户货位或直接分送到配送汽车上。

（3）加工型配送中心

即以流通加工为主要业务的配送中心。

4. 按配送中心配送货物的属性分类

根据配送货物的属性，配送中心可以分为食品配送中心、日用品配送中心、医药品配送中心、化妆品配送中心、家电品配送中心、电子（3C）产品配送中心、书籍产品配送中心、服饰产品配送中心、汽车零件配送中心以及生鲜处理中心等。

所配送的产品不同，配送中心的规划方向也完全不同。例如生鲜品配送中心主要处理的物品为蔬菜、水果与鱼肉等生鲜产品，属于低温型的配送中心，是由冷冻库、冷藏库、鱼虾包装处理场、肉品包装处理场、蔬菜包装处理场及进出货暂存区等组成的。冷冻库的储存温度多为 -25℃，而冷藏库则为 0℃ ~5℃ 左右。生鲜配送中心又称为湿货配送中心。书籍产品的配送中心则另有特点。由于书籍有新出版、再版及补书等区分，尤其是新出版的书籍或杂志的 80% 不上架，直接理货配送到各书店去，剩下的 20% 左右库存在配送中心等待客户再订货，加上书籍或杂志的退货率非常高，约有 3 ~4 成左右，因此，在进行书籍产品的配送中心规划时，就不能与食品及日用品的配送中心一样。服饰产品有淡旺季及流行性等特性，而且较高级的服饰必须使用衣架悬挂，故其配送中心的规划也有其特殊性。

不同种类与行业形态的配送中心，其作业内容、设备类型、营运范围可能完全不同，但是在系统规划分析的方法与步骤方面有其共通之处。配送中心的发展已逐渐由以仓库为主体的配送中心向信息化、自动化的整合型配送中心发展。

三、配送中心的功能

配送中心与传统的仓库、运输是不一样的，传统意义上的仓库只重视商品的储存保管，传统的运输只是提供商品的配送而已，而随着现代科技的发展以及信息的愈发透明化，配送中心应更加重视商品流通的全方位功能。商品流通的全方位功能主要包括如下6个。

（1）集中货物的功能

配送中心接收供应商送到某一特定门店的商品，然后将它们整合成单一的一次运输，这就是配送中的集中货物功能的体现。对货物进行集中后再运输，减少运输费，同时减少门店收货的拥挤现象。

（2）仓储保管功能

商品的交易买卖达成之后，除了采用直配直送方式的批发商之外，卖方均会将商品经实际入库、保管、流通加工包装而后出库，因此配送中心具有储存保管的功能。在配送中心一般都有库存保管的储放区，因为任何商品为了防止缺货，或多或少都会有一定的安全库存。视商品的特性及生产前置时间的不同，安全库存的数量也不同。一般国内制造的商品库存较少，而国外制造的商品因船期的原因库存较多，约为2～3个月；另外生鲜产品的保存期限较短，因此保管的库存量较少；冷冻食品因保存期限较长，故保管的库存量比较多。

（3）运输功能

配送中心需要自己拥有或者租赁一定规模的运输工具。具有竞争优势的配送中心不是一个点，而是一个覆盖全国的网络。因此，配送中心首先应该负责为客户选择满足其需要的运输方式，然后具体组织网络内部的运输作业，在规定的时间内将客户的商品运抵目的地。

（4）分拣配送功能

配送中心的另一个重点就是分拣配送的功能。因为配送中心是为了满足多品种、小批量的客户需求而发展起来的，因此必须根据客户的要求进行分拣配货作业，并以最快的速度或在指定时间送达客户手中。配送中心的分拣配送效率是物流质量的集中体现，分拣配送是配送中心最重要的功能。

（5）流通加工功能

配送中心的流通加工作业包含分类、磅秤、大包装拆箱改包装、产品组合包装、商标、标签粘贴作业等。这些作业是提升配送中心服务品质的重要手段。

（6）信息提供功能

配送中心除了具有行销、配送、流通加工、储存保管等功能外，更能为配送中心本身及上下游企业提供各式各样的信息情报，以供配送中心进行营运管理政策制定、商品路线开发、商品销售推广等的参考。例如哪一家客户订多少商品、哪一种商品比较畅销，从电脑的EIQ分析资料中可了解得非常清楚，甚至可以将这些宝贵资料提供给上游制造商及下游的零售商，当作经营管理的参考。

从一些发达国家的具体实际来看，配送中心还具有以下增殖性功能：结算功能、需求预测功能、物流系统设计咨询功能、物流教育与培训功能等。

四、配送中心的功能区设置

配送中心功能区是为了实现物流配送作业而设立的诸多作业区域。所设立的具有不同作业内容的区域可实现各自的目的，起着应有的作用，共同完成配送中心的配送业务。

根据各种作业的性质，一般物流配送中心功能区可分为两大类：物流功能区和非物流功能区。其中，物流相关的作业在物流功能区内完成。分析配送中心的作业流程以及配送中心的功能，可以将物流功能区划分为进货区、存储区、流通加工区、理货区、出库区、退货区。而非物流功能区主要从事物流作业的相关辅助作业或用作部分工作人员的工作区，可以将其划分为辅助作业区和办公区。各功能区又可根据作业需要分为不同的功能子区。一般的配送中心功能区的设置如图 10－1 所示。

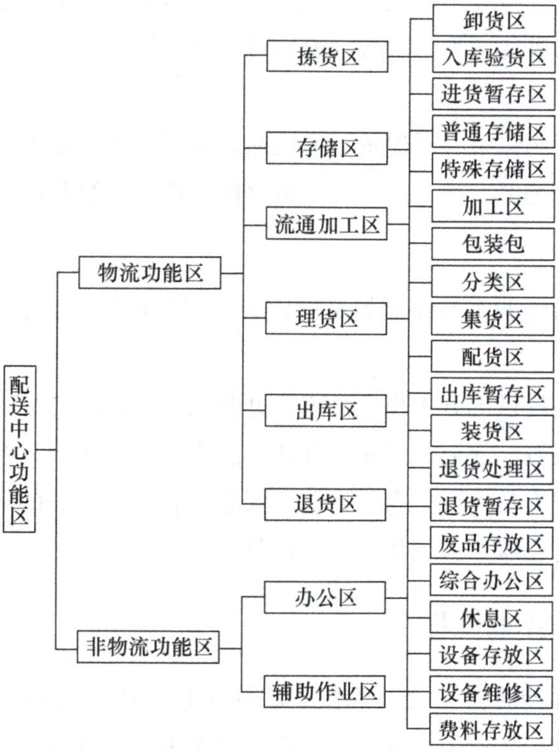

图 10－1　配送中心功能区的设置

1. 物流功能区

①进货区。主要从事从货物运达到入库所要进行的相关作业，包括车辆到达、卸货、验收、理货等。各种作业对应的功能子区包括卸货区、入库验货区、进货暂存区等。

②存储区。主要进行仓储保管工作。根据所储存货物的性质，仓储区可划分为普通储存区、特殊商品储存区以及堆场等。

③流通加工区。主要包括针对一些初级产品进行的二次加工，或零配件重新组装成产品等加工作业，以及产品包装、运输包装、流通包装、打印条码等作业。流通加工区包括加工区、包装区等。

④理货区。主要完成理货、拣货、补货、分类、集货、验货、配货等作业，进行货物运达物流中心后进入后续流程的先期处理，和货物即将从物流中心出去前的先期处理。理货区分为两类，进货理货区与出货理货区。理货区可细分为称重区、拣货区、补货区、分类区、集货区、配货区等。

⑤出库区。主要完成将集中待发的货品经过检验至装车起运全过程的相关作业。从布局和结构看，出货区与进货区类似。各种操作对应的功能子区包括出库验货区、出货暂存区、装货区等。

⑥退货区。主要指物流中心对退货、瑕疵品及废品等进行处理及存储的作业区域。包括退货卸货区、退货处理区、换货区、退货暂存区、瑕疵品暂存区等。

2. 非物流功能区

①辅助作业区。指辅助物流作业的场所，如容器回收区、废料处理区、设备停放区、设备维修区等。

②办公区。主要是提供部分工作人员进行办公以及生活服务的场所。如，接待客户的区域，为供货商提供展览、促销、交易的场所，提供金融、工商、海关、税务等配套服务的区域，为客户及工作人员提供休息、接待、娱乐、餐饮等服务的场所等。一般包括展示大厅、商务洽谈区、配套服务区、休息服务区等。

五、配送中心的作业流程

物流配送中心在运转时，无论是机械化的物流系统还是的自动化或智能化的物流系统，如果没有正确有效的作业方法配合，那么不论所采用的设备或系统多么先进，也难以取得最佳的经济效益。不同类型的配送中心虽然功能不尽相同，但其作业流程却大致相似，主要包括以下9种作业：①进货作业；②搬运作业；③储存作业；④盘点作业；⑤订单处理作业；⑥拣货作业；⑦补货作业；⑧发货作业；⑨配送作业。物流配送中心的基本作业流程如图10－2所示。

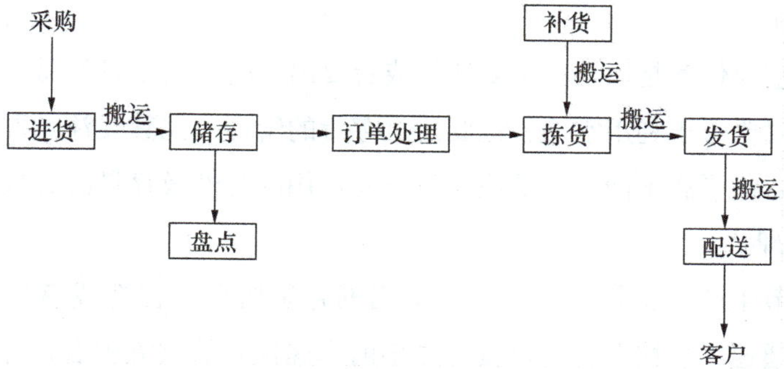

图10－2　配送中心的基本作业流程

配送中心的作业首先从进货开始。当运输物品的货车到达配送中心的月台时，先进行进货作业，然后依序将货物储存入库。由于进货的同时也有货物要出库，所以存储区货物的数量和状态也在变动。为了更好地管理，需要定期或不定期地对在库货物进行盘点作业。当配送中心收到客户的订单后，需要对订单进行处理，之后根据客户订单的信息来进行拣货作业，将客户需要的货物拣选出来。与此同时，在拣选货物的过程中一旦发现拣选区所储存的货物剩余的库存量低于库存标准，便要向供应商下订货单订货，即补货作业。拣选出来的货物经过包装、分类等发货作业后，便可将货物装在配送车上，由配送人员负责配送到客户手中。此外，在所有的作业过程中，涉及物的流动的作业，其过程中就一定有搬运作业，搬运作业贯穿整个配送中心作业流程中。

（1）进货作业

进货作业是指把物品做实体上的接收，包括从车上将其卸下、核对该物品的数量及状态、将必要信息书面化等。一般进货作业流程如图10－3所示。

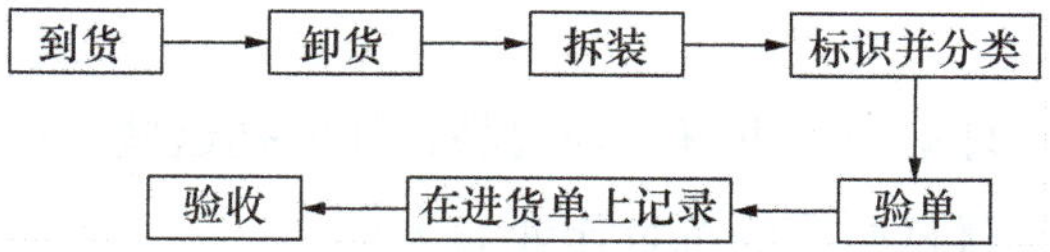

图10－3　进货作业流程

（2）搬运作业

搬运工作是物流作业的重要组成部分之一。良好有序的搬运系统可消除瓶颈现象，使物流畅通，确保生产水平，使人力和设备得到有效利用。有效搬运可以加速货物移动，缩短运输距离，减少总作业时间，降低存储和相关成本。良好的搬运系统不但可改善工作环境，而且能保证货物安全和完好，降低保险费用。

（3）储存作业

储存作业的主要任务是保存将来要使用或者要出货的物料，且经常要做库存品的检查控制。储存时不仅要善于利用空间，也要注意存货的管理。尤其要注意配送中心的储存与传统仓库的储存营运形态不同，故更应注意空间运用的弹性及存量的有效控制。

（4）存货管理

存货具有调节生产与销售的作用，不适当的存货管理往往造成有形或无形的极大损失。尤其对于流通速度极快但客户订货无法事前掌握预测的物流中心，存货的管制更加不易，其重要性也就更不容忽视。而所谓存货管理是希望将货品的库存量保持在适当的标准内，以免库存过多造成资金积压、增加保管困难，或库存过少导致浪费仓容、供不应求的情况。因此存货管理具有两项重大意义：①确保存货能满足销售、交货要求并可提供令客户满意的服务；②设立存货控制基准，以最经济的订购方式与控制方法来提供营运所需要的供应。

（5）盘点作业

盘点作业在物流配送中心的工作过程中，货物不断地进库和出库。经过长期积累，理论库存数与实际库存数是不相符的。有些货品因长期存放，导致品质下降，不能满足用户需要。为了有效地掌握货品数量和质量，必须定期对各储存场所进行清点，这就是所谓的盘点作业。

（6）订单处理

订单处理指的是从接到门店订货到准备出货之间的作业阶段，包括订单确认、存货查询、库存分配和出货配送等环节。

（7）拣货作业

众所周知，每张用户订单中最少有一种商品，如何把这些不同种类、数量的商品由物流配送中心集中在一起，就是所谓的拣货作业。

（8）补货作业

补货作业是将货物从仓库保管区域搬运到拣货区的工作，即将待配商品放在存取方便的位置的过程。一般补货作业的流程如图10－4所示。

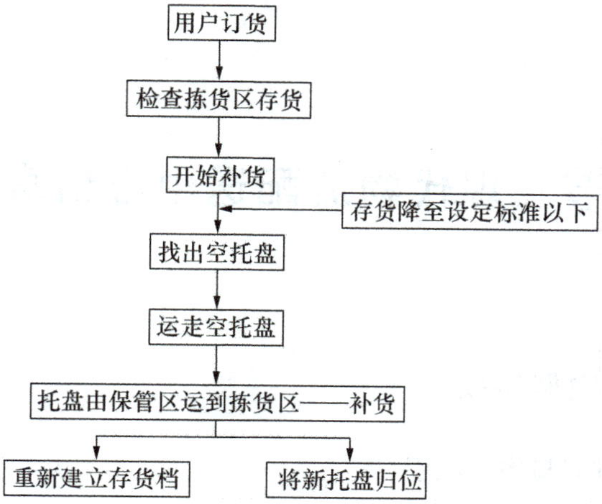

图 10 -4　补货作业流程图

（9）出货作业

出货作业是将拣选的商品按订单或配送路线进行分类，再进行出货检查，做好相应的包装、标识和贴标签工作，根据门店或行车路线等将物品送到出货暂存区，最后装车配送的一系列流程。

第 2 节　现代物流配送中心仿真案例

一、问题描述与模型参数

1. 配送中心设计方案与作业流程

物流配送中心仿真的主要目的有如下三个：①判断系统中设备的配置是否合理；②检验系统运行过程是否畅通及货物通过能力大小；③评价和改进配送中心系统的设备配置。

该配送中心的系统流程须经过以下 5 个区：入库处理区、存储区、流通加工区、拣货区和发货区。

配送中心根据空间属性和设备的物理位置，建立仓库的 Flexsim 三维模型。货物的到达和离开分别使用 Source（发生器）和 Sink（吸收器）模拟；自动分拣机用 Conveyor（输送机）来模拟，各段 Conveyor 之间通过一定的逻辑连接，并在参数中设置使用操作员；码盘作业使用 Combiner（合成器）模拟；对出入库托盘的处理使用 Processor（处理器）模拟，模拟一段时间的延迟；出入库台用 Queue（暂存区）模拟；拆分托盘用 Separator（分解器）模拟，并使用 Operator（操作员）；其他的运输工具、操作员等均使用 Flexsim 实体资源中相应的模型来模拟。各模型建立后按照前述的参数进行设置。

货物到达收货区以后，经过卸货、拆装、标示、验收等工作流程后入库。流通加工区从货物存储区或者拣货区取出货物以后，对货物进行贴价签、更换包装等二次加工后，将从存储区取出的货物送回存储区重新入库，将从拣货区取出的货物送到发货区直接出库。作业控制区发出发货命令后，配送中心把相应货物送到发货区等待装货。发货区的货物一部分来自货物存储区，另一部分来自拣货区。

配送中心整体概念运作方式如图 10－5 所示，配送中心作业流程如图 10－6 所示。

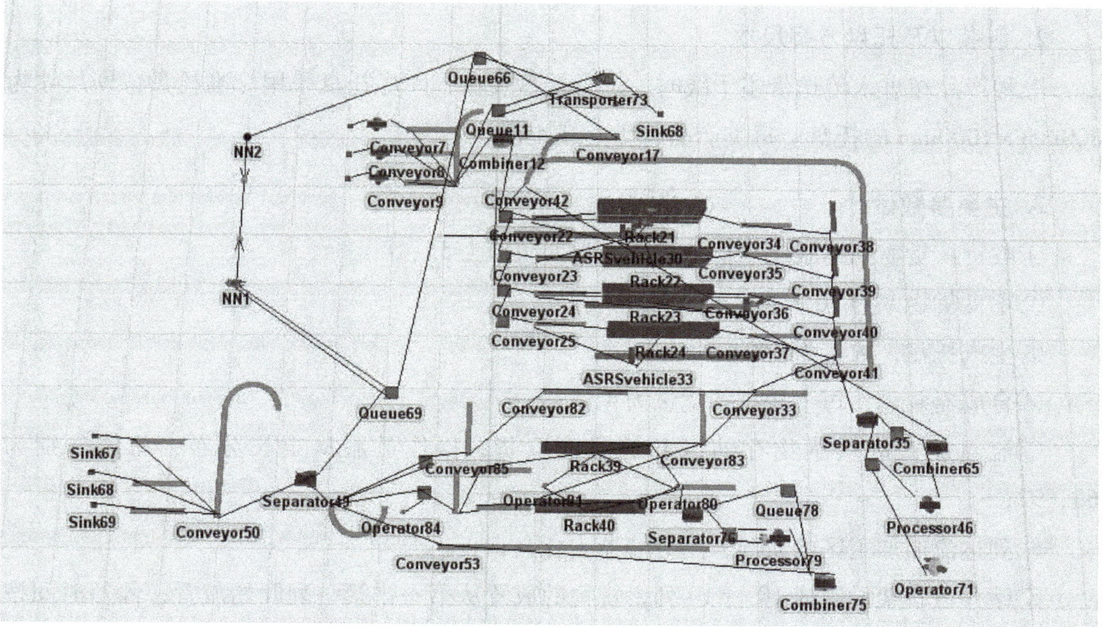

图 10－5　配送中心整体概念图

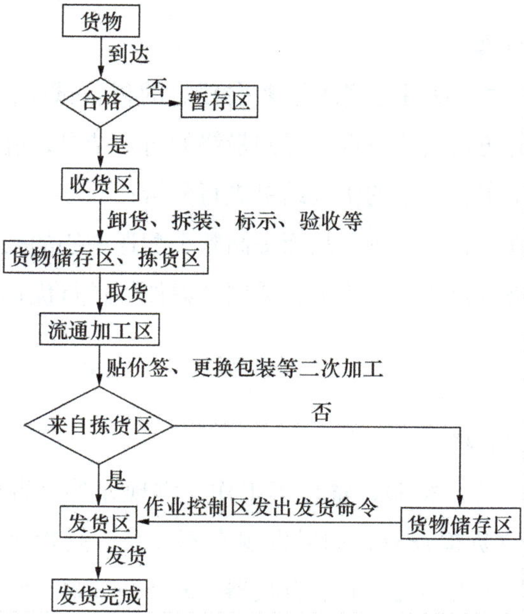

图 10－6　配送中心作业流程

2. 包装以及托盘方案尺寸

三种产品在进入传送带主干线时，进行托盘装盘。库房托盘采用标准托盘，即尺寸为800mm×1000mm的托盘。每类产品每盘装载4件。

3. 主要参数设计

①收货：货物到达服从泊松分布，数学期望值为55；

②不良货物率为10%；

③生成托盘，数量为340；

④合成器装盘，每个托盘装货量为4件；

⑤流通加工区从货物存储区和拣货区取货，操作员服从定长分布，均值分别为68、92；

⑥到达流通加工区的时候，用分解器去托盘；

⑦储存区货架设置成10行10列，货物的放置从第一排第一列开始放置，停留时间按泊松分布，均值为7200，随机数流为1；拣货区货架设置成10行5列，停留时间按泊松分布，均值为3600，随机数流为1。

4. 建模仿真研究的问题

仿真周期设为10小时，使用复演法做多次独立的仿真试验，然后通过观察、统计、分析实时状态图和导出的仿真实验数据，得到最终的仿真结果，解决以下问题：

①对堆垛机、运输小车、货架的仿真结果进行分析；

②找出配送中心瓶颈，解决瓶颈，从而提高整个配送中心的效率；

③分析340个托盘是否合适，如果不合适则考虑如何进行优化。

二、建模步骤

1. 入库处理区 Flexsim 模型

这个区域主要负责收货、检验、整理等工作，实现库外物资的转运。装载单元采用AGV运输小车或叉车。收货检查时，如果发现有不良品，则货物不能入库，将货物送入暂存区。入库处理区由4个发生器、1个吸收器、3个处理器、5个输送机、3个暂存区、1个合成器和1辆叉车组成。如下图10-7、10-8所示。

入库处理区实体参数设置如表10-1所示。

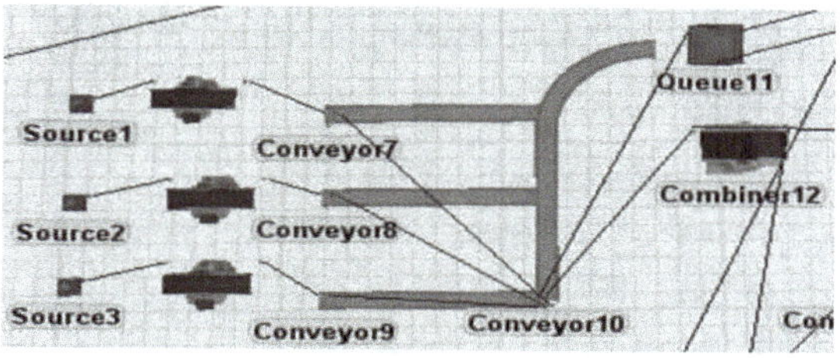

图 10 –7　入库处理区（1）

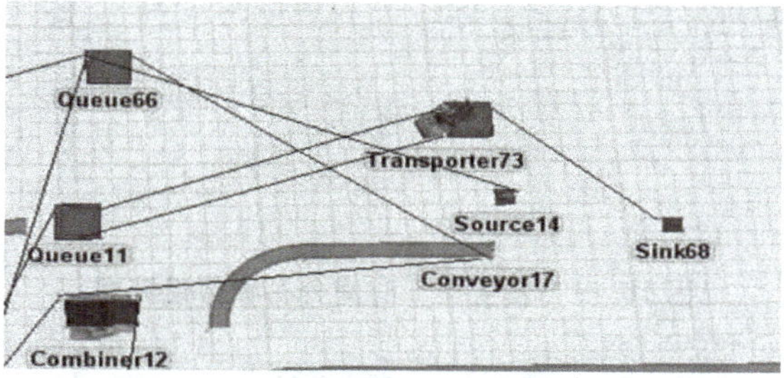

图 10 –8　入库处理区（2）

表 10 –1　入库区里区对象参数设置

实体名称	对象说明	参数设置
Source1 –3	产品发生器	发生器 1、2、3 代表 3 种货物的到达；货物都按照泊松分布到达，均值为 55，随机数流为 1
Source68	托盘发生器	系统一开始运行就立即产生 340 个托盘；托盘产生的初始颜色为绿色
Processor1 –5	入库加工台	参数保持默认设置
Conveyor7 –9、Conveyor71	输送机	参数保持默认设置
Conveyor10	输送机	货物的不良货物的概率为 10%
Queue11、Queue67	产品暂存区	参数保持默认设置
Queue66	托盘存放区	最大容量设置为 350
Combiner12	组盘合成器	合成器的托盘装货量为 4 件
Transporter73	托盘叉车	参数保持默认设置
Sink68	不合格物品区	参数保持默认设置

货物到达时间分布的参数设置如图 10 –9 所示。

当系统开始运行时产生 340 个托盘，其中发生器的参数设置如图 10 –10 所示，托盘的颜色参数设置如图 10 –11 所示。传送带和暂存区容量的参数设置分别见图 10 –12、10 –13。合成器的托盘装货量参数设置如图 10 –14 所示。

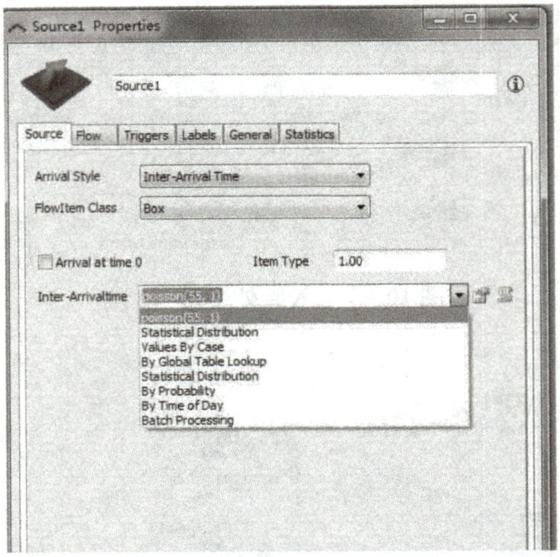

图 10－9　发生器 1 时间分布参数设置图

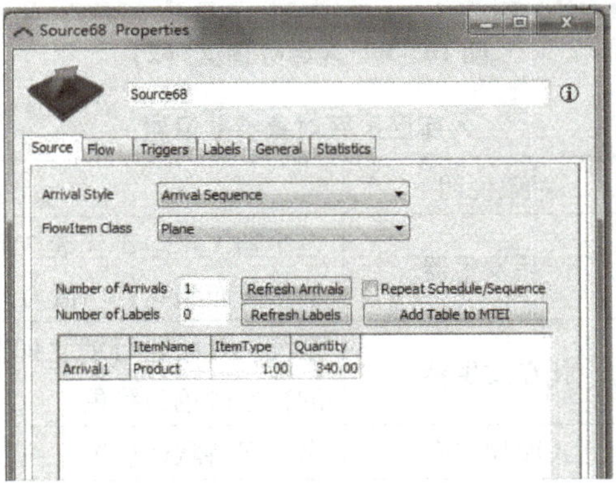

图 10－10　托盘发生器参数设置图

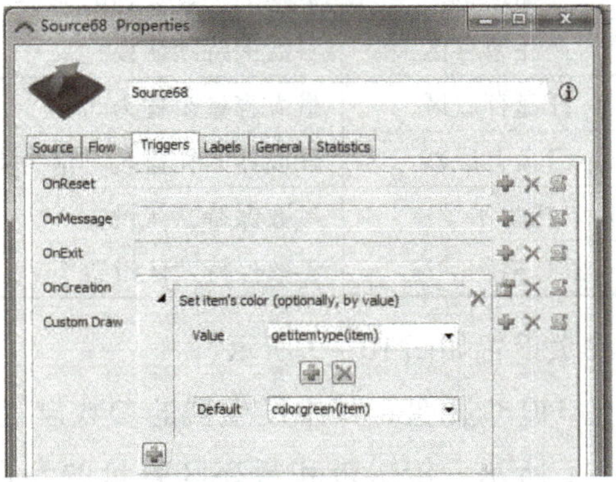

图 10－11　托盘发生器颜色参数设置图

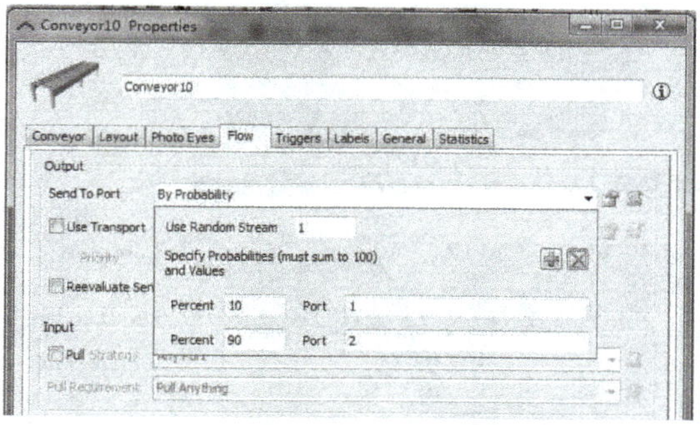

图 10 - 12　传送带参数设置图

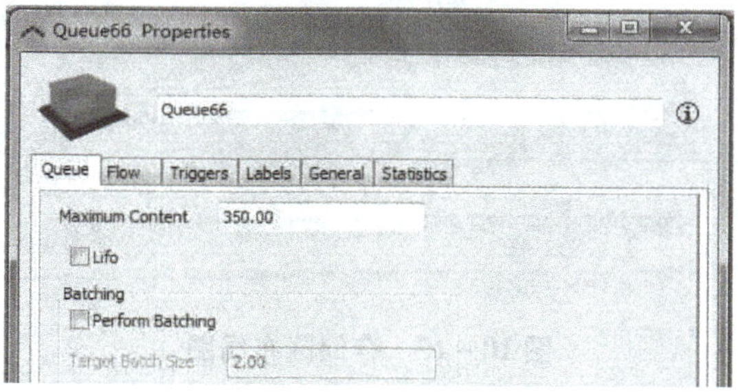

图 10 - 13　暂存区容量参数设置图

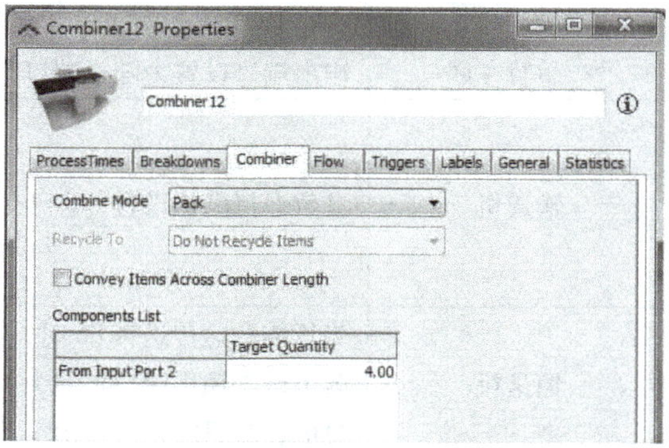

图 10 - 14　合成器托盘装货量参数设置图

2. 存储区的 Flexsim 模型

存储区采用横梁式组合货架，存放出入库频率较低的商品，货物的接收、上架、出库均采用条形码手持终端导引作业。存储区由 4 个暂存区、12 个输送机、4 个货架和 4 台堆垛机组成，如图 10 - 15 所示。

存储区实体参数设置如表 10 - 2 所示。

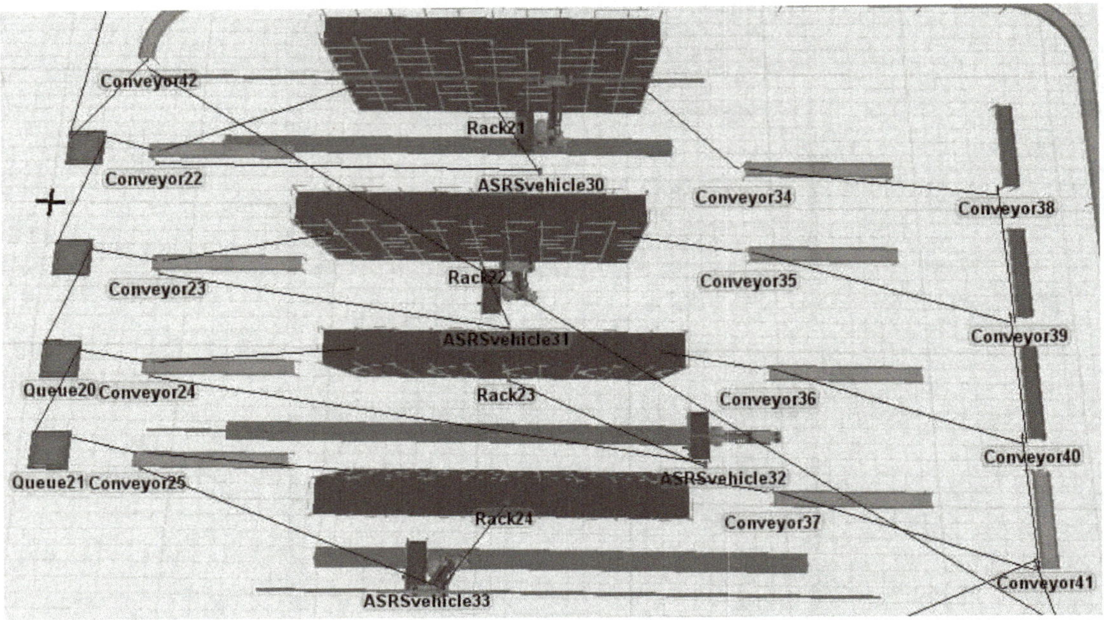

图 10-15 存储区布局图

表 10-2 存储区对象参数设置

实体名称	对象说明	参数设置
Queue18-21	产品暂存区	输出端口设置为随机端口
Conveyor22-25 Conveyor34-37 Conveyor42 Conveyor38-40	输送机	参数保持默认设置
Conveyor41	输送机	当货物到达传送带 86 时，判断货物类型。如果是 1，就可以走输出端口 1 和 2；如果是 2，就说明是返工过的，就只能走端口 1
Rack21-24	货架	设置成 10 行 10 列最大容量为 100，每个货格存放一个托盘产品，货物的放置从第一排第一列开始放置，停留时间按泊松分布，均值为 7200，随机数流为 1；当货量储存量达到 80 个时，系统将关闭货架的输入端口，当存储量减少到 20 个时，系统将自动打开货架的输入端口继续补货
ASRSvehicle30-33	堆垛机	参数保持默认设置

以下程序是 Conveyor86 输送机在判断物品类型：

```
treenode item = parnode (1);
treenode current = ownerobject (c);
/* * Cases by Value */
/* *    nValue: */
int value = /* */getitemtype (rank (item, 1)) /* */;
/* *    nCases: */
switch (value) {
/* */
case 1: return duniform (1, 2);
case 2: return 2;

default: return 0; /* */
}
```

存储区中货架属性的参数设置如图 10－16 和 10－17 所示。

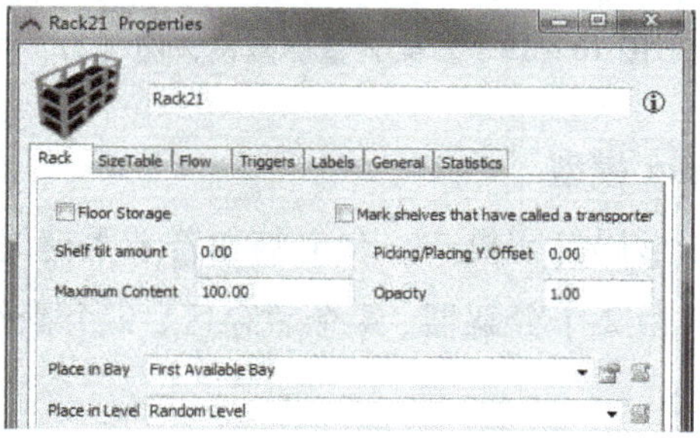

图 10－16　货架参数设置图

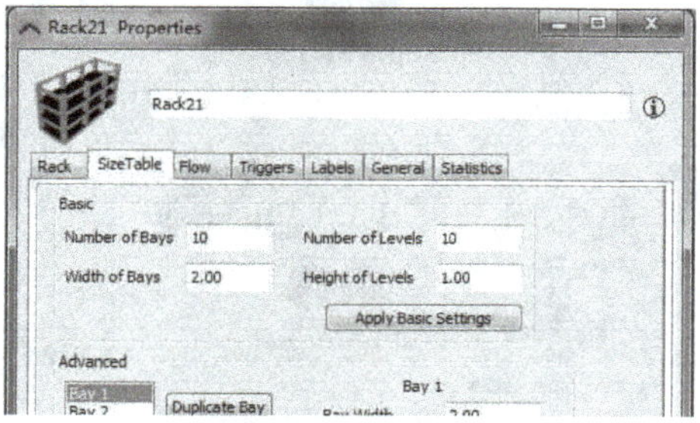

图 10－17　货架层数设置图

货架的状态设置如图 10－18 和图 10－19 所示。

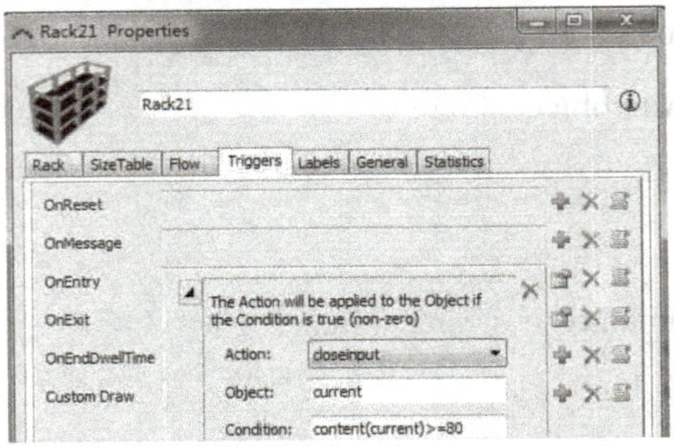

图 10－18　货架容量参数设置图（1）

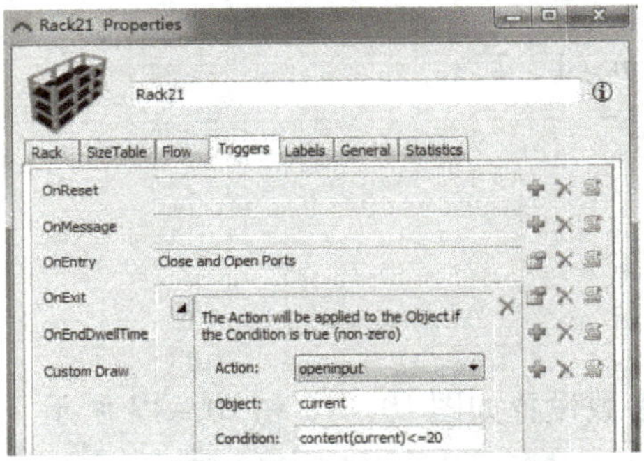

图 10－19　货架容量参数设置图（2）

3. 流通加工区的 Flexsim 模型

流通加工区放置一台条形码打印机、一台电脑和若干手持终端，进行分装包装、贴标签等加工活动。流通加工区由 2 个分解器、4 个暂存区、2 个操作员、2 处理器和 2 个合成器组成，如下图 10－20 所示。

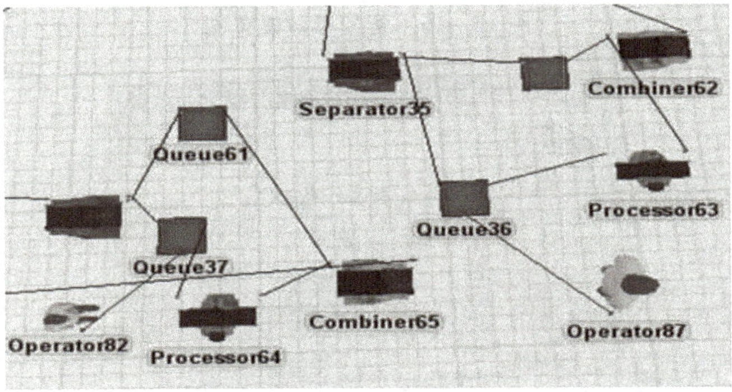

图 10－20　流通加工区图

流通加工区实体参数设置如表 10 - 3 所示。

表 10 - 3　　流通加工区对象参数设置

实体名称	对象说明	参数设置
Separator35、Separator59	托盘分解器	设置为容器临时实体从端口 1 发送，将容纳的所有临时实体从端口 2 发送；如果没有拆包，则仅送往第一个可用端口
Queue36、Queue61	产品暂存区	设置最大容量为 100
Queue37、Queue60	托盘暂存区	设置最大容量为 100
Processor63 - 64	处理器	设置为容器临时实体从端口 1 发送，将容纳的所有临时实体从端口 2 发送；如果没有拆包，则仅送往第一个可用端口
Combiner62、Combiner65	组盘合成器	合成器的托盘装货量都为 4 件；Combiner65 设置通过流通加工区加工过后的类型为 2，托盘的颜色为红色，没通过的为类型 1
Operator82、Operator87	操作员	操作员 87 与操作员 82 服从定长分布，均值分别为 68、92

在流通加工区中的模型中，分解器的参数设置如图 10 - 21 所示，产品暂存区的最大容量设置如图 10 - 22 所示。合成器的托盘装货量如图 10 - 23 所示，合成器中托盘颜色设置如图 10 - 24 所示。操作人员的状态参数设置如图 10 - 25、图 10 - 26 所示。

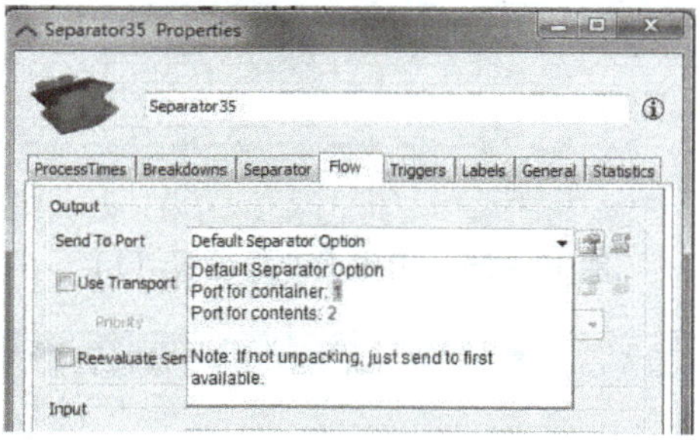

图 10 - 21　分解器参数设置图

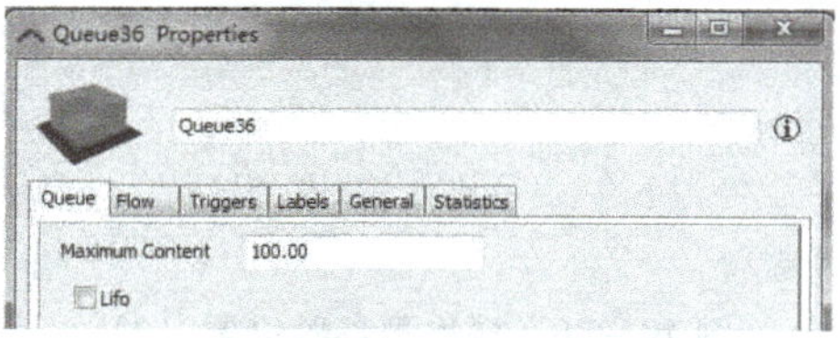

图 10 - 22　暂存区容量参数设置

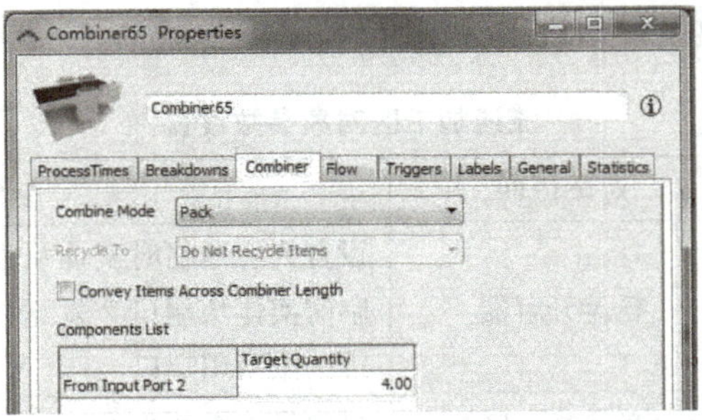

图 10－23　合成器托盘装货量参数设置图

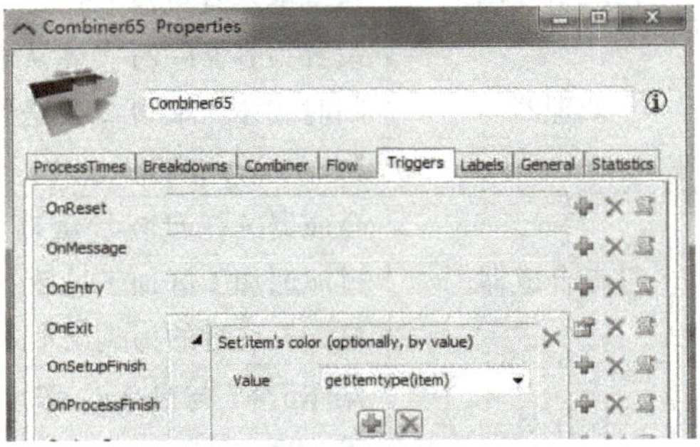

图 10－24　合成器上托盘颜色的设置

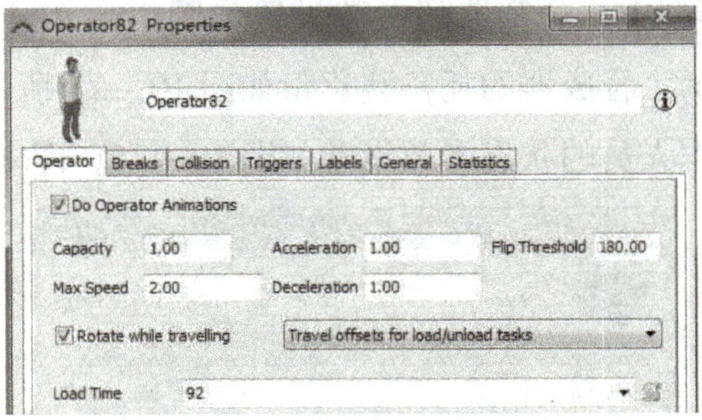

图 10－25　操作员参数设置（1）

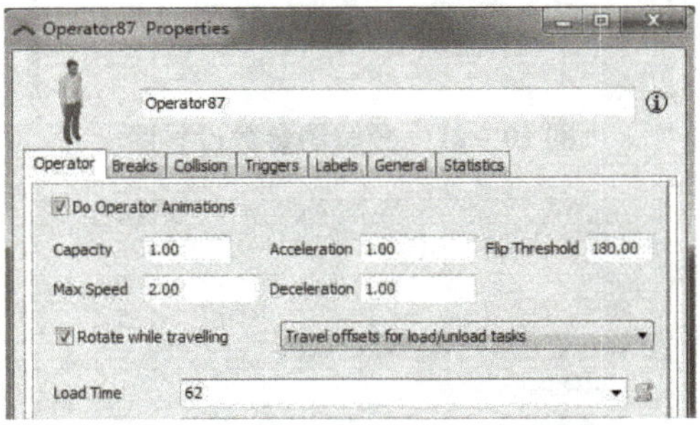

图 10－26　操作员参数设置（2）

4. 拣货区的 Flexsim 模型

拣货区采用水平旋转货架，在货架上可安置电子拣选设备，作业人员根据电子表指示，完成分拣作业。拣货区由2排货架、2个操作员和9个输送机组成，如图10－27所示。

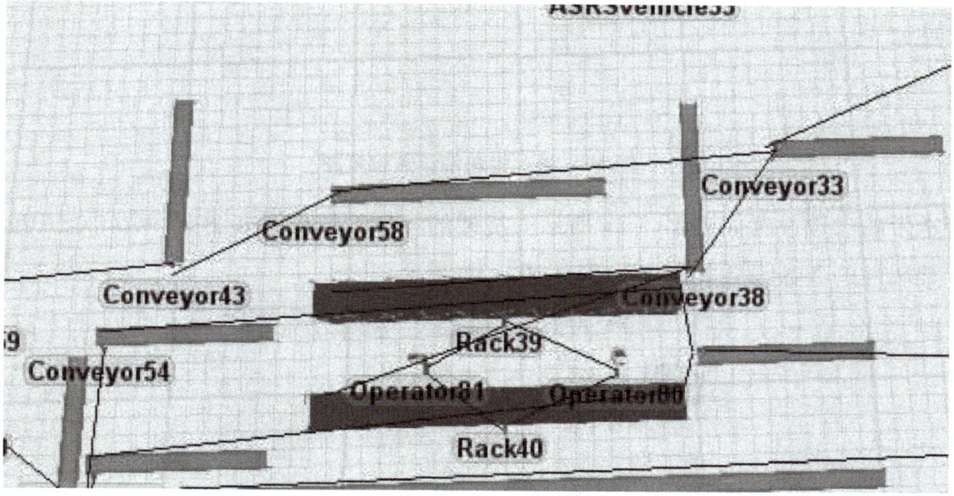

图10－27 拣货区布局图

拣货区实体参数设置如表10－4所示。

表10－4 拣货区参数对象设置

实体名称	对象说明	参数设置
Conveyor34、Conveyor41－45、Conveyor58	输送机	参数保持默认设置
Conveyor33、Conveyor38	输送机	当货物到达Conveyor33时，判断货物类型。如果是类型2，是加工过的物品就可以走输出端口1；如果是1，就说明是未加工过的，就只能走端口2；Conveyor38输出端口为随机端口
Rack39－40	货架	设置成10行5列最大容量为50，每个货格存放一个托盘产品，货物的放置从第一排第一列开始放置，停留时间按泊松分布，均值为3600，随机数流为1，输出端口为随机端口；当货量储存量达到45个时，系统将关闭货架的输入端口，当存储量减少到5个时，系统将自动打开货架的输入端口继续补货
Operator80－81	操作员	参数保持默认设置

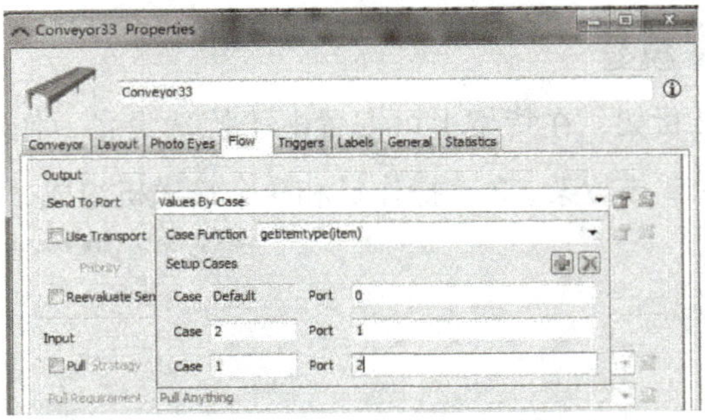

图 10－28 传送带参数设置图

传送带的参数设置如图 10－28 所示。货架的容量参数设置如图 10－29、图 10－30 所示。货架属性的参数设置如图 10－31、10－32 所示。

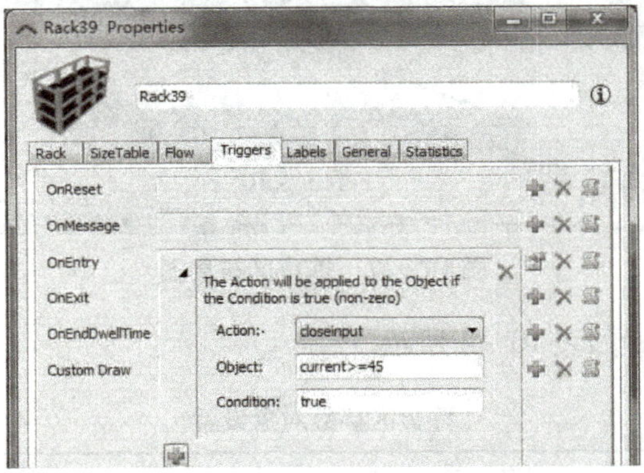

图 10－29 货架容量参数设置图（1）

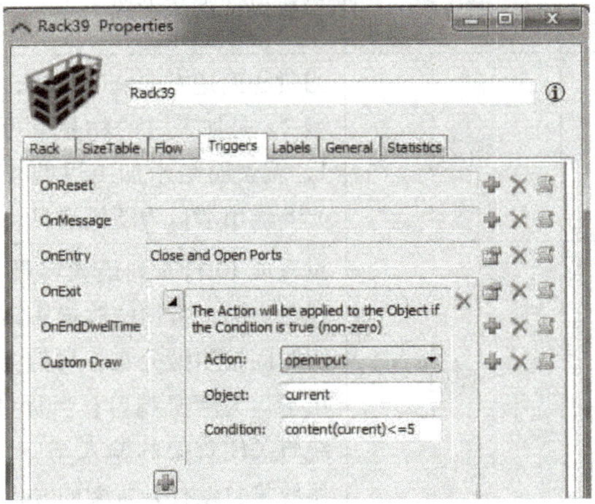

图 10－30 货架容量设置图（2）

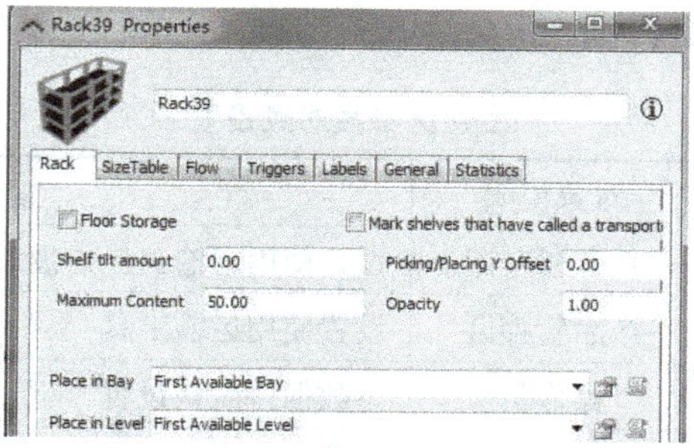

图 10 – 31　货架放置顺序及时间参数设置图

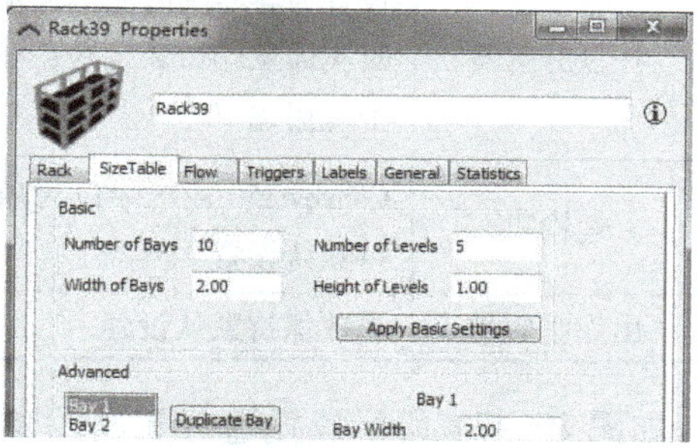

图 10 – 32　货架层数设置图

5. 发货区的 Flexsim 模型

这个区域主要负责发货工作，实现库内物资的转运，装载单元采用 AGV 运输小车或叉车。发货区由 3 个暂存区、1 个分解器、1 辆叉车、2 个操作员、5 个运输机和 3 个吸收器组成，如图 10 – 33 所示。

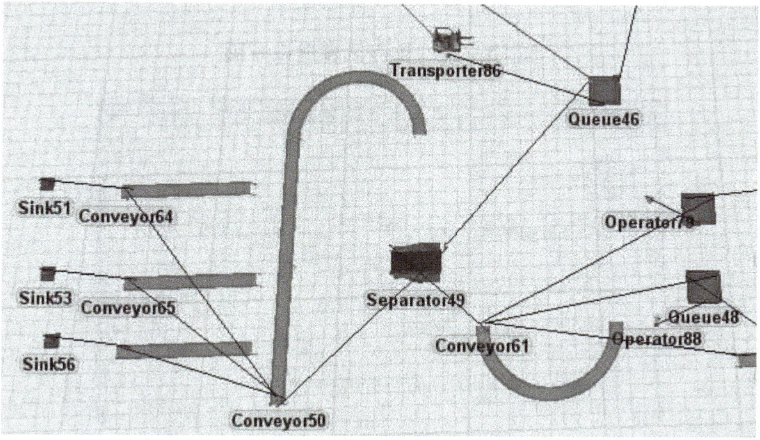

图 10 – 33　发货区布局图

发货区实体参数设置如表 10－5 所示。

表 10－5　　　　发货区参数对象设置

实体名称	对象说明	参数设置
Queue46	托盘暂存区	设置使用运输工具，最大容量为 350
Queue47－48	产品暂存区	设置使用运输工具
Operator79、Operator88	操作员	参数保持默认设置
Transporter86	托盘叉车	参数保持默认设置
Separator49	托盘分解器	设置为容器临时实体从端口 1 发送，将容纳的所有临时实体从端口 2 发送；如果没有拆包，则仅送往第一个可用端口
Conveyor50、Conveyor64－66、Conveyor61	运输机	Conveyor50 输出端口为随机端口，其他运输机参数保持默认设置
Sink51、Sink53、Sink56	出库吸收器	参数保持默认设置

发货区暂存区容量设置如图 10－34 所示。托盘分解器的参数设置如图 10－35 所示。传送带的输出端口为随机端口的参数设置如图 10－36 所示。

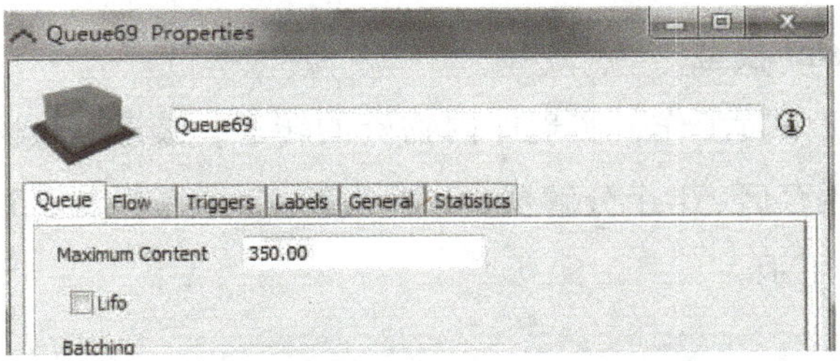

图 10－34　暂存区容量设置图

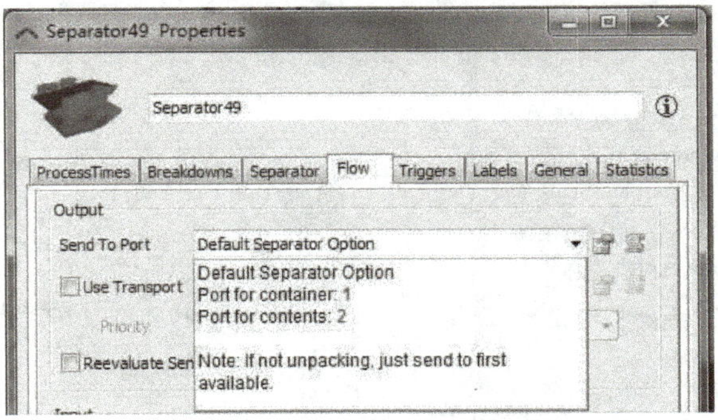

图 10－35　托盘分解器参数设置图

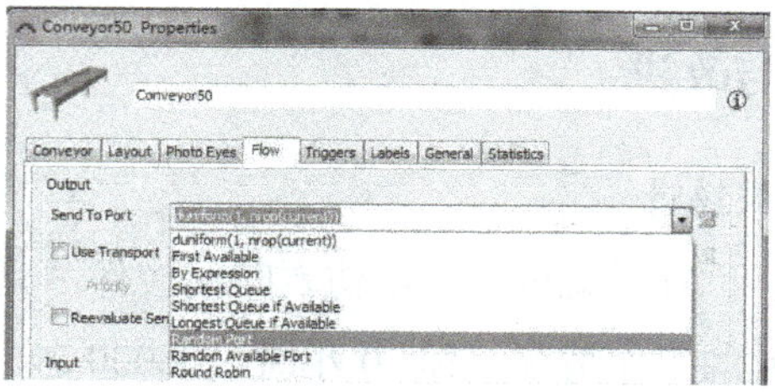

图 10－36 传送带参数设置图

以上为配送中心主要的实体参数设置，其他没有说明的实体参数保持默认设置。

经过以上全部参数设置后点击运行，可以得到配送中心的仿真运行过程图，如图 10－37和 10－38 所示。

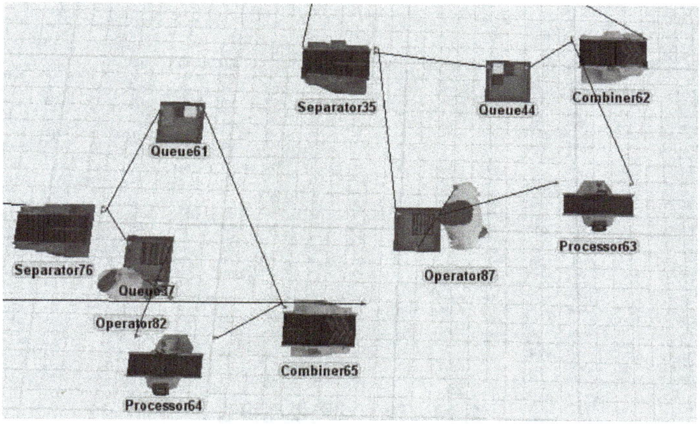

图 10－37 运行中的流通加工区和运行中的装盘过程

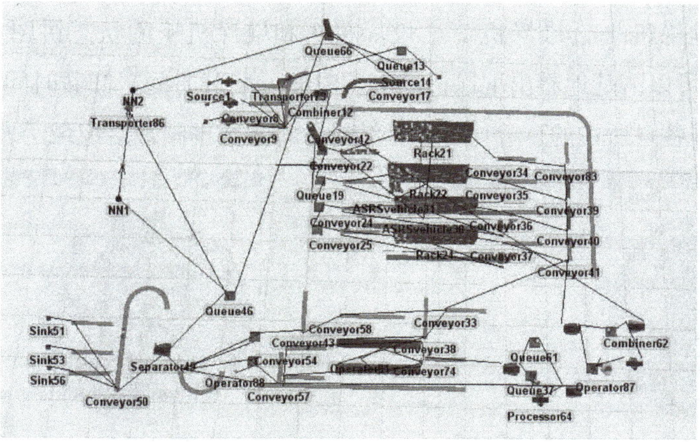

图 10－38 整体布局的运行正投影图

三、运行结果分析与改进

1. 仿真模型运行及结果统计

模型建立后，经编译、重置后就可以点击仿真时间控件“运行”来运行模型。仿真模拟自动化立体仓库一天真实的工作情况，即 10 小时（36000 秒）。

由于 Flexsim 是实时的仿真软件，故在仿真过程中，可对每一架堆垛机、运输小车、货架进行操作，检测其当前的状态。仿真结束后，通过“统计 > 状态报告”输出 Excel 状态报表，如图 10－39 所示。通过模型报告，可以很清楚地了解模型中各实体的各种状态占总时间的百分比。

A1 Flexsim State Report

	A	B	C	D	E	F	G	H	I	J	K	L	M	N	O	P	Q	R
1	Flexsim State Report																	
2	Time:	36000																
3																		
4	Object	Class	idle	processir	busy	blocked	generatir	empty	collectir	releasing	waiting_f	waiting_f	breakdow	schedule	conveying	travel_em	travel_l	offset_tr
5	Source1	Source	0.00%	0.00%	0.00%	0.00%	100.00%	0.00%	0.00%	0.00%	0.00%	0.00%	0.00%	0.00%	0.00%	0.00%	0.00%	0.00%
6	Source2	Source	0.00%	0.00%	0.00%	0.00%	100.00%	0.00%	0.00%	0.00%	0.00%	0.00%	0.00%	0.00%	0.00%	0.00%	0.00%	0.00%
7	Source3	Source	0.00%	0.00%	0.00%	0.00%	100.00%	0.00%	0.00%	0.00%	0.00%	0.00%	0.00%	0.00%	0.00%	0.00%	0.00%	0.00%
8	Processor	Processor	81.83%	18.17%	0.00%	0.00%	0.00%	0.00%	0.00%	0.00%	0.00%	0.00%	0.00%	0.00%	0.00%	0.00%	0.00%	0.00%
9	Processor	Processor	81.69%	18.31%	0.00%	0.00%	0.00%	0.00%	0.00%	0.00%	0.00%	0.00%	0.00%	0.00%	0.00%	0.00%	0.00%	0.00%
10	Processor	Processor	82.00%	18.00%	0.00%	0.00%	0.00%	0.00%	0.00%	0.00%	0.00%	0.00%	0.00%	0.00%	0.00%	0.00%	0.00%	0.00%
11	Conveyor7	Conveyor	0.00%	0.00%	0.00%	0.02%	0.00%	81.81%	0.00%	0.00%	0.00%	0.00%	0.00%	0.00%	18.17%	0.00%	0.00%	0.00%
12	Conveyor8	Conveyor	0.00%	0.00%	0.00%	0.02%	0.00%	81.68%	0.00%	0.00%	0.00%	0.00%	0.00%	0.00%	18.31%	0.00%	0.00%	0.00%
13	Conveyor9	Conveyor	0.00%	0.00%	0.00%	0.03%	0.00%	81.99%	0.00%	0.00%	0.00%	0.00%	0.00%	0.00%	17.98%	0.00%	0.00%	0.00%
14	Conveyor1	Conveyor	0.00%	0.00%	0.00%	1.89%	0.00%	30.29%	0.00%	0.00%	0.00%	0.00%	0.00%	0.00%	67.82%	0.00%	0.00%	0.00%
15	Queue11	Queue	0.00%	0.00%	0.00%	0.00%	0.00%	88.75%	0.00%	0.00%	0.00%	11.25%	0.00%	0.00%	0.00%	0.00%	0.00%	0.00%
16	Combiner1	Combiner	0.05%	12.31%	0.00%	0.00%	0.00%	0.00%	87.64%	0.00%	0.00%	0.00%	0.00%	0.00%	0.00%	0.00%	0.00%	0.00%
17	Queue13	Queue	0.00%	0.00%	0.00%	0.00%	0.00%	100.00%	0.00%	0.00%	0.00%	0.00%	0.00%	0.00%	0.00%	0.00%	0.00%	0.00%
18	Queue14	Queue	0.00%	0.00%	0.00%	0.00%	0.00%	100.00%	0.00%	0.00%	0.00%	0.00%	0.00%	0.00%	0.00%	0.00%	0.00%	0.00%
19	Queue15	Queue	0.00%	0.00%	0.00%	0.00%	0.00%	100.00%	0.00%	0.00%	0.00%	0.00%	0.00%	0.00%	0.00%	0.00%	0.00%	0.00%
20	Queue16	Queue	0.00%	0.00%	0.00%	0.00%	0.00%	100.00%	0.00%	0.00%	0.00%	0.00%	0.00%	0.00%	0.00%	0.00%	0.00%	0.00%
21	Conveyor1	Conveyor	0.00%	0.00%	0.00%	0.06%	0.00%	90.51%	0.00%	0.00%	0.00%	5.29%	0.00%	0.00%	4.14%	0.00%	0.00%	0.00%
22	Conveyor1	Conveyor	0.00%	0.00%	0.00%	0.02%	0.00%	95.75%	0.00%	0.00%	0.00%	2.06%	0.00%	0.00%	2.17%	0.00%	0.00%	0.00%
23	Conveyor1	Conveyor	0.00%	0.00%	0.00%	0.00%	0.00%	98.38%	0.00%	0.00%	0.00%	0.72%	0.00%	0.00%	0.89%	0.00%	0.00%	0.00%
24	Conveyor2	Conveyor	0.00%	0.00%	0.00%	0.00%	0.00%	97.81%	0.00%	0.00%	0.00%	0.98%	0.00%	0.00%	1.21%	0.00%	0.00%	0.00%
25	Rack21	Rack	0.00%	100.00%	0.00%	0.00%	0.00%	0.00%	0.00%	0.00%	0.00%	0.00%	0.00%	0.00%	0.00%	0.00%	0.00%	0.00%
26	Rack22	Rack	0.00%	100.00%	0.00%	0.00%	0.00%	0.00%	0.00%	0.00%	0.00%	0.00%	0.00%	0.00%	0.00%	0.00%	0.00%	0.00%
27	Rack23	Rack	0.00%	100.00%	0.00%	0.00%	0.00%	0.00%	0.00%	0.00%	0.00%	0.00%	0.00%	0.00%	0.00%	0.00%	0.00%	0.00%
28	Rack24	Rack	0.00%	100.00%	0.00%	0.00%	0.00%	0.00%	0.00%	0.00%	0.00%	0.00%	0.00%	0.00%	0.00%	0.00%	0.00%	0.00%
29	ASRSvehi	ASRSvehi	89.27%	0.00%	0.00%	0.00%	0.00%	0.00%	0.00%	0.00%	0.00%	0.00%	0.00%	0.00%	0.00%	0.00%	0.00%	5.17%
30	ASRSvehi	ASRSvehi	95.58%	0.00%	0.00%	0.00%	0.00%	0.00%	0.00%	0.00%	0.00%	0.00%	0.00%	0.00%	0.00%	0.00%	0.00%	2.05%
31	ASRSvehi	ASRSvehi	98.43%	0.00%	0.00%	0.00%	0.00%	0.00%	0.00%	0.00%	0.00%	0.00%	0.00%	0.00%	0.00%	0.00%	0.00%	0.72%

图 10－39　系统模型报告

堆垛机运行状况的主要评价指标是工作时间、闲置率和利用率。通过堆垛机的属性统计分页，可以得到堆垛机 1 、堆垛机 2 、堆垛机 3 和堆垛机 4 的状态饼图（如图 10－40 到 10－43）。从图上可以清楚地看出堆垛机的空闲时间、装载时间、卸载时间、装载行驶时间、空载行驶时间及其各自所占的百分比等仿真结果。将其数据整理后记录于表10－6中。

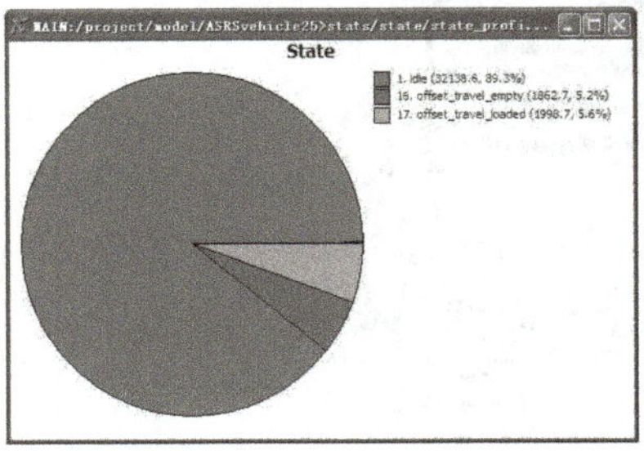

图 10－40　1 号堆垛机仿真结束后的状态饼图

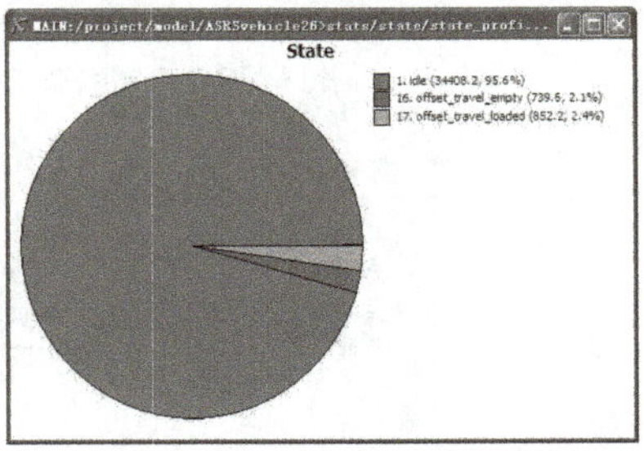

图 10－41　2 号堆垛机仿真结束后的状态饼图

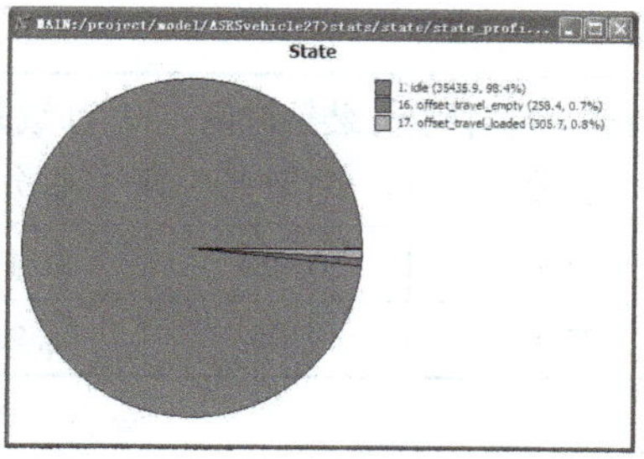

图 10－42　3 号堆垛机仿真结束后的状态饼图

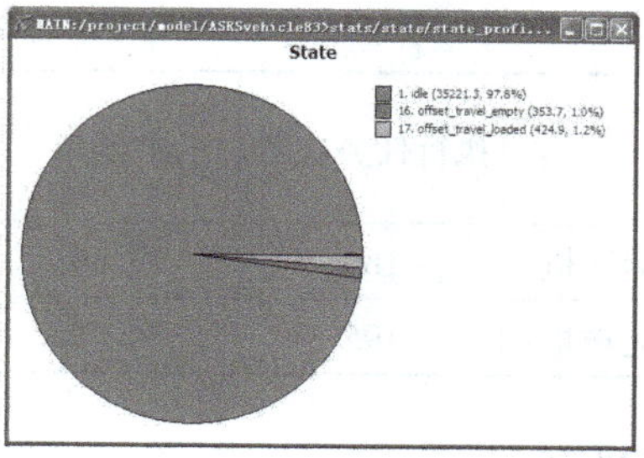

图 10－43　4 号堆垛机仿真结束后的状态饼图

表 10－6　堆垛机仿真输出数据

	1 号堆垛机	2 号堆垛机	3 号堆垛机	4 号堆垛机
最小等待时间	3. 808	3. 808	3. 808	3. 808
最大等待时间	10. 313	8. 000	8. 000	8. 000
平均等待时间	6. 553	5. 426	4. 703	4. 884
空闲时间百分比	89. 3%	95. 6%	98. 4%	97. 8
空载运输时间百分比	5. 2%	2. 1%	0. 7%	1. 0%
装载运输时间百分比	5. 6%	2. 4%	0. 8%	1. 2%

运输机的主要评价指标是执行次数、空载运输时间、装载运输时间、装载时间和卸载时间。通过运输机的属性统计分页，可以得到运输机 1 和运输机 2 的状态饼图（见图 10－44、10－45）。从图上可以清楚地看出运输机的空闲时间、装载时间，卸载时间、装载行驶时间、空载行驶时间及其各自所占的百分比等仿真结果。将其数据整理后记录于表 10－7 中。

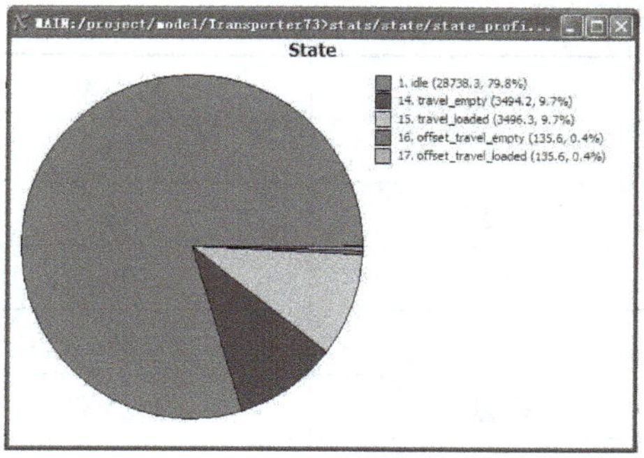

图 10－44　1 号运输机仿真状态饼图

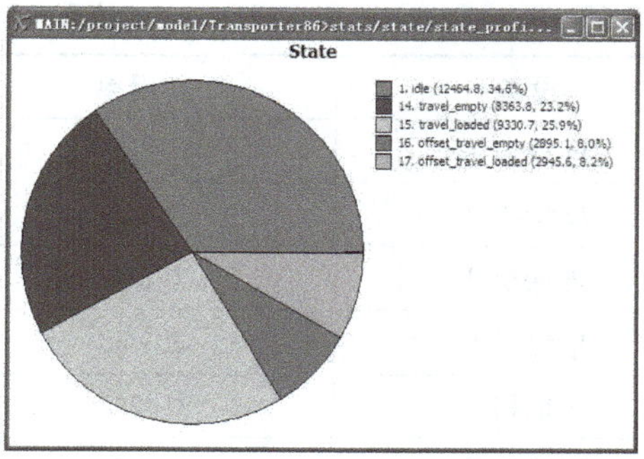

图 10－45　2 号运输机仿真状态饼图

货架的主要评价指标是最大库存量、现有库存量、输入货物总数、输出货物总数和库位利用率。货架主要考虑储存区的货架，将仿真数据记录于表 10－8 中。

表 10－7　　　　运输机仿真输出数据

	执行任务次数	空闲率	空载运输时间百分比	装载运行时间百分比	装载时间百分比	卸载时间百分比
1 号运输机	186	79.8%	9.7%	9.7%	0.4%	0.4%
2 号运输机	195	34.6%	23.2%	25.9%	8.0%	8.2%

表 10－8　　　　货架仿真输出数据

设备	当前库存量（盘）	最大库存量（盘）	平均库存量（盘）	入库总数（盘）	出库总数（盘）	平均停留时间（秒）
货架 1	71	74	54.582	305	234	7199.551
货架 2	34	44	27.835	157	123	7184.325
货架 3	10	19	11.774	65	55	7216.727
货架 4	18	23	15.053	87	69	7243.203

由表 10－8 的数据可以得出，储存区 4 排货架入库总量为 614 盘，出库总量为 481 盘，库位的平均利用率为 33.25%，相对较低，需要加以优化让配送中心能达到预期效果，所以模型中发生器的到达时间间隔和货架的最小停留时间均要调整。

2. 仿真结果分析

根据表 10－6、表 10－7 和表 10－8，可以得出堆垛机、运输机和储存区货架库位的利用率，如表 10－9 所示。

表 10－9　　　　仿真实验数据分析结果

设备	利用率	设备	利用率
堆垛机 1	10.7%	货架 1	71%
堆垛机 2	4.4%	货架 2	34%
堆垛机 3	1.6%	货架 3	10%
堆垛机 4	2.2%	货架 4	18%
运输机 1	21.2%	托盘	73.5%
运输机 2	65.4%		

对表 10－9 的仿真实验数据进行分析，结果如下。

① 4 架堆垛机的利用率非常低。而导致堆垛机利用率低的主要原因是配送中心到达的

货物数量少以及货物在发生器上停留时间过长的问题。如需要改善这种状况，我们必须在货物到达发生器上做出修改，让货物到达配送中心的数量多起来。

②2 辆运输机的利用率也比较低。1 号运输机所运送的货物为不合格品，当然不合格品越少越好，但是货物的不合格品概率为 10%，说明 1 号运输机的利用率低；2 号运输机所做工作是将空的托盘运送回到货物装盘前的暂存区去，从利用率来看 2 号运输机利用率较低，主要原因也是货物的数量较少。

③4 个货架的平均利用率只有 33.25%，这和我们建立配送中心的初衷完全相反。我们建立配送中心的目的就是为了让货物能更加方便周转，如果建立配送中心后货架利用率反而变低了，那就得不偿失了。造成利用率低的原因主要是到达货物的数量少以及货物在货架上的停留时间短。为了更好地解决货架问题，我们应该增加货物的到达数量并增加货物停留在货架上的时间。

④在产生托盘的暂存区中托盘还有 75 个托盘处于空闲状态，托盘的利用率只有 73.5%，也就是说有 1/4 多的托盘没有用到。因为托盘是循环使用，而且货物的到达数量少，所以说 340 个托盘明显过多。故应适当减少托盘的生成，这样就可避免托盘的浪费。

以上就是配送中心在原始数据下进行仿真后的结果，从中我们可以发现系统运行过程中存在的一些问题，并为进一步优化系统配置提供重要的依据。由于仿真模型中的临时实体是通过发生器连续产生的，沿袭这样的思路和方法，待有条件时可以进行更加全面、真实的分析。

3. 配送中心的优化

（1）优化方案

通过上面分析我们了解到，系统中存在货物数量太少的问题，会造成配送中心极度空闲现象，导致堆垛机、运输机和货架利用率不高，无法实现建立配送中心的最初目的。针对这一问题，可通过调整货架参数、货物的出入库量、货物停留时间等手段，来寻找系统优化的最佳方案。

优化设计的第一步就是定义模型的决策变量，最优化决策变量的选择是通过待解决问题的陈述获得的。例如，货架的货位是多少时，可使得货位的利用率达到最佳？此问题的陈述定义了模型的决策变量即货架的最大容量和货位的利用率。但是，这两个变量却有不同的用途。容量最大值是要对其进行改变而进行仿真实验的，而货位利用率是作为结果反馈来体现改变的效果。在制定了变量的名称和类型后，应将此变量与模型中某节点关联起来，选择持有此最大容量值的节点，且必须选择具有数值数据的节点，否则将无法实现最优化。定义了决策变量后，再定义最优化的约束条件，因为在最优化过程中，优化器将根据决策变量对若干场景进行实验。约束可用来将不能满足条件的某些场景剔除出去，这样优化器就不会将一个无效的场景选作最优化方案。之后再根据评价指标编写目标函数，设置仿真场景次数和场景运行时间，对其进行优化，获得最佳解答。

本文将通过多次仿真，在研究某一变量对系统的影响时，视其他变量暂时为常数，从而避免复杂的分析过程。具体操作如下：

①假定托盘生成数量与货物的入库时间间隔不变，将货架中货物的最小停留时间及关闭货架的输入端口的上限容量视为变量。

②在以上基础上，假定托盘生成数量与货架中的货物最小停留时间不变，将货物的入库时间间隔视为变量。

③在以上基础上，假定货物的入库时间间隔与货架中货物的最小停留时间不变，将托盘生成数量视为变量。

④结合前三者的结果，通过反复试验，仿真综合优化系统的资源配置。在优化并仿真的过程中，分析每个参数的改变对系统的影响，找出参数改变与系统效率之间的变化规律，并通过这种趋势修改实体参数，直至达到预期目标。

（2）模型修改及仿真

①货物的最小停留时间和货架输入端口上限的优化及仿真分析

在仿真系统中，泊松分布有着很重要的应用，当随机事件发生的间隔时间相互独立且服从同一负指数分布时，固定时间内事件发生的次数服从泊松分布。货架中货物的最小停留时间也采用泊松分布。由于暂存区存放入库频率较低的货物，所以设置停留的时间应长一些。将暂存区货架停留时间均值修改为9000，使用随机数流1；储存区的货架关闭，货架的输入端口的上限修改为90。参照此数据修改模型，仿真结果整理、记录于表10－10至10－15中。

由表10－10可以看出，修改后的堆垛机1、堆垛机2、堆垛机3和堆垛机4的工作效率分别为11.8%、4.6%、2.1%和2.1%。与修改前的工作效率比较，可得出表10－11。

表 10－10　　修改后堆垛机仿真输出数据表

	1 号堆垛机	2 号堆垛机	3 号堆垛机	4 号堆垛机
最小等待时间	3. 808	3. 808	3. 808	3. 808
最大等待时间	11. 313	8. 000	8. 000	8. 000
平均等待时间	7. 169	5. 643	5. 077	5. 027
空闲时间百分比	88. 2%	95. 6%	97. 9%	97. 9
空载运输时间百分比	5. 7%	2. 1%	1. 0%	0. 9%
装载运输时间百分比	6. 1%	2. 4%	1. 1%	1. 1%

表 10－11　　修改前后堆垛机工作效率对照表

	1 号堆垛机	2 号堆垛机	3 号堆垛机	4 号堆垛机
修改前工作效率	10. 7%	4. 4%	1. 6%	2. 2%
修改后工作效率	11. 8%	4. 6%	2. 1%	2. 1%

通过表 10－11 可以看出，堆垛机工作效率得到了一点提高，但并不明显。

表 10－12　　修改后的运输机仿真输出数据表

	执行任务次数	空闲率	空载运输时间百分比	装载运行时间百分比	装载时间百分比	卸载时间百分比
1 号运输机	172	81. 3%	9. 0%	9. 0%	0. 3%	0. 3%
2 号运输机	179	41. 1%	21. 4%	23. 8%	7. 4%	6. 3%

由表 10－12 可知，修改后的运输机 1 号和运输机 2 号的空闲率分别为 81. 3% 和 41. 1%，则工作效率分别为 18. 7% 和 58. 9%。与修改前工作效率比较，可得出下表 10－13的结果。

表 10－13　　修改前后运输机工作效率对照表

	1 号运输机	2 号运输机
修改前工作效率	20. 2%	65. 4%
修改后工作效率	18. 7%	58. 9%

由表 10－13 可以看出，运输机的效率得到了有限的降低，但也不很明显。

由表 10－14 的数据可以看出，修改后的储存区 4 排货架入库总量为 616，出库总量为 451，库位的平均利用率为 41. 25%。修改前后各个货架的利用率如表 10－15 所示。

表 10－14　　　　修改后的货架仿真输出数据表

设备	当前库存量（盘）	最大库存量（盘）	平均库存量（盘）	入库总数（盘）	出库总数（盘）	平均停留时间（秒）
货架 1	78	87	65.815	304	226	8983.169
货架 2	45	49	32.049	150	105	9032.848
货架 3	24	31	17.577	81	57	9071.825
货架 4	18	30	9048.619	81	63	9048.619

表 10－15　　　　修改前后的货架利用率数据表

	1 号货架	2 号货架	3 号货架	4 号货架
修改前工作效率	71%	34%	10%	18%
修改后工作效率	78%	45%	24%	18%

由表 10－15 可以看出，货架的使用效率得到了提高，修改后的储存区货架平均利用率为 41.25%，与之前相比提高了 8 个百分点。分析可知，货物的最小停留时间和货架输入端口的上限是影响货架利用率的因素之一。

②货物的入库时间间隔的优化及仿真分析

在上一优化方案的基础上，通过进一步分析货物的入库时间间隔因素，并优化该因素，可提高堆垛机及货架利用率。具体操作如下：将货物的到达时间间隔按照泊松分布，均值设为 56，随机数流设为 1，参照此数据修改模型，仿真结果整理、记录于下列 10－16、10－17 的图表中。

通过表 10－16 可以看出，堆垛机工作效率得到了一点提高，但并不明显。

表 10－16　　　　修改前后堆垛机工作效率对照表

	1 号堆垛机	2 号堆垛机	3 号堆垛机	4 号堆垛机
修改前工作效率	11.8%	4.6%	2.1%	2.1%
修改后工作效率	12.1%	5.2%	2.9%	3.3%

由表 10－17 可以看出，运输机的效率得到了稍微的提高。

通过表 10－18 可以看出，修改后的平均货架利用率为 42%，与修改前又提高了一点。由以上数据我们可以看出，修改货物的入库时间间隔就能引起其他数据的有效变化，所以说货物的入库时间间隔因素为优化配送中心的其中因素之一。

表 10－17　修改前后运输机工作效率对照表

	1 号运输机	2 号运输机
修改前工作效率	18.7%	58.9%
修改后工作效率	21.9%	60.8%

表 10－18　修改前后的货架利用率数据表

	1 号货架	2 号货架	3 号货架	4 号货架
修改前工作效率	78%	45%	24%	18%
修改后工作效率	82%	36%	25%	25%

③托盘生成数量的优化及仿真分析

在以上优化方案基础上，可通过进一步分析来确定在现有资源配置下该配送中心的托盘生成数量，在提高堆垛机和货架利用率的同时，避免过多托盘的浪费，使配送中心效益最大化。在托盘发生器中，设置托盘的初始数量为 300，参照此数据修改模型，仿真结果整理、记录于表 10－19 中。

通过表 10－19 我们可以得出，修改托盘初始生成数量也可作为优化配送中心的手段之一，后面可再通过多次试验仿真，找出最优的托盘数量。

表 10－19　修改前后托盘的利用率数据表

	托盘利用率
修改前工作效率	73.5%
修改后工作效率	85%

④最终优化方案结果

通过反复测算和仿真运行分析，在现有配置下不出现堵塞的最大吞吐量为 2182 ~ 1210。货物到达时间间隔和储存区货架货物最小停留时间均采用泊松分布，分别采用均值 56、9300，使用随机数流 1，储存区的货架关闭。货架的输入端口的上限修改为 90，托盘的初始生成数量为 280。参照此数据修改模型，仿真结果整理、记录于表 10－20中。

通过表 10－20 可以看出，堆垛机工作效率并没有太大变化；运输机的效率得到了相对提高；储存区的货架利用率有了很大提高，平均利用率由 33.25% 提高到 42.5%；托盘的利用率有了很大提高，避免了过多托盘产生的浪费，提升了配送中心的效益。

表 10－20　　最终修改前后工作效率对照表

	修改前工作效率	修改后工作效率		修改前工作效率	修改后工作效率
1 号堆垛机	10.7%	11.2%	1 号货架	71%	77%
2 号堆垛机	4.4%	4.1%	2 号货架	34%	36%
3 号堆垛机	2.6%	2.1%	3 号货架	10%	26%
4 号堆垛机	2.2%	2.3%	4 号货架	18%	31%
1 号运输机	21.2%	21.7%	托盘	73.5%	95%
2 号运输机	65.4%	78.9%			

综合以上结果可以证明，我们选择的优化方案是正确的，通过仿真分析，优化系统的资源配置后达到了提高系统效率、优化投资效益的目的。

本章思考

1. 总结现代物流配送中心的作业流程。
2. 根据本文仿真案例，对比优化前后的数据并形成详细分析的报告。

第11章

现代铁路物流园区建模与仿真

第 1 节　现代铁路物流园区概论

一、现代铁路物流园区的概念

现代铁路物流园区是以铁路货运场站等铁路资源为基础，融合现代物流管理理念和服务理念，在全路重要运输枢纽及各种运输方式集结、交汇且经济发展迅速的地区建立，提供以铁路运输为主体的现代物流服务的空间场所，是铁路变车流集结为货流集结的重要载体，既可为铁路自身提供物流服务场所，也可作为公共性物流基地吸引城市相关物流企业入驻，共同开展以铁路运输为主的物流服务。

二、现代铁路物流园区的特点

现代铁路物流园区既有物流园区的共性，是不同物流网络的重要节点，具有包装、加工、仓储、配送、管理及咨询服务等功能，也保存着铁路运输的特性，承担着铁路大宗货物和公铁、海铁联运货物的运输、装卸等任务。现代铁路物流园与物流园区和铁路货站相比，其差异分别如表 11－1 和表 11－2 所示。

因此，现代铁路物流园区具有以下 4 个特点：

①高物流量。现代铁路物流园区处理的对象以铁路货物为主，铁路运输具有距离远、运量大的特性，使其具有一定的规模性，园区的物流处理量相对同等级的其他物流园区较大。

②功能丰富。在一般物流园区所具备的仓储、配送、流通加工、包装、管理咨询等服务职能外，现代铁路物流园区所能提供的功能服务额外还可能包括满足客户对于铁路货物运输、装卸、搬运和仓储等一系列要求的铁路货运作业。

③网络辐射广。铁路运输已形成一个有铁路路线、货运站、铁路物流中心和现代铁路物流园区构成的、覆盖范围广阔的庞大网络，该网络辐射全国各地，连接着各个区域。现代物流园区依托铁路枢纽，是网络中辐射范围较为广阔的节点。

表 11－1　现代铁路物流园区与物流园对比

	铁路物流园区	物流园区
市场化程度	受铁路货物运输政策的限制	完全市场化
核心业务	基本、扩展物流业务	基本、扩展以及高端物流业务
服务范围	依托铁路网，范围广阔可至全国	通常是城市范围
运输方式	依托铁路运输，与其他方式相结合	公路运输为主
货物构成	依据辐射城市或区域的经济结构	多样化

表 11－2　现代铁路物流园区与铁路货站对比

	铁路物流园区	铁路货站
货物品类	多品种，不同批量共存	大宗货物，品类有限
服务项目	多种物流服务	运输、仓储
服务范围	广	窄
信息化程度	多信息系统共存	仅铁路相关信息
设施设备	多样化、自动化等	简单、单一
运输方式	铁路运输结合公路、水路等	仅铁路运输

④信息性强。现代铁路物流园区除具有普通物流园区的信息平台之外，还与铁路系统内部的 TMIS（Transportation Management Information System，铁路运输管理信息系统）、TDCS（Train Operation Dispatching Command System，列车调度指挥系统）等信息系统相衔接，使园区的信息内容更丰富，信息网络更完善。

三、现代铁路物流园区的分类

现代铁路物流园区按不同特点，可以划分为不同的类型。

①按照构建方式，现代铁路物流园区可以分为与铁路货运站一体化的物流园区和与铁路货运站分立的物流园区两种类型。

一体化的物流园区是在货运站内完成物流活动；分立型的物流园区是依托于在毗邻地点新建成的铁路货运站完成存储、运输、拣货等物流作业，而在物流园区则进行存储、盘点、订单处理、信息交换、配送作业和管理与服务等工作。

②按照作业的货物品类，现代铁路物流园区可以分为专业型和综合型两类。

专业型的物流园区只办理少数几类货物，如专门办理煤炭、建材等散堆装货物的物流园区，专门办理集装箱的物流园区等。综合型物流园区办理的货物品类较多，如不仅办理散堆装货物，还办理成件包装货物。

③按照规模，现代铁路物流园区可以分为大型、中型和小型三类。

一般地，大型物流园区的服务对象较多，服务范围较广，通常是整个城市或地区，因此物流作业量较大，作业品类较多，所需的作业场地较大，设备和人员也较多，自动化程度要求较高。而小型的物流园区则相反。

④按照现代铁路物流园区服务的地区范围，可以分为广域型、区域型和城市型三种。

广域型物流园区服务于全国，通过与国内其他物流园区合作，实现跨区域顾客的物流服务。区域性物流园区只要服务于所在的某一个地区的顾客，地域范围比广域型物流园区要小。城市型物流园区为某个城市市区内的顾客提供物流服务，地域范围更小。

第2节　现代铁路物流园区的布局

现代铁路物流园区的构建方式，以具有铁路装卸功能的货场为参照，物流作业区与铁路货场之间的关系可以划分为以下三种。

1. 集中式

铁路货场与物流作业区布置相互独立，由货场完成铁路相关作业如卸货、拣货、运输等，物流园区进行存储配送、流通加工、信息交换等管理与服务工作（见图11－1）。该类布局方式适用于贯通式货场布局。物流园区与货场之间组织明确，方便管理。园区的内部交通流畅，而外部交通特别是铁路运输线路对园区的布局及日常运作影响小。然而，该种布局园区的功能区到货场的距离长，园区的运输较为繁忙。此种布局方式是较为常见的一类。

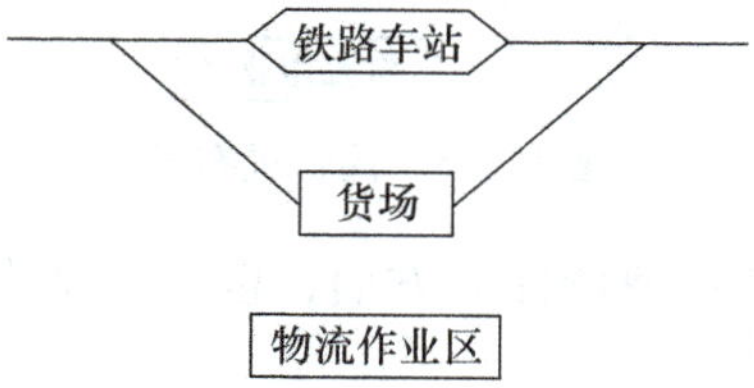

图11－1　集中式布局

2. 分散式

物流园区将相应的功能区穿插布置在铁路装卸区之间（见图11－2）。该类布局适用于尽头式货场，具有铁路货运线与园区紧密结合、可实现车站到园区的无缝连接的优点。然而该种布局的缺点也很明显，首先是铁路线对园区的交通、日常运作具有影响；其次，园区与货场的管理区域交叉，管理主权不明确，容易造成管理上的混乱；最后，用地限制的影响较大。该类布局形式并不常见，但有时受到地形的限制会被采用，此外还有一些规模不大的专业型铁路物流园区也会采用分散式布局。

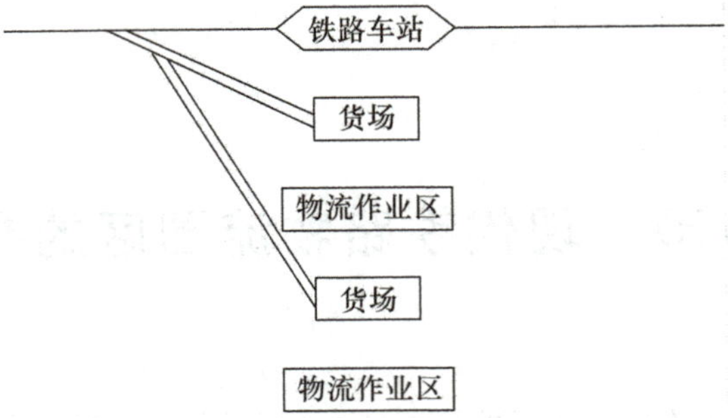

图 11－2　分散式布局

3. 混合式

物流园区以集中式布局为主，小部分功能区穿插布置在铁路装卸区（见图 11－3）。该种布局方式结合了集中式和分散式的特点，远期适应性强，但缺点也很明显，一方面局部交通会存在不通畅问题，另一方面也存在管理交叉问题。混合式是较为常见的布局形式，特别是园区中依托铁路枢纽对某类大宗商品进行运输的模式极为显著。

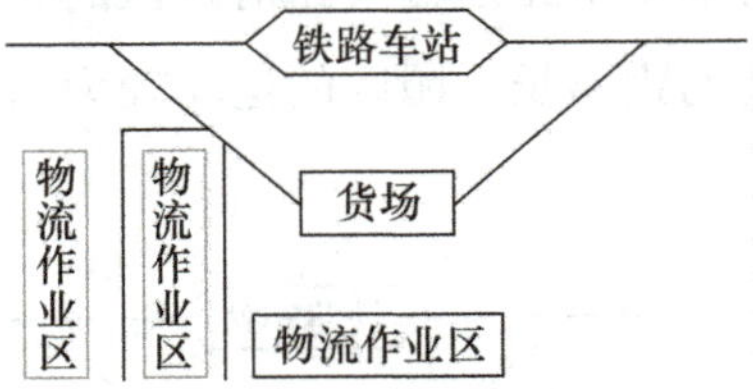

图 11－3　混合式布局

就合适的货场类型、运作管理特性等方面，以上三类布局形式存在差异，具体见表 11－3所示。

表 11－3　三种布局形式对比

	集中式	分散式	混合式
适合的货场类型	贯通式	尽头式	贯通式
运作管理	管理权明确	交叉管理，极易混乱	交叉管理，局部容易混乱
交通影响	小	大	中
对功能区布局的影响	小	大	中
具体影响	该类布局形式对园区整体布局的影响极其微小，甚至可忽略不计，	该类布局形式对园区的影响主要体现在：功能区被迫划分，造成园	该类布局形式受到了局部交通和用地的限制。在对该类布局形式

续表

	集中式	分散式	混合式
适合的货场类型	贯通式	尽头式	贯通式
	但要认真考虑园区内部交通繁忙时的情形，不然可能会造成园区内部交通不畅	区内部物流流动性大，作业流程设计受限；受到铁路相关作业的影响，为了保障安全，交通会受到极大的限制；用地也受限，在规模设计时需考虑可用地的大小	进行布局规划时，需要明确哪些功能区放置于分散式部分，哪些功能区放置于集中式部分。如果没有正确处理该问题，将对长远发展产生极大的不良影响。此外，还需要考虑分散式与集中式功能区之间的联系

现代铁路物流园区的布局流程如图 11－4 所示。

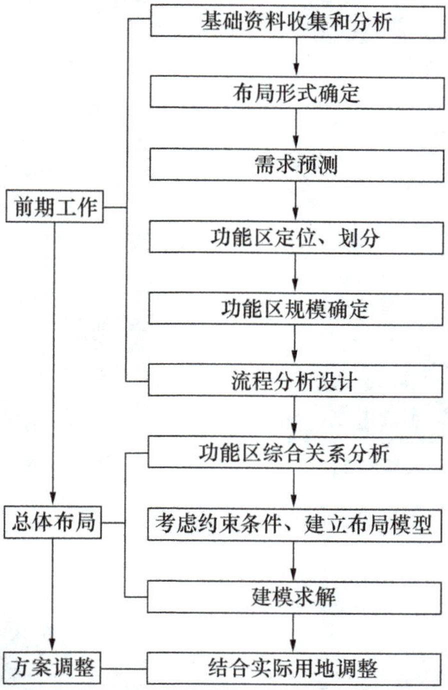

图 11－4　现代铁路物流园区的布局流程图

第 3 节　沈阳东站西货场仿真

沈阳东站西货场是沈阳地区最大的铁路货场，具备现代铁路物流园区的功能。图 11－5～11－10 是沈阳东站西货场的一些图片。

图 11－5　龙门吊

图 11－6　雨　棚

图 11－7　火车停站

图 11－8　等待卸货

图 11－9　散货

图 11－10　叉车

一、模型布局

根据沈阳东站西货场示意图（见图 11－11），绘制仿真模型布局图（见图 11－12）。

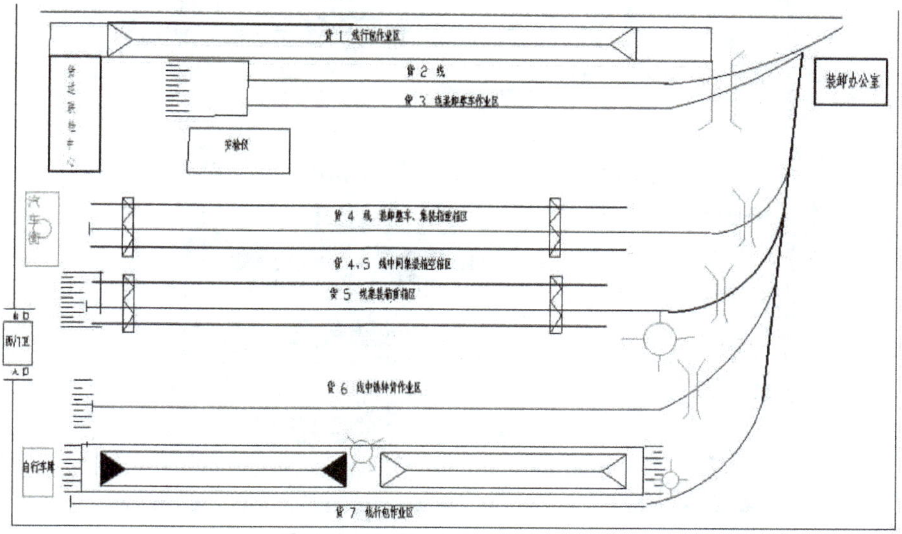

图 11－11　沈阳东站西货场示意图

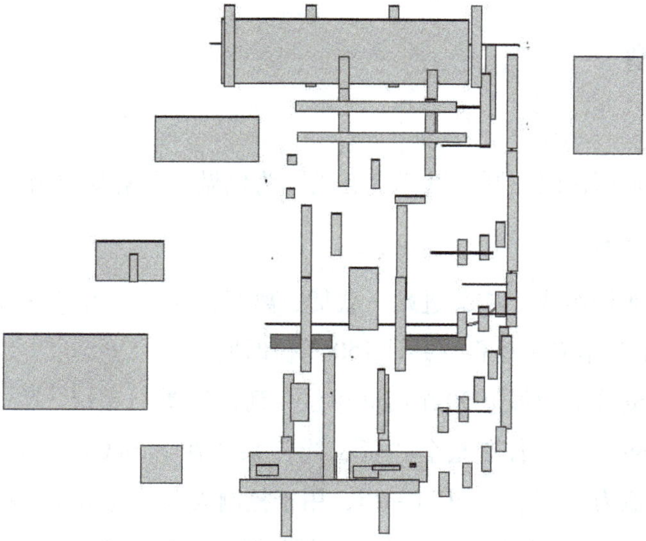

图 11－12　沈阳东站西货场仿真模型布局图

导入 flexsim 实体，如图 11－13 所示。

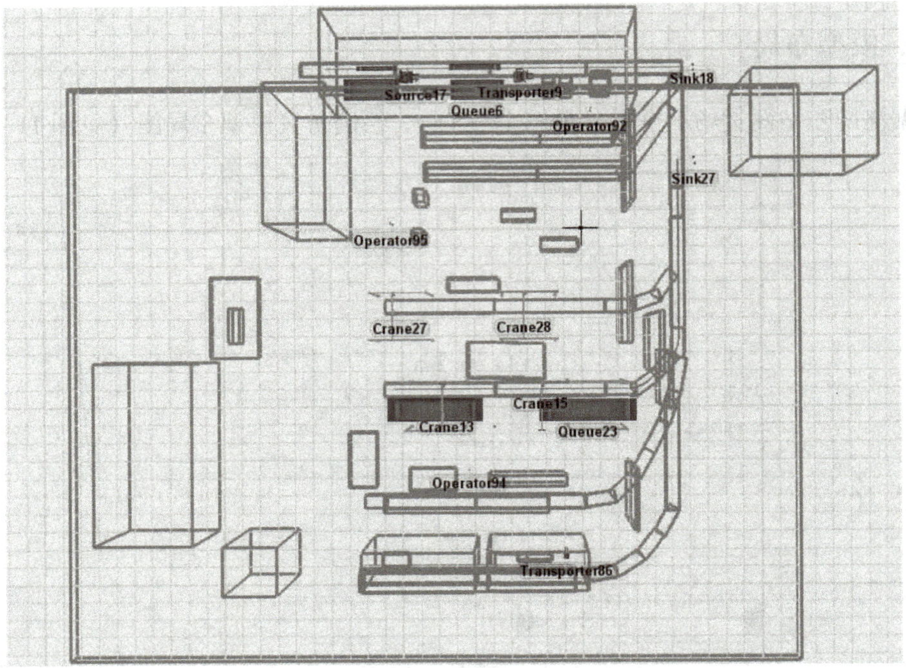

图 11－13 仿真实体模型

注：灰线框部分，需要绘制实体并再次导入。

二、建立模型

1. 连接实体

所有实体操作采用代码控制，以“货五线”为例做一下解释说明。

2. 代码编写及说明

火车（由 7 节车厢组成）空载进站、载货、离开，前四节由 Crane13 负责；后三节由 Crane15 负责。始于停车终于返程，共计 150 单位时间。

①列车到达时刻分别为每 1000 个时间单位一列，见图 11－14。

②使用 BasicConveyor25 控制整个“货二线”系统在 BasicConveyor25 中，加入数值型标签，并设置初始值为“1”，见图 11－15，用于控制火车的进站与离站。

③OnReset。重置时，触发。在 OnReset 代码编辑器中，编写如下代码：

```
/ * * receiveitem * /
treenode current = ownerobject (c);
```

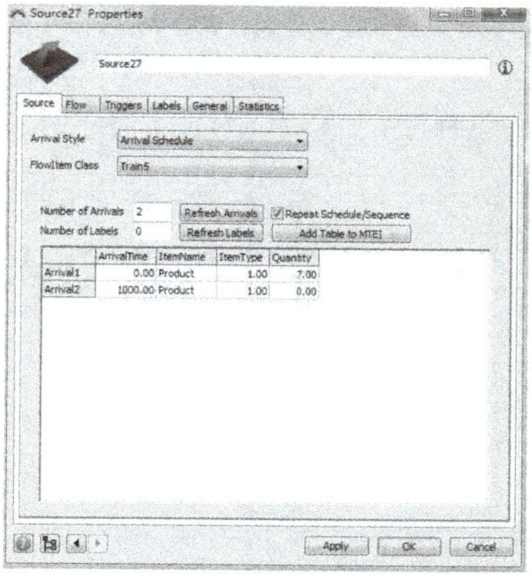

图 11－14　发车时刻表

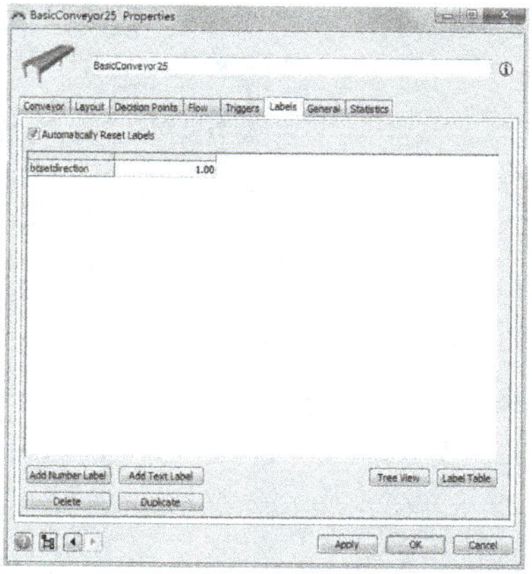

图 11－15　控制变量设置图

```
receiveitem (current);
setlabelnum (current," bcsetdirection", 1);
```

说明：为数值型标签 bcsetdirection 设置初始值，使得重置运行时，初始值为 1。

④OnEnter：火车进站时，触发。在 OnEnter 代码编辑器中，编写如下代码：

```
/* * run direction */
treenode item = parnode (1);
treenode current = ownerobject (c);
int port = parval (2);
receiveitem (current);
for (int i=1; i<=content (current); i++)
{
   treenode traini=rank (current, i);
bcsetitemconveystate (current, traini, 0, 0, 1, 0);
}
```

说明：使用函数 bcsetitemconveystate（current，traini，0，0，1，0），控制火车的初始位置，设置初始速度、最大运行速度及运行方向。

⑤在 BasicConveyor25 的 Decision Points 选项卡中，加入两个控制位置节点，见图11－16。

在 End 端点的控制面板上，在 On Cover 触发器下，编写如下代码：

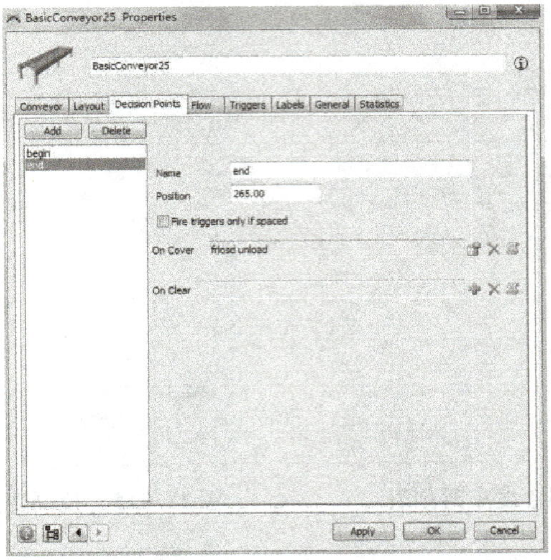

图 11－16　控制位置节点图

```
/ * * frlosd unload * /
treenode current = ownerobject (c);
treenode item = parnode (1);
int decisionpoint = parval (2);
double position = parval (3);

treenode Queue22 = node (" /Queue22", model ());
treenode Queue23 = node (" /Queue23", model ());
treenode Crane15 = node (" /Crane15", model ());
treenode Crane13 = node (" /Crane13", model ());

for (int j =1; j< =content (current); j+ +)
{
treenode carj = rank (current, j);
double positionj = bcgetitemposition (current, carj);
bcsetitemconveystate (current, carj, positionj, 0, 0, 0);
}
```

```
treenode ts = createemptytasksequence (Crane13, 0, 0);
treenode ts1 = createemptytasksequence (Crane15, 0, 0);
for (int j =7; j> =1; j- -)
{
treenode carj = rank (current, j);
if (j> =5)
{
treenode boxj = rank (Queue23, j);
inserttask (ts1, TASKTYPE_ FRLOAD, boxj, Queue23);
inserttask (ts1, TASKTYPE_ UNLOAD, boxj, carj);
  }
if (j< =4)
{
treenode boxj = rank (Queue22, j);
inserttask (ts, TASKTYPE_ FRLOAD, boxj, Queue22);
inserttask (ts, TASKTYPE_ UNLOAD, boxj, carj);
  }
}
inserttask (ts, TASKTYPE_ TRAVELTOLOC, NULL, NULL, -83, -95, 6);
inserttask (ts1, TASKTYPE_ TRAVELTOLOC, NULL, NULL, 3.14, -98.78, 6);
dispatchtasksequence (ts1);
dispatchtasksequence (ts);
senddelayedmessage (current, 150, current, NULL);
```

说明：该段代码实现如下功能：当火车停车时，Crane13 从 Queue22 取货（总货量 4 单位）装车；Crane15 从 Queue23 取货（总货量 3 单位）装车。从火车停车时刻至返回时刻，共计 150 个时间单位。

⑥OnMessage。由 senddelayedmessage（current，150，current，NULL），触发。在 OnMessage 代码编辑器中，编写如下代码：

```
/* * back */
```

```
treenode current = ownerobject (c);
bcsetdirection (current, 0);
setlabelnum (current," bcsetdirection", 0);
for (int i =1; i< =content (current); i+ +)
{
treenode traini = rank (current, i);
double positioni = bcgetitemposition (current, traini);
bcsetitemconveystate (current, traini, positioni, 0, 1, 0);
}
```

说明：使用函数 bcsetitemconveystate（current，traini，positioni，0，1，0），定位火车的当前位置，设置初始速度、最大运行速度及运行方向。实现火车返程的运行动作。

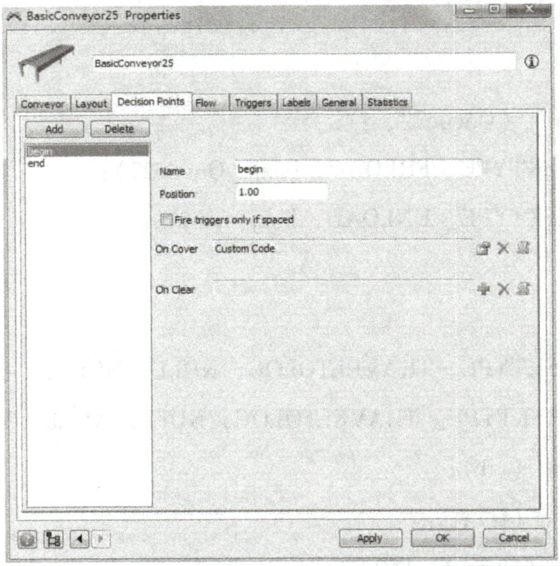

图 11 – 17　“begin”位置点

⑦在 BasicConveyor25 的 Decision Points 选项卡中，在“begin”位置点（见图 11 – 17）的触发器 On Cover 下，编写如下代码：

```
/* * Custom Code */
treenode current = ownerobject (c);
treenode item = parnode (1);
```

```
int decisionpoint = parval (2);
double position = parval (3);
if (getlabelnum (current," bcsetdirection") = =0)
{
releaseitem (item);
}
```

说明：实现火车离站的功能。

⑧OnExcit：出站时，触发。在 OnExcit 代码编辑器中，编写如下代码：

```
/* *bcsetdirection */
treenode item = parnode (1);
treenode current = ownerobject (c);
int port = parval (2);
if (content (current) = =1)
{
bcsetdirection (current, 1);
setlabelnum (current," bcsetdirection", 1);
}
```

说明：为数值型标签 bcsetdirection 设置值 1，使得系统正常运行时，每次火车进站时，数值型标签 bcsetdirection 的值均为 1。

3. 调试与运行

多次调试，得出优化模型。

三、导入其他 3D 实体

1. 绘制三维模型

使用 SketchUp 绘图软件，绘制“自行车库”“货运联检中心”等一系列房屋及设备。以“自行车库”为例，图 11-18 为该实体的三维绘制结果展示。

2. 导入模型

在图 11-19 中，灰色边框的临时实体为 SketchUp 实体。

图 11－18　自行车库三维模型

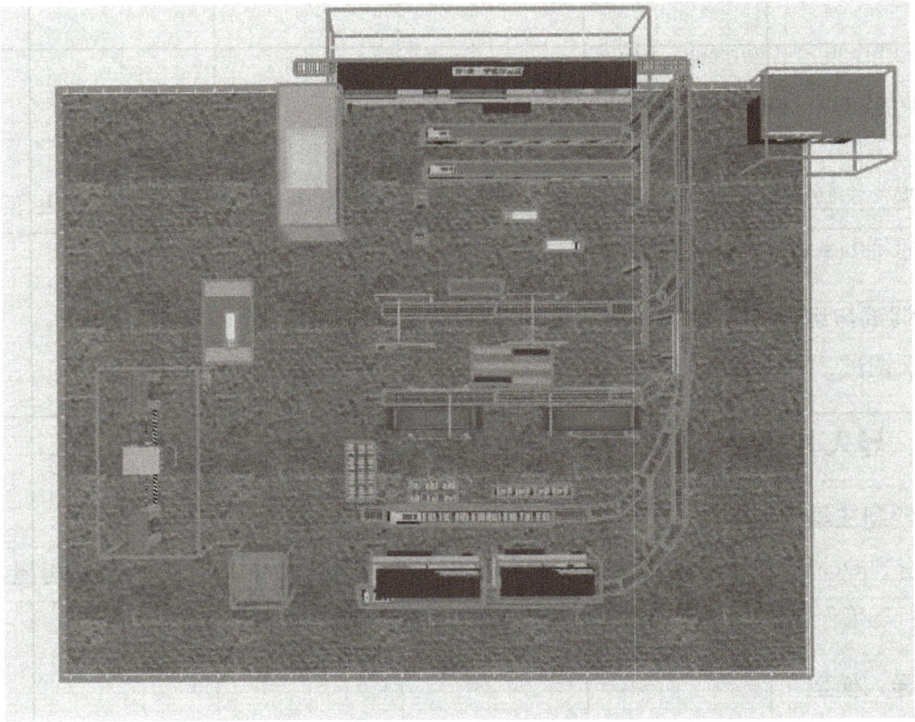

图 11－19　模型图

3. 调试与仿真

多次调试，得出优化效果，如下图 11－20 所示。

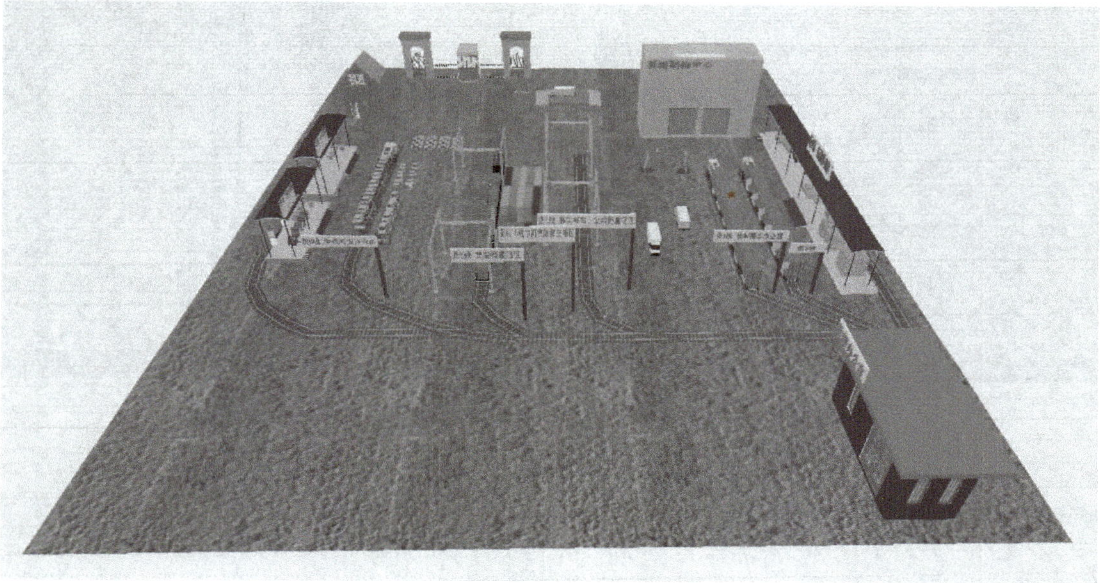

图 11－20　优化后的模型图

4. 仿真运行效果演示

图 11－21 到 11－24 是仿真运行效果演示图。

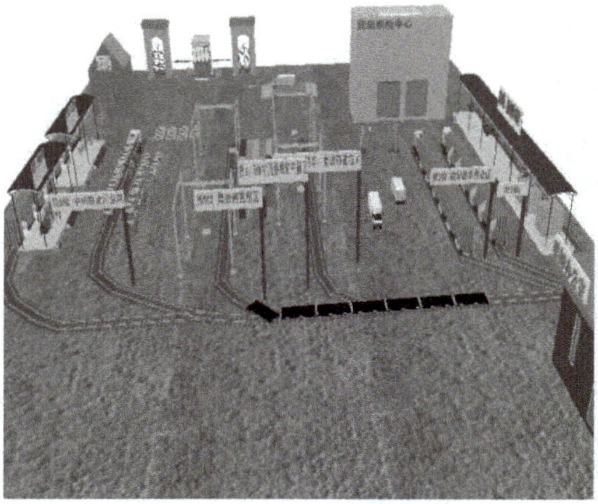

图 11－21　火车进站（1）

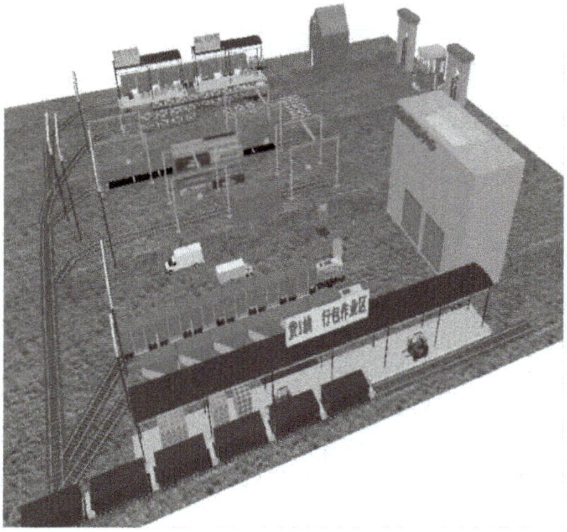

图 11－22　火车进站（2）

图 11－23　龙门吊装载作业

图 11－24　叉车卸货作业

本章思考

1. 总结本章所用代码的含义。
2. 自主学习 Flexsim 中级仿真教程。

参考文献

[1] 马向国，刘同娟. 现代物流系统建模、仿真及应用案例［M］. 北京：科学出版社，2012.

[2] 刘同娟. 系统仿真及其在物流领域中的应用［M］. 北京：中国发展出版社，2014.

[3] 马向国，刘昌祺. 现代物流配送中心规划仿真及应用案例［M］. 北京：中国发展出版社，2014.

[4] 刘同娟，马向国. 配送中心不同分拣策略的仿真优化［J］. 物流技术，2013，32（3）：439－444.

[5] 戴晨. 基于 Flexism 的生产物流系统仿真［J］. 物流工程与管理，2014（7）：140－142.

[6] Fan Z，Tian C，Feng X. Flexsim System Simulation Software in the Sorting System Design［J］. Journal of Gannan Normal University，2012，3：019.

[7] Zhao J Y，Chang L. Improving the Automation Level of AS/RS Based on Simulation with Flexsim［J］. Journal of Zhengzhou University（Engineering Science），2012，33（2）：95－98.

[8] Tang X Y，Shi J，Chen L C，et al. Logistics Simulation and Optimization Design of One Production Line Based on Flexsim［C］//Applied Mechanics and Materials. 2013，397：2622－2625.

参考答案

第1章　系统仿真基础

1. 什么是系统模型？系统模型是否必须反映出系统的全部特征？为什么？

答：①系统模型是对实际系统的一种抽象，反映系统内部要素的关系，是人们对客观世界反复认识与分析，经过多级转换、整合等相似过程而形成的最终结果。

②系统模型不必须反映出系统的全部特征。因为一般而言，系统模型需满足以下三个方面的条件：首先，模型必须是对现实系统的一种抽象，它是在一定假设条件下对系统的简化。其次，系统模型必须包含系统中的主要因素，模型不可能与实际系统一一对应，而至少应当包含那些决定系统本质属性的重要因素。第三，为了进行定量分析，模型中必须反映出各主要因素之间的逻辑关系和数学关系，使模型对系统具有代表性。

2. 简述仿真技术的优势和劣势。

答：①与数学解析方法相比，仿真有着以下优点：

a. 对于复杂系统具有良好的适应性，大多数具有随机因素的复杂系统无法用准确的数学模型表述从而采用解析方法评价，于是仿真通常就成为解决这类问题的好方法；

b. 它允许对一段系统工作时间进行压缩，用小段时间仿真出大量时间段的工作情况；

c. 不需要打乱真实系统就可以使人们能对现有系统在重新设计的工作条件下的工作成果做出分析判断；

d. 能帮助人们选择最优的系统设计方案。

②与此同时，仿真也存在着如下的缺点：

a. 它需要花费大量的费用和时间，这是由仿真系统开发的复杂性及仿真所需的计算机存储量大和计算时间长所造成的；

b. 由于现实生活的复杂性，不能完成全部仿真，只能仿真其中一部分，所以会影响到仿真结果的可信度；

c. 仿真的精度受到许多方面因素的影响，较难控制和测定；

d. 系统仿真的初始条件即模型的参数难以合理地确定。

3. 简述仿真方法与解析方法的区别。

答：①与解析方法相比，仿真有着以下优点：

a. 对于复杂系统具有良好的适应性，大多数具有随机因素的复杂系统无法用准确的数学模型表述从而采用解析方法评价，于是仿真通常就成为解决这类问题的好方法；

b. 它允许对一段系统工作时间进行压缩，用小段时间仿真出大量时间段的工作情况；

c. 不需要打乱真实系统就可以使人们能对现有系统在重新设计的工作条件下的工作成果做出分析判断；

d. 能帮助人们选择最优的系统设计方案。

②仿真方法是建立系统的数学模型并将它转换为适合在计算机上编程的仿真模型，然后对模型进行仿真试验的方法。解析方法是用来求得解析解的方法。解析解是一些严格的公式，给出任意的自变量就可以求出其因变量，也就是问题的解。

③仿真方法能够解决用解析方法难以解决的十分复杂的问题。解析方法必须以有解的数学模型为支撑；数学模型不是仿真方法的充要条件。另外，系统仿真模型是一个随机模型，系统的参数受随机因素影响所发生的变化在模型中能够得到充分体现，这是解析法无法比拟的。

4. 建模应遵循哪些原则？

答：建模应遵循以下原则：清晰性；相关性；准确性；可辨识性；集合性。

5. 简述系统仿真的应用。

答：①按照所研究对象所处的时间、空间来划分，系统仿真的应用体现在以下几个方面。

a. 对已经发生的系统所经历的历史过程，通过仿真进行再现，以研究其规律；

b. 研究一个尚未存在的对象系统的特征、性能、规律等；

c. 对于存在，但由于各种因素难以在实际系统上进行实验的系统进行仿真。

②按照仿真应用的目的、内容来划分，系统仿真的应用体现在以下几个方面。

a. 用于理解实际系统，进行 What－if 分析；

b. 用于对一个系统的多种方案进行对比研究；

c. 对其他研究方法得到的研究结果进行验证。

6. 列举几个需要应用系统仿真进行分析的例子。

答：①混合流水线系统建模与分析；

②仓储系统建模与分析；

③分拣系统建模与分析。

7. 在液压系统控制、电力系统设计、配送中心的布局规划和汽车厂总装线规划领域中，哪些适合采用连续系统仿真？哪些适合采用离散事件系统仿真？并简述理由。

答：①适合采用连续系统仿真：液压系统控制和电力系统设计；

②适合采用离散事件系统仿真：配送中心的布局规划和汽车厂总装线规划。

③理由：液压系统控制和电力系统设计中的研究对象的运作过程呈现连续状态分布；配送中心的布局规划和汽车厂总装线规划中的研究对象的运作过程呈现离散状态分布。

8. 简述连续事件系统仿真和离散事件系统仿真的区别。

答：①离散事件系统与连续系统最主要的区别在于离散事件系统输入输出变量的随机性以及状态变化的不确定性。

②连续事件系统仿真借助数字积分算法和离散相似算法等来求解表征系统变量之间关系的方程，离散事件系统则

仿真是建立系统的概率模型，采用数值方法“执行”仿真模型，系统的变量是反映系统各部分相互作用的一些确定或者随机事件，系统模型则反映这些事件和状态的值集，仿真结果，也就是“执行”的结果，是产生处理这些事件的时间历程。

9. 请举出两个需要进行终态仿真的系统的实例。

答：①终态仿真是指从指定的初始时刻0开始到某一时刻终止的一类仿真。

②实例：仿真从早上8：00至16：00的一条加工线的运行情况；仿真在9：00至21：00高峰期的交通情况。

10. 请举出两个需要进行稳态仿真的系统的实例。

答：①稳态仿真的研究对象是不间断系统，仿真研究的目的是系统的稳态性能。在理论上，仿真时间应是无限长的时间。

②实例：一个24小时不间断的加工系统、城市的通信服务系统。

第2章　物流系统及典型手工仿真案例

1. 请在下列系统中命名一些实体、属性、事件、活动和进程：零售商店、汽车总装线、医院手术室、银行储蓄所。

答：①零售商店：实体：顾客、服务员等；属性：顾客到达时间、顾客接受服务时间等；事件：顾客到达、顾客离开；活动：顾客从进入到接受服务之间的状态转换；进程：顾客从进入到接受服务的过程。

②汽车总装线：实体：汽车、装配服务员等；属性：汽车到达时间、汽车装配时间等；事件：汽车到达、汽车离开；活动：汽车从进入到接受装配之间的状态转换；进程：汽车从进入到接受装配的过程。

③医院手术室：实体：患者、医务人员等；属性：患者到达时间、患者被手术时间等；事件：患者到达、患者离开；活动：患者从进入到接受手术之间的状态转换；进程：患者从进入到接受手术的过程。

④银行储蓄所：实体：顾客、服务员等；属性：顾客到达时间、顾客接受服务时间等；事件：顾客到达、顾客离开；活动：顾客从进入到接受服务之间的状态转换；进程：顾客从进入到接受服务的过程。

2. 在系统仿真中，仿真时钟起什么作用？

答：仿真时钟的作用：仿真模型转换在实际环境中运行的真正时间。

3. 与固定步长推进法相比，在仿真过程中推进仿真时间的变步长推进法有什么优点？

答：变步长推进法可用于以事件为进程驱动的系统仿真。

4. 仿真时间与计算机消耗时间有无对应关系？为什么？

答：有对应关系。因为仿真模拟是对实际系统的模拟。

5. 假设有一家超市请你去为他们建立商场的仿真模型，用来分析超级市场的运行现状并提出改进建议。简述你的工作计划。

答：略。

第3章　简单实验模拟

1. 简述排队系统的主要特征。

答：排队系统本身包括了顾客、排队列和服务台3部分。顾客源中的顾客不断到达该系统，并形成队列等待服务，直到服务结束离开，或重返顾客源，或永久离开该系统。排队系统是一个顾客不断地到来、排队及服务与离去的动态过程。排队系统常用的性能指标有：服务台的利用率；平均等待时间；平均逗留时间W；平均队长；系统中平均顾客数；忙期（闲期）。

2. 简述库存系统的主要特征。

答：库存系统应具有以下的特征：①调节供需的功能。生产活动、消费活动的节奏因产品的不同而存在差异。库存系统作为平衡环节能够对此加以调节和控制，使得生产和消费协调起来。②调节货运能力的功能。由于各种运输工具的运量存在着很大差距，因此在各个运输方式的衔接环节，通常由库存系统来调解和弥补。

3. 排队系统与库存系统的研究目的有何区别？

答：排队系统的研究目的解决拥挤问题，提高系统运作效率。库存系统研究目的是比较各种库存策略，包括在不同需求情况下，何时订货和订多少货为宜。

第4章　简单实验模拟

1. 分析第1节中运输机、处理器以及合成器的利用率，并对不合理之处进行优化。

答：略。提示：建议从瓶颈的下游寻找第一步解决方案。

2. 分析第2节中处理器和堆垛机的利用率，并对不合理之处进行优化。

答：略。提示：建议从瓶颈的下游寻找第一步解决方案。

3. 统计第3节中的仿真数据，并计算出该配送中心的即时库存成本和利润，之后对不合理之处进行优化。

答：略。提示：建议从瓶颈的下游寻找第一步解决方案。

第5章　混合流水线系统建模仿真与分析

1. 按照混合流水线系统仿真的步骤，改变1、2、3种类型产品的投产顺序，输出相应的仿真报告，对比各项相关数据，从中选出最佳方案。

答：略。

2. 除了在本文混合流水线系统案例中所讲的主要瓶颈，其实系统还存在很多可以改善的地方，请指出还有哪些地方是有待改善的，理由是什么。

答：略。

3. 在优化的过程中适当添加工作组机器，找到一种比较完善的生产配备方案。

答：略。提示：注意添加工作机器不宜过多。

4. 采用Experimenter或者Optquest找到最优方案。

答：略。提示：注意多次验证。

第6章　仓储系统建模仿真与优化

1. 总结仓储系统的作业流程。

答：仓储作业是指从商品入库到商品发送出库的整个仓储作业全过程，主要包括入库流程、在库管理和出库流程等内容。

2. 根据本文仿真案例，对比优化前的数据与优化后的数据并形成详细分析报告。

答：略。

第 7 章 分拣系统建模仿真与优化

1. 简述分拣作业的方法。

答：分拣作业的分拣方法包括“人到货”分拣方法，“货到人”的分拣方法。

2. 根据本文仿真案例，对比优化前的数据与优化后的数据并形成详细分析报告。

答：略。

第 8 章 配货系统建模仿真与优化

1. 总结配货系统的作业流程。

答：配货作业流程包括印贴标签，货物分类、出货检查、捆包包装，当这一系列作业完成之后再将货物运至发货准备区，之后进行堆码和配货信息处理，当信息处理完成之后将货物配载装车，然后再进行配货信息记录。该流程的关系图如下：

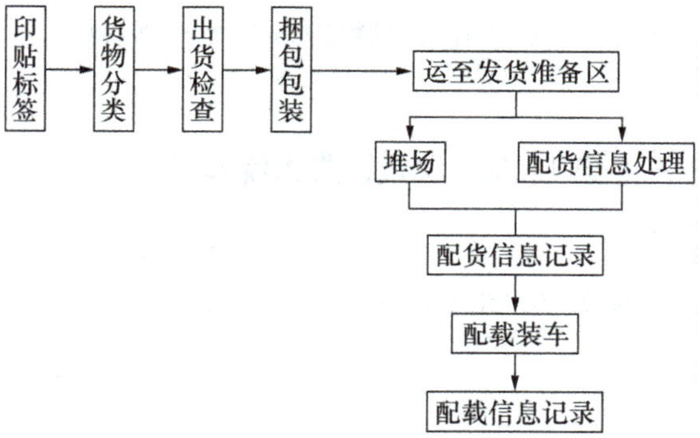

2. 根据本文仿真案例，对比优化前的数据与优化后的数据形成详细分析报告。

答：略。

第 9 章 自动化立体仓库建模仿真与优化

1. 总结自动化立体仓库的作业流程。

答：自动化立体仓库的作业流程图：

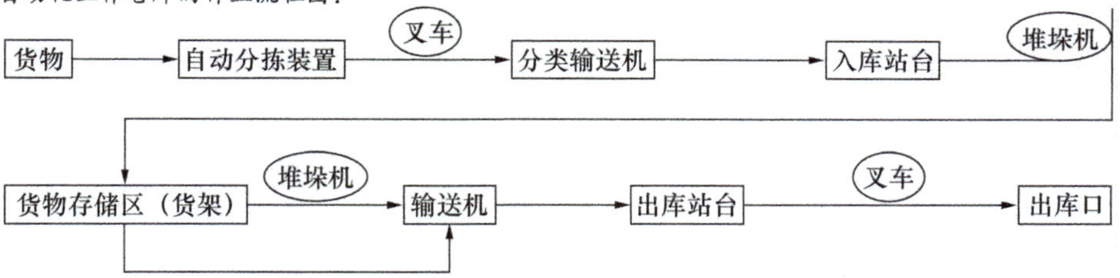

2. 根据本文仿真案例，对比优化前的数据与优化后的数据并形成详细分析报告。

答：略。

第 10 章　现代物流配送中心建模与仿真

1. 总结现代物流配送中心的作业流程。

答：配送中心的基本作业流程：

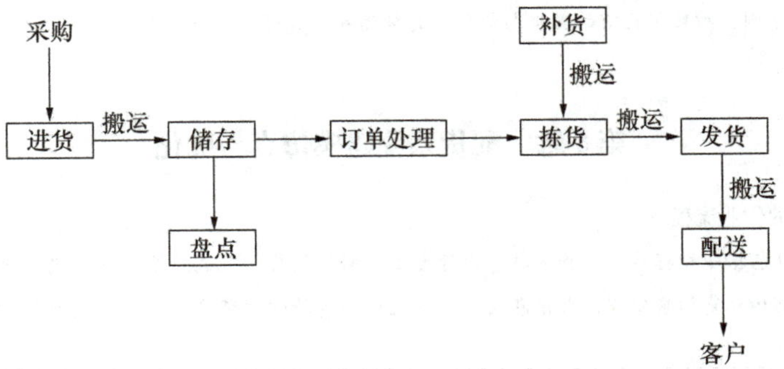

2. 根据本文仿真案例，对比优化前的数据与优化后的数据形成详细分析报告？

答：略。

第 11 章　现代铁路物流园区仿真

1. 总结本节课所用代码含义。

答：略。提示：参考 flexsim 自带的函数释义进行解答。

2. 自主学习 flexsim 中级仿真教程。

答：略。